知识就在得到

Inviting Books into Your Life

阅读的方法

罗振宇——著

新 星 出 版 社 NEW STAR PRESS

世上所有美好事物，都自成目的

推荐序 FOREWORD

亲爱的朋友：

谢谢你翻开这本书。

这本书缘起于很多人第一次见罗胖（罗振宇）时必问的几个问题：你为什么能读那么多书？不累吗？怎么才能像你一样读那么多书还不累呢？

好吧，答案就这么来了。这本书能让人爱上阅读、轻松阅读、海量阅读，而且，不累。

为保证你获得最佳体验，请你先阅读这份《阅读的方法》的阅读方法。

第一，请你不要从头到尾逐字阅读。

这本书适合像抽签、拆盲盒一样来读。

在任何时候，随手翻开任何一页都可以作为开始，也可以在任何一页结束。

把当天读到的这些内容，作为趣味思考题，和自己头脑风暴一下。用罗胖的话来说就是：在头脑里操练起来！

其实，这也是这本书所要揭示的那个关于阅读的最大的秘密：任何一本书，都可以随时翻开、随时合上。不必把读书太当一回事，随便翻翻、到处戳戳，就挺棒的。因为这种平视书的视角，阅读成了一件轻松愉快的事情，可以真正走进你的生命。

这种随便翻翻的态度，会耽误一个人严肃、完整的阅读经验吗？

“请你转告罗胖，我听他介绍一本书，听了二十多遍。”偶遇一位企业高管，他如是说。

我问为什么，他说——

“很早的时候，无意间听罗胖讲曾国藩。我学工科的，对中国历史了解得不深，听着挺热闹。当时还买了他推荐的那本书，其实也没看。但是过了两年，我自己事业上遇到一个很大的变动。有一天，我脑子里突然蹦出来罗胖讲那本书时所用的主题——‘成大事者不纠结’，我就把那期内容反复地听，还把当时买的那本书找出来读，顺着找了好多相关主题的书。直到我跨过那个坎儿。”

在这位朋友的故事里，我最喜欢“脑子里突然蹦出来”这几个字。

多么奇妙，当下看来无用的信息，其实是因为它涉及你的盲区，你还不知道怎么用，甚至你都没有意识到它已经嵌入了你的头脑里。但它在未来某个时刻可能就会“突然蹦出来”，跟别的信息一起，帮你勾勒出一幅全新的图景。而在这幅新图景里，自有你此前未曾抵达的辽阔之处。

还有什么比辽阔更美好吗？没有了。

第二，请你不要把这本书读“完”。

也就是不要把这本书收回到书架上，而要让它保持“随时可读”的状态。

你可以把这本书“扔”在床头、茶几上、卫生间台面上，甚至卷得乱七八糟塞在每天带出门的帆布袋里，唯独不要恭恭敬敬地把它“供”在书架上。你可以躺着读、趴着读、跷着脚丫子读，乃至跷着脚丫子还嗑着瓜子读，唯独不要正襟危坐地读。

很多人太在意读书的架势了，也因此未能享受读书的乐子。

很多时候，这种乐子小得不能再小。

比如，只是为了跟朋友吹个牛：哎，你知道吗，我昨天看了一个段子，克林顿当时被弹劾、被全美国人骂，他为啥没崩溃？

再比如，只是为了给孩子讲个道理：哎，苹果为什么是圆的？生姜为什么长得奇形怪状？

还可以更小：原来把办公桌底下的垃圾桶拿走，就能调节心情啊。甚至可以小到只能意会：啊，“无知之幕”这么复杂的哲学概念，居然有人用一个过生日切蛋糕的例子就说明白了，举重若轻，有趣有趣。

别急，这几个小乐子分别在本书的第 22 页、第 48 页、第 79 页和第 27 页，一翻就有。

像这样因为阅读而得来的大大小小的乐子，这本书为你串联了超过 160 个，来自 160 多部著作。是的，你可以从这一本书里体会到 160 多本书共同创造的峰值体验。

哪怕一个人不好意思拿一个哲学概念去跟别人吹牛，哪怕他还做不到向别人转述这个比方的精妙之处，哪怕他的工作好像用不到什么哲学——都并不妨碍他从阅读中体会到巨大的乐趣。这种乐趣是和一个隔山望海的作者瞬间灵魂相通的乐趣，是头脑里的某个开关忽然被“咔嗒”一声按下的乐趣。

佛祖拈花，迦叶微笑。

想体会一下？只需要闭着眼翻开这本书的任何一页，读上五分钟就行。

等地铁时、临睡前随便读点什么，有什么意义？对于这个世界来说，可能没有任何意义，但它能让你打心底里觉得：刚才这五分钟，怪不错的。你对自己更满意了，觉得自己棒棒的——这难道不是非常了不起的意义吗？

这个世界够紧张了，放松点儿。请相信，你对自己满意的那五分钟，就为这个世界贡献了五分钟的平和、美好与喜悦。

第三，请你不仅要使用这本书，还要“使用”罗胖这个人。

罗胖说，为了写这本书，他准备了一辈子。这倒是实话。在我认识的人里面，他读书之多、之快、之杂、之生冷不忌，都堪称冠军。他人生的每个关键时刻几乎都是用一本特定的书来锚定的。比如，他回忆自己的性别意识觉醒，是因为冬夜读《聊斋志异》；他想要成为一名知识服务者的决心，则源自大学老师用湖北话讲《楚辞》的某个瞬间。

我一度挺同情他的——除了读书，没有任何嗜好；特别是自从读上电子书，连在书店里“一掷千金”的快感也没有了。

有一次我问他：“你不喝酒，是不是挺遗憾的，永远不能体会酒友之间的关系？”

他不以为然地说：“能啊，就是‘五花马，千金裘’呗！”

还有一次，我遇到一个候选人，有点纠结，随口跟他讲：“这个人各方面条件都不错，不过自己创业好几年了，我不确定他能不能重新进入一个组织管理一个局部业务。”

结果他扔给我《枪炮、病菌与钢铁》的电子书链接：“你看看这本书，重点看为什么斑马不能被驯化那段。”

你别说，是我格局小了。读书作为一种长期的脑力训练，不仅有无穷乐趣，还会让人获得一种宝贵的能力，就是把不同事物之间隐秘的联系完全打通的能力。

一个读透了书的人，世界在他们眼中是一张辽阔的地图，总有未知之地等待进发。

一个读透了书的人，无论在何种境遇中，都能“面对复杂，保持欢喜”，不纠结、不慌张，看得全、看得开。有如高手行棋，超脱于事物本身，跳脱出得失之外。

我不是在说罗胖，我是在说读透了书之后的你。

在这本书里，请不要把罗胖当成作者、老师，而要把他当成你的“导游”。

是的，经年累月，他就像一个敬业的导游，站在一个叫“人类伟大精神宝库”的景点大门口，高声吆喝：“这位客官，里边儿请！”

此时你就要直接“使用”他：我想体验什么什么，来，给个路线图！

即刻启程吧。祝你内心辽阔，且行且歌。

脱不花　于北京

2022 年 3 月 9 日

前言 PREFACE

为了写这本《阅读的方法》，我其实准备了很多年。

但真到了下笔的时候，有朋友吓唬我说："你这书恐怕没人看。""为啥？""你想啊，如果一个人连阅读的方法都没掌握，他怎么能读完这本《阅读的方法》呢？"

这当然是个玩笑。但是我懂他背后的意思：阅读真的需要方法吗？

这倒是一个非常严肃的问题。

说到底，求知是人的一种本能。大脑和身体一样，都有饥渴的时候，都需要新鲜的养料。和滑雪、开车不同，阅读不需要先有方法才能行动。我见过的爱读书的人，都是从横冲直撞开始，抓到什么读什么，在兴趣和问题中不断冲浪，直到学业有成，也未必有什么成型的读书方法。

那阅读真的不需要方法了吗？

据说有人问过《高效能人士的七个习惯》的作者柯维（Stephen Covey）一个问题："如果我不爱我的老婆了，我该怎么办？"

柯维说："那你就爱她吧。"

这人说："老师，你没听明白，我问的是我不爱我的老婆了，该怎么办。"

柯维说："不是我没听明白，而是你没听明白。我是说，如果你不爱她了，那你就去爱她吧。"

类似的话，我听到过好多回。我有一位朋友是个英语老师，有学生问他背单词有什么好方法，他说，"就是你愿意去背啊"。有人问自己的领导，怎么才能开会不迟到，领导说，"就是你坚决不迟到啊"。还有人问，怎么才能做到以诚待人。我在一部话剧的台词里找到了答案："没有任何道路通向真诚，真诚本身就是道路。"[1] 至今，这句话还贴在我办公室的墙上。

很多事情都是这样：行动本身就是方法。

这本《阅读的方法》不想跟你讲任何大道理，它只有一个目的：让你愿意拿起书来，开始读。

▪ ▪ ▪

阅读的方法，本来有两条路。

一条路，是对书负责，也就是教你如何高效率地把一本书吃干榨净。

如果你是要应对升学考试，或者是要学习某些专业知识，这类方法确实有用。市面上有很多讲这类方法的书，中国古代也有很多这样的实践。比如明朝的张溥，读一本书，先抄一遍，再高声朗读一遍，然后把抄的纸烧掉，再重新抄，重新朗读，重新烧，这样大约七八遍就可以背诵，这就是所谓“七焚读书法”。

不过，我要提醒的是：这样读书，需要极强的目标感和极大的心力支撑。经历过高考的人，都知道其中滋味。

我高考结束的那天，亲眼见到一位同学把自己桌上的、抽屉里的书整整齐齐地收拾好，拿到操场上一把火烧掉了。他说：“这辈子，我再也不碰书了。”我完全理解他那一刻的感受。后来这些年，我又遇到过很多有学位、有知识，但就是坚决不读一本“无用”之书的人。有一次，我和一位学者聊起这个现象，他叹气，说了一句很重的话：“厌学，是心灵的癌症。”

不管多有效的“读书方法”，如果只顾对书负责，而不管人的感受，最终导致一个人厌学，那一定是得不偿失的。

而你眼前这本《阅读的方法》则相信另一条路：对自己负责。

所有的方法，都是相对于目标而言的。这本书只有一个目标：让你乐于阅读。所以，与其说它是“阅读的方法”，不如说它是“爱上阅读的方法”。

爱上阅读的方法说来也简单，就是：一个段落不喜欢，就跳过去；一本书不喜欢，就换一本。就像一个闯进游乐场的孩子，奔跑撒欢，辗转于各个项目之间，碰到不感兴趣的，转头就走；遇到喜爱的，就玩个不亦乐乎，单纯享受玩耍带来的快乐。

这个过程中，唯一需要护持的，只有心头那一盏灯火：能持续觉察到阅读带来的乐趣，以及阅读对自我心性的增进。

我知道，这种读书的主张不太符合通行的观念。

关于读书，有很多听起来很有道理的“清规戒律”：要读经典、要读原著、要逐字阅读、要精读、要结构化阅读、要做笔记……说这些“要”的人，都是好意。他们把书看成了一座高耸入云的山，把读书看成了步步登高的朝圣，知其路途艰辛，所以生怕我们行差踏错，误入歧途。

但你有没有想过，书籍的世界，其实并不是一座山，而是一张网？

山，需要费力地攀爬，而网，允许我们愉快地从一个节点跳到另外一个节点；山，有从低到高的次序，而网，处处相通，没有前后高低之分，只要你愿意，任何一条路都可抵达终点；山，只有一个顶点，而网，每一个节点都有变成枢纽的可能。

举一个我自己的例子。上初中的时候，我家书架上有一本《演员的自我修养》。繁体字，竖排版，我是看不懂的，但是这书名让我觉得演员这个行当很高级，所以报名参加了学校排练的话剧。因为成了演员，我莫名其妙地找来了一本《悲剧心理学》，看了几页，没意思，扔下了。但是通过这本书，我知道了作者朱光潜是我的安徽老乡，所以又借了他写的《西方美学史》来看。当然，还是看不懂，又扔下。但我从中知道了几位古希腊哲学家的名字，尤其觉得柏拉图的“洞穴比喻”很有意思，于是将它写进了一篇作文，受到了表扬。既然受到了表扬，我觉得自己也不好意思不懂点哲学，于是就……这么一路滑到了今天。

这段看上去都不能被称为“阅读”的阅读经历，既没有恒心，也没有系统，既没有循序渐进，也没有切实的收获，几乎犯了所有读书方法论的大忌。

但是那又怎样呢？回头来看，这个过程中的每一本书都没有辜负我。它们从不逼我读完，也从不问我要什么心得，它们只是一站一站地接力把我送到下一本书的面前。其中有很多知识的触角，像一颗颗暂不发芽的种子一样蛰伏着，在后来的日子里偶尔钻出地面。很多年之后，我才知道自己早已深受其惠。

对书负责的方法，常常把人当作一只空碗，等着书往里面注入知识的甘露，要求人必须涓滴不漏地接受它、消化它。而对人负责的方法，更注重人的感受。它相信，人的心灵有无限扩展的可能性，只要一直保持读的“意愿”，总会由一个兴趣催生出无数兴趣，由一个问题带来无数问题，无休无止、无穷无尽。

一个愿意在书籍世界流连的阅读者，他的任何行动都会触发意外的相遇；迟早有一束微光会照亮他，让他“突然沦陷”。他此后的一生，既能享受阅读的快乐，又能得到阅读的回报。阅读将成为与他终身相伴的习惯。

▪ ▪ ▪

被兴趣引导的阅读生活，是什么样的？

我自己从事知识服务行业，日常工作写稿，要看很多书。我每天都会阅读的是电子书，而且是在一块 34 英寸的显示器上看电子书。为什么用这么大的屏幕？因为一屏铺满有 3000 字，我可以将一眼看过去捕捉到的信息最大化。一本10万字的书，按30几下键盘，就浏览完了。所以，我日常浏览书的速度非常快，一天至少2本。

你可能会说，这样生吞活剥，也就是翻翻而已，这不是闹着玩吗？你说得对，确实是翻翻而已，也确实是玩，我可以没有任何负担地找自己喜欢的书。

但这么“玩”的人其实挺多的。

比如，传播学家麦克卢汉（Marshall McLuhan），西方世界公认的博学大神。他说自己买书，进到书店，拿起一本，直接翻到第69页，这一页写得好他就买，写得不好就放弃。

麦克卢汉还有一种“玩法”就更骇人听闻了——翻开书，只读右半边。这样读下来，速度快了一倍，但是信息丢失不会超过10%，所以还是很划算。[2]

这是高人手段，我承认自己做不到。但麦克卢汉还是给了我们一个重要的启发：读书如交友。

一个萍水相逢的人，我们没有必要把他从头看到脚；只凭第一印象，甚至只凭心情，就可以决定要不要和他深交。稍一接触，发现他在人品上有瑕疵，就可以果断放弃与他的交往。反过来，即使和一个人没有深交，也不妨碍我们从他那里获取帮助，或者与其建立合作。

这都是交朋友的常态。为什么读书就不能这么干呢？

我每天快速浏览电子书，就相当于参加各种社交活动，见形形色色的人。过程中当然会碰到值得细读的书，那就标记一下，买一本纸质书放到书架上。

如果正好有问题要请教它，那我就读起来，觉得不错，还会做一些摘录和笔记。每年我这样精读的书，至少有 10 本。但这都是因为水到渠成的缘分，而不是因为任何压力。就像跟一个朋友，交情到了必须深聊一次才行的地步，那就乘兴而去，兴尽而返啊。

纸质书读完，如果觉得价值很高，我通常会再买几本送人。就像遇到一个有价值的新朋友，我会把他介绍进已有的朋友圈子。

世上有无数的书，世上也有无数的人。用择友而交的方法择书而读，有何不可？

▪ ▪ ▪

当然，听我说到这儿，你可能会觉得压力好大：为读到一本好书，花的时间也太多了吧？

前面说了：不要低估人的心灵。这里我要再补充一句：也不要低估书的魅力。

一个文明想要存续，就必须像一个强悍的物种那样，有能力避开进化剪刀，把自己的基因传递下去。知识就是文明的基因，书籍则是基因的载体。每一个写书的人，都要力争把书写得好看、易懂，让我们读者能够愉快地接受。这是文明赋予他的责任。有的书写得不好看但又很重要，怎么办？放心，自有人会去做形形色色的解释、普及和转述的工作，接力完成传递文明的使命。

书籍世界其实不是什么庄严的藏宝圣山，而是一处繁华的闹市。

各个店铺的主人都在挖空心思吸引我们进去、逗留、成交。

所以，我们读者在这闹市上走来走去，哪怕目光游离、心不在焉也无妨。在逛街的时候，吸引我们注意、拦住我们脚步的责任，难道不是商家的吗？读书人已经来了此地，还逗留了足够多的时间，居然空手而回——一个有自尊心的商家绝不会允许这样的事情发生，更何况是一个流传了数千年的强大文明呢？

都说书籍是人类精神的结晶，对它的价值和魅力，我们也要有基本的信心。“开卷有益”不是一句空话，那是一个文明对其传承者的基本承诺。只要保持兴趣的火苗不灭，爱上阅读这件事就必然会发生。

这种读书方法，中国古代早就有人尝试过。谁？陶渊明。

陶渊明说自己“好读书，不求甚解”。这句话其实一直没有被真正认可，“不求甚解”四个字成了贬义词。但是别忘了，陶渊明紧接着还说了一句话：“每有会意，便欣然忘食。”每当对书中内容有所领会的时候，就会高兴得连饭也忘了吃。

精彩的文明从来不会让我们失望。只要“好读书”，即使“不求甚解”，也终会有“欣然忘食”的极乐一刻。

■ ■ ■

“爱上阅读的方法”其实很简单：因为兴趣，所以行动。

那就不妨再追问一层：我们为什么要读书？

一种回答是：书那么牛，你凭什么不读？

所谓“万般皆下品，惟有读书高”，本质上说的就是这个意思。但事实上，读书只是我们提升心智的方式之一，并不高人一等。人类历史上，有大量杰出人物是不读书的。刘邦不读书，禅宗六祖慧能几乎不识字，苏格拉底甚至反对写书，我还见过很多不读书但深明事理的人，不读书不妨碍他们做出贡献，成就自己。

另一种回答则是：读书可以换取利益啊。

最典型的就是相传由宋真宗写的那篇《劝学诗》：“富家不用买良田，书中自有千钟粟；安房不用架高梁，书中自有黄金屋；娶妻莫恨无良媒，书中有女颜如玉；出门莫恨无随从，书中车马多如簇。男儿欲遂平生志，六经勤向窗前读。”[3] 这就是赤裸裸的利诱了。

上面两种回答，一种是威逼，一种是利诱。它们都能为我们提供阅读的动力，但这种动力很难持久。

那阅读的动力还能从哪里获得呢？

在阿兰·德波顿（Alain de Botton）的《艺术的慰藉》里，我看到了一个有趣的视角。

德波顿在这本书第一页就夸下海口，说他要解决一个大问题：艺术有什么用？

艺术能有什么用呢？这么问好像就已经唐突了艺术。那么多艺术家都爱说：为了艺术而艺术。但德波顿说，艺术不仅有用，还要把艺术视为工具。

德波顿的论证是：作为人类，我们有很多想做的事情，但由于我们身体构造上的不足，必须借助工具。我们需要切割，但缺乏这样的能力，所以必须发明刀子；我们远行时需要携带水，但缺乏这样的能力，所以必须发明瓶子。

不仅身体，人类的心智也有不足，也需要用工具来弥补。比如，人的记忆力有限，必须借助绘画帮我们留住最美好的瞬间；再比如，人的思维经常失之琐碎，必须借助雄伟的建筑物让自己感受到庄严。所以，艺术和其他工具一样，都是用来弥补不足的，好让我们成为更健全的人。

这个角度很开脑洞。

通常，我们都把现在这个“我”看成行动的主体，世间的一切不过是“我”达成目标的工具。在这个意义上，读书是为了对外获取资源，把现在这个“我”养得更强大。

但是按照德波顿的视角，现在这个“我”，距离那个本该如此的、最终完成的“我”，还有很长的一段路要走。我们这一生的努力，不过就是奋力前行，爬到终点，揭开那张命运的底牌看看：“我”本来应该是什么样子？

这个视角也可以用来回答：为什么我们要阅读？

因为我们生在文明之中，文明对我们有一个承诺：一个更好的、心智更健全的、认知更完善的未来之“我”正在前方等待着。那是“我”应得的、本该如此的、命中注定的。通过各种路径，“我”一定有办法抵达它。阅读只不过是其中最便宜、最易得、最丰富的一条路。

我必须承认，这个角度对我很有说服力。仔细揣摩爱读书的人的内心，你会发现这是很多人爱上阅读的理由：在人世间走这一遭，如果不能知道自己本来应该成为什么样子，哪能甘心？

■ ■ ■

摆在你面前的这本《阅读的方法》，看起来还是挺厚的。

所以，我设计了一个“随机漫步”的结构，来减轻你的压力：

一共二十四章内容，每一章你都可以在二十分钟之内读完，每一章都呈现了书籍造福我们的一种方式。你可以随便挑选其中一章去读，如果觉得兴致未减，也可以随意跳跃到其他章节。整本书，你既可以一次读完，也可以随时再次光临。

我期待这样的结构设计能充分展现对你的尊重。一本好书应该像一位温润的恋人，你若不找他，他就不烦你；你若去找他，他也有丰富的内在可供探寻。

二十四章内容，我把它们分成了四个部分。

第一部分，“强劲的大脑”——

你会看到一代代写书的人，把人类文明的精华雕琢成一颗颗璀璨的宝石，等着你去发现。当你和它们相遇，“推理”“转念”“抽象”“凝结”“俯瞰”“选择”这六个章节的内容便会成为你的工具，帮助你提升思维，去把握这复杂世界的底层逻辑。

第二部分，“遥远的地方”——

远方的景色总能涤荡我们的心灵，让我们从日常生活的琐碎中抽离出来，感受大自然的美妙。读书，也是我们看见远方的一种方式。“风物”“棋局”“窥视”“他顾”“意义”“行动”六章，将会向你展示“纸上卧游”能看到的六种风景，让你感受到生活在别处的乐趣。

第三部分，“奇妙的创新”——

作为喜新厌旧的动物，我们常因创新而感到兴奋。那么多写书人探索出来的六种创新方式：“结网”“建构”“怪谈”“设定”“迁移”“追光”，也许能启发你在自己的领域里做出改变。

第四部分，“极致的体验”——

视频时代，我们总是小看文字的力量。但如果翻开书，你会发现里面有很多古已有之的体验，比如“情感”“趣味”“快意”“苦痛”“角色”“文心”。你在书里获得的，丝毫不比通过其他媒介获得的差，甚至别有一番独特的滋味，让你细细品味。

这四个部分从“内”“外”“新”“旧”四个方向带领你探索如何成为更好的自己。至于二十四个章节，则是在探索过程中发生的二十四个“心灵事件”。

相信我。每一章的道路上，你都会有奇遇。

▪ ▪ ▪

这本书还有一个独特的设计，我称之为“小书展”。

在正文中，我穿插了很多其他书里的有趣片段。它们跟主线之间的关系是若即若离的。它们被摆在那里，就像是博物馆里被摆放在参观动线上的展品。你一边行走，一边左顾右盼，就可以看到这些景致。

之所以这么做，是为了治愈我们对书的一种偏见。

面对一本书的时候，我们经常本能地问：这本书是讲什么的？这本书的核心观点是什么？

很多优秀的书，我们是没有办法这么问的。它们的魅力在片段，在细节，在你用目光抚摸它们的过程。

所以，如果某个片段打动了你，你突然动了要去找原书看看的念头，请立即扔下这本书，去响应那个召唤。

要说明的是：因为篇幅的关系，我把每段“小书展”的篇幅都尽力控制在了 400 字以内。因此，有些段落会有删节的情况。不过请放心，原字原词都没有改动，意思也没有变化，只是更精简了。

■ ■ ■

一本好书应该什么样？

我曾经设想过一个场景：一个父亲送孩子去上大学。孩子的行李箱已经满了，但他最后还想放一本书进去。既不想增加孩子的负担，又生怕孩子会错过一段精神之旅，那他会选择哪一本？

我曾经拿这个问题问过很多朋友。即使是平时经常推荐书的人，面对这个问题也会显得慎之又慎。

你看，一本值得推荐的好书至少应该有三个特点：自己觉得好，对他人有用，不是负担。

十几年后，我的两个女儿就要上大学了。

我会一直迭代这本《阅读的方法》，并把它亲手放到女儿们的行李箱里。

目录　CONTENTS

PART ONE 强劲的大脑

PART TWO 遥远的地方

PART THREE
奇妙的创新

PART FOUR
极致的体验

POWERFUL BRAINS

[第一部分 PART ONE]

强劲的大脑

我有一个梦想，终有一天，我将拥有强劲的大脑。

纷繁复杂的世界，在我双耳之间澄明有序。

我能否练就**推理**能力，把握思辨世界的隐藏脉络？

我能否学会**转念**思考，在不同思维模型之间自如切换？

我能否在概念的**抽象**楼宇中拾级而上，向更高等的文明进发？

我能否按下象征的快捷键，把文化里**凝结**的诗意一键还原？

我能否获得**俯瞰**视角，看清世间的大走势、大格局和大模型？

我能否理解**选择**的无限可能性，赋予自己走向终点的勇气？

[**推　理**]

RATIOCINATION

文字的逻辑舞蹈

文学也是数学吗

学术也可以破案吗

历史学也是推理游戏吗

我的语言的界限，意味着我的世界的界限。

——〔奥〕维特根斯坦

在武侠小说中，经常能看到这样的桥段：一位身负大仇的青年，无意中跌落深谷，遇到一位世外高人，从此拜他为师，历经几番寒暑，练得一身武功。出世之后，大杀四方，恩仇得报。

那么在真实世界中，也有这样与世隔绝的练功场吗？

有的。这个地方，就是我们的大脑，而这门绝世武功，就叫“推理”。

最典型的“推理”，当属数学。从最简单的“a 比 b 高，b 比 c 高，由此推算出 a 比 c 高”，到最高级的数学前沿理论，数学因为严密的运算体系、自洽的逻辑闭环，成为无数优秀大脑青睐的一项技艺。

马克思往往将学习和研究数学看作是一种休闲放松的方式。当他工作繁忙的时候，往往忙里偷闲，去学习和研究数学。1865

年 5 月 20 日，马克思在致恩格斯的信中说：“在工作之余——当然不能老是写作——我就搞搞微分学$\frac{dx}{dy}$。”

——袁雷、张云飞：《马克思传：人间的普罗米修斯》

在享受难题被解开、公式被证明的乐趣的同时，他们的思维能力也得到了大幅提升。而一旦具备了这样的思维能力，人就会像武功高手一样，对问题有极强的破解力。

举个例子。有一次吴军老师参加一个关于“一带一路”的座谈会，有领导问：“吴教授，咱们关起门来讲，中国输出了那么多资本，最后钱能回来吗？”

吴军老师的回答是：“挣得回来、挣不回来，我不知道，因为这里面牵扯太多的因素。但是资本输出和帮助其他国家富裕这两件事都必须做。我可以从数学上证明这两件事的必要性。”[1]

数学能证明投资的必要性？听起来很怪。

吴军老师继续讲：

今天（以 2018 年为准），中国人均 GDP 已经达到了世界的平均水平，总的经济体量已经居世界第二，占全世界经济总量的 18%。那么中国还能不能维持过去的增长速度呢？从数学上讲，根本做不到。

我们就假定中国经济能够按照每年 6.2% 的速度增长，再过 40 年，中国 GDP 大约能增长 10 倍。而中国以外的其他国家和地区的经济增长速度只有 2.34% 左右，那时中国的 GDP 大约能占到全世界的 50%。这时候矛盾就出现了。那时，全世界都没有足够的

> 财富买得起中国不断制造的产品和不断提供的服务。这时只有两个办法，一个是提高世界其他地区的购买力和经济增长，另一个是让中国经济增长降到世界的平均水平。
>
> 后者显然不是我们想要的。于是借钱给其他国家购买中国的产品和服务，同时发展自身经济，就是中国不得不做的事情了。
>
> 至于投资和贷款能否拿得回来，那要看具体情况了，这就不是数学问题了。
>
> 学习数学最有价值的地方是，接受一种逻辑训练，形成理性思维的习惯，在生活中善于找出矛盾、发现问题，然后用逻辑的方法找到答案并采取行动。
>
> ——吴军：《吴军数学通识讲义》

但数学的世界里，毕竟只有数字与公式，太骨感了。要锻炼我们的大脑，有没有更丰富、更有趣的方法？

当然有。

文学也是数学吗

有一种文学叫推理小说，同样能对我们的逻辑推演能力进行锻造。

典型的推理小说有两类，都能给我们推演的快感，但是效果不一样。

看《福尔摩斯探案集》的时候，我们是跟随情节的展开，不断往陌生地带进发。从案发现场的脚印推断凶手的身高和衣着，以来客袖口的磨损程度判断他的职业，凭对方裤脚上的红土指认他到过某个去处，由一个线索牵扯出新的线索。

这当然很过瘾，我们也会对主人公极强的观察力和归因能力佩服至极。但与之相比，我更喜欢另一类推理小说——以阿加莎·克里斯蒂（Agatha Christie）为代表人物的“本格推理”。

在这类小说里，没有陌生地带，所有线索和嫌疑人都被摆在台面上，只要你能找出文中隐含的证据，就能准确地找出真凶。但阿加莎厉害的地方在于，即便告诉你所有的事情，你还是猜不到真凶是谁。

推理作家呼延云说他看阿加莎的书有一个习惯，“在最后揭露凶手的时候，拿纸盖住它，抱着小心翼翼的心情，一点一点往下看。我想这么多的人物我都看过了，总能猜出来吧，但却总是猜不对”。[2]

我也一样。每次，我在那个揭发真凶的时刻，都是又兴奋，又懊恼，就像是偷看了一道做不出来的数学题的答案。

我会向这样的时刻脱帽致敬。

虽然阿加莎的名作《尼罗河上的惨案》《东方快车谋杀案》也被拍成了电影，但是只有读她的小说，我们才能真正体会到那种丝丝入扣般推演的精妙，层层剥茧般解谜的乐趣。

当然，本格推理小说的情节在现实社会中几乎绝无可能发生。它的前提设定往往非常荒谬。但是别跟这种荒谬感较劲儿。就像吴军老师说数学：“我们在生活中，有时不得不面对非常复杂的问题，里面有很多噪音难以一一滤出，这时就需要掌握一种工具让我们能够不受噪音影响作出正确的判断。而数学常常是我们可以信赖的工具。”[3]

好的本格推理小说就是文字组成的数学，用简单的设定，把我们和现实世界的噪音隔开。它对我们大喊一声：“好吧，闲人已经退避，让我们自己在脑子里操练起来！”

学术也可以破案吗

在研究《红楼梦》的学术流派中，有一派叫“索隐派”。

这一派的名声其实不大好。因为他们常常穿凿附会，用各种近似猜字谜的手法来推想作者的原意。其中有太多独断无法证伪，也没有逻辑推理的过程，甚至是胡闹。

举两个例子：

说作者写《红楼梦》有反清复明的政治意图。为什么呢？因为贾宝玉说过，“女儿是水作的骨肉，男人是泥作的骨肉”。“汉”字是水字旁，所以曹雪芹在肯定汉人；而满人又称“達達”人，你看这个“達”字，起笔是个“土”啊，所以曹雪芹是在贬低满人。[4]

说作者写《红楼梦》是在怀念明朝。为什么呢？因为贾宝玉喜欢红色。红色不就是“朱”色吗？想想，“朱”是谁家的姓？明朝皇帝的姓嘛。破案了。

我看到这些段落时，经常哈哈大笑。不是嘲笑，是真心的佩服，“亏他想得出来”。

虽然这不是推理，但还是给了我做数学题的快感：这里捅捅，那边戳戳，突然通了，世界忽然间变成了井井有条的样子。好玩。至于它是不是真相，不重要。

更好的“推理派”红学，是我见过的一本奇书——陈大康先生写的《荣国府的经济账》。

这本书里提到了一个我从没有想过的问题：林黛玉进贾府，到底是一个孤苦伶仃的穷亲戚寄人篱下，还是一位富家小姐带了一大笔钱找了个临时监护人？

说白了：林黛玉到底有钱没钱？这个问题，《红楼梦》里是没有明确说过的。

那就看陈大康先生的手段了。

他是这么论证的：

1. 贾府和林家联姻，必然门当户对。

2. 林黛玉的父亲林如海，做过兰台寺大夫，相当于今天的国家图书馆馆长，有学问。但别忘了，他后面当上了巡盐御史啊。从“极雅”换到“极俗”的工作，当然可以快速积累财富。

3. 曹雪芹的祖父曹寅以及与曹家关系密切的李煦曾当过巡盐御史，他当然知道巡盐御史能有多少钱。

4. 林如海临死的时候，贾母派贾琏去了一趟。自然有帮着料理后事的意思，也肩负着接收林家家产的使命。贾琏带黛玉从苏州回北京，走大运河，一个月足够。但是书中交代，这一趟花了四个月。可以推想，他是在清点、接收林家家产。

5.“林家实没了人口，纵有也是极远的”，这是《红楼梦》留下的线索。既然家里没人了，林如海的遗产不给黛玉，还能给谁呢？

6. 黛玉进贾府之后，有一次王熙凤拿她和贾宝玉开玩笑：“你给我们家作了媳妇，少什么？”指宝玉道：“你瞧瞧，人物儿、门第配不上，根基配不上，家私配不上？那一点还玷辱了谁呢？”贾宝玉当然是有“家私”的。既然配得上，那黛玉也有家私，而且规模应该差不多。

7. 贾府里所有人，包括贾宝玉和其他寄居的亲戚，每个月的“月钱”都是由王熙凤来发。唯独林黛玉的月钱，是贾母按时送来。可以推想，林家流入贾府的钱财，归贾母保管，用在林黛玉身上的那部分，有点“专款专用”的意思。

8. 书里反复交代，贾府已经没落了，入不敷出。可是后来突然有钱造了一座大观园。你猜猜看，这一大笔钱是从哪里来的？

《荣国府的经济账》对这个问题的推理，比我这里写的寥寥几笔细致多了。论证过程丝丝入扣，看得我简直要手舞足蹈。

一章读完，我长舒一口气，感觉彻底破案了。但是转念一想：这不就是个小说吗？曹雪芹也不能活过来鼓掌：“这就是我想说的。恭喜你，答对了。”

在一个虚构的情境里，就用原来的砖石草木，继续起造楼台，居然也灿然可观。佩服啊，佩服。

这只是一个文字推理游戏吗？

不，这番功夫，是可以当真拿来破案的。

《红楼梦》研究史上有一个大案：前 80 回，后 40 回，是不是同一个作者写的？

陈大康先生大学时代是数学系的学生。20 世纪 80 年代，他把 72 万余字的《红楼梦》前前后后查检了上百遍，获得了约 2 万个数据。一番推演之后，破案了，而且是铁证如山。

> 经过一遍又一遍的点数，我对作品的语言风格也越来越熟悉，这时有些念头会突然在脑海中闪过，提醒自己应作深究。这些念头怎么会冒出来的，我至今没弄明白，也许是点数点得多了，自然产生了语感的缘故。
>
> 譬如对“索性”这个意思的表达，我突然感到前八十回是用“越性”这个词，只有后四十回才用“索性”。
>
> 又如前八十回喜欢用“越发”一词，但在后四十回里，同样意思的表达却是用“更加”一词；
>
> 前八十回一般用“才刚”一词，而后四十回里却是用“刚才”。
>
> 在前八十回里，就连尊贵的王夫人或清雅的林黛玉也难免有时要说个“屁”字。后四十回的作者似乎很不屑于使用“脏”字，在那二十多万字里只出现过两次。
>
> 诸如此类的用词差异发现了 27 种，而对每次的发现都需要将《红楼梦》查阅一遍以证实。
>
> 花费了一年多的时间，最后的结论是：
>
> 作品前八十回的语言风格完全一致，确为一人所写。后四十回的语言风格有明显差异，应非出自曹雪芹之手。
>
> 在第八十一回到第一百回之间，当含有少量的曹雪芹的残稿。不过运用数理语言学做统计分析，只能指出残稿的所在区间，却无法确定究竟哪些内容属于残稿。
>
> ——陈大康：《荣国府的经济账》

历史学也是推理游戏吗

同样的事情也出现在历史学里。

历史学的使命是发现历史真相？不尽然。很多时候，历史学也只是在玩推理游戏。

一堆残砖碎瓦，用逻辑论证拼来拼去，最后画出一张依稀可辨的图，这本身就是历史学的趣味。正如朱利安·巴恩斯（Julian Barnes）说的："不可靠的记忆与不充分的材料相遇所产生的确定性就是历史。"[5]

再介绍一本奇书：李开元的《秦谜》。

这本书向我们抛出了一个悬案：秦始皇有皇后吗？

历史中完全没有记载。但是别忘了，秦始皇可是有 20 多个子女哦。那么问题来了：秦始皇的皇后是谁？为什么秦始皇的后宫被人刻意地从历史中删除了？

请看李开元的论证过程：

1. 根据继承了秦国制度的汉朝初年的情况来看，秦始皇应有正夫人一人，侧室多人。结不结婚，对帝王来说，不是个人意愿问题，而是制度问题。

2. 按照秦国制度，二十二岁行"冠礼"，就是成人礼，然后马上就该结婚。所以，秦始皇结婚应该在二十三岁。

3. 秦王的婚姻，多由太后决定。一般而言，太后为秦王选定的王后，往往是自己的娘家人，也就是自己出生国的人。

4. 嬴政即位时，太后有三位。但是等他到了结婚年龄时，能做主的只有华阳太后。华阳太后是楚国人，她为孙子嬴政选定的王后，应当就是楚国人。

5. 历史上，秦楚联姻是惯例。

6. 秦始皇的长子扶苏，是他的继承人，应该就是皇后的儿子。但是，秦始皇一直在楚国系外戚的“包围圈”里，与他们有道不尽的恩怨，因此有强烈的戒备心。有理由相信：他担心楚皇后的长子扶苏即位后，政权再一次落到楚系外戚的手中。

7. 秦始皇发起过“焚书”，把六国的史书全烧了，秦国的没有烧。但既然焚书的火已经点燃了，他何妨顺手把自己后宫的记录做个“删除”呢？

那么问题来了：秦始皇有一位楚国的皇后，这是事实吗？

不知道。但是这个推理过程中的乐趣，我们是感受到了。妙哉。

你如果愿意读很正式的学术书籍，也一样能体会到这种推理的乐趣。赵鼎新老师的《东周战争与儒法国家的诞生》，用现代数据分析的方式，来推算古代一个国家的战争能力，很开脑洞。

> 我们知道，一个国家在一定时间内主动攻击他国的次数越多，该国家的总体实力就可能越强大。以此作为指标，在整个春秋时期，楚国主动发起的战争有 111 次，而晋国主动发动的战争仅有 90 次。更次者，在同一时期，齐国主动发起的战争有 70 次，秦国仅 44 次。这些国家的军事实力由此亦可分其轩轾高下。
>
> 此外，由于当时军事的后勤运输能力极其有限，因此春秋初期的大多数军事争端均发生在邻国之间。从这个角度来说，主动发动战争一方军队的平均进军距离可以体现该国实力之强弱。
>
> 齐国军队的进军能力在齐桓公死后不久便从顶峰时的约 500 公里下降到 300 公里左右，秦国军队的进军能力因在进军中原途中受到晋国的阻挡而在整个春秋期间始终保持在 300 多公里。晋

> 国军队的平均进军能力明显高于齐桓公死后的齐国，略高于秦国，但基本稳定在三四百公里之间。相比较而言，楚国在公元前650年以后的军队进军能力基本保持在400至600公里之间，大大高于其他三个大国。
>
> ——赵鼎新：《东周战争与儒法国家的诞生》

你看，求知的乐趣，不仅是探索未知，更是在已知地带再造乾坤。

在绝大部分场景下，这个世界都是在和我们“打明牌”：把所有线索都摊在桌面上，就看你有没有本事找到独特的路径，把它们串联起来。

这种本事，可以在阅读世界中反复练习。我们每一次沉潜其中，都会神游妙趣。而回到现实世界的时候，我们又会变得更厉害一点点。

话说孙悟空学成下山，师傅菩提祖师道：“你这去，定生不良。凭你怎么惹祸行凶，却不许说是我的徒弟。”[6]

好的，我们不说。我们不告诉任何人，是在哪里练就了如许功力。

书单　BOOKLIST

你会在这些书中体会到推理的乐趣：

大侦探波洛探案全集（套装共 39 册）

〔英〕阿加莎·克里斯蒂，张乐敏等译，新星出版社 2019 年版

《犹大之窗》

〔美〕约翰·迪克森·卡尔，蔡妙译，新星出版社 2019 年版

《玫瑰的名字》

〔意〕翁贝托·埃科，沈萼梅、刘锡荣等译，上海译文出版社 2020 年版

《姑获鸟之夏》

〔日〕京极夏彦，林哲逸译，上海人民出版社 2008 年版

《荣国府的经济账》

陈大康，人民文学出版社 2019 年版

[转　念 ALL THINGS RECONSIDERED]

给大脑装上开关

一念天堂，一念地狱

“精神装置”

“无知之幕”

请赐予我平静，去接受我无法改变的；

赐予我勇气，去改变我能改变的；

赐予我智慧，分辨这两者的区别。

——〔美〕雷茵霍尔德·尼布尔

上一章讲的是“推理”，但那毕竟只是头脑内部发生的事情。

而很多书，是不甘心只和我们玩逻辑游戏的；它们还想穿透书页、介入现实、提供工具、解决问题。

这里说的“解决问题”，不是指《新手四季养花》《让你在公司显得很能干的52种方法》那类书的用法，而是要直接得多——只需一个转念，就可以让世界从此不同。

一念天堂，一念地狱

听起来好像很奇幻。

那就从一个故事说起吧。一名教徒在祈祷时犯了烟瘾，于是问神父："祈祷时可以抽烟吗？"神父瞪了他一眼说："不可以。"另一个教徒正在抽烟，就也问神父："抽烟时可以祈祷吗？"神父赞赏地说："可以。"[1]

这个故事是想讽刺人类的荒唐：明明是一模一样的行为，为什么会做出不一样的判断？

但我们知道，神父说的其实有道理。一个人是在懈怠地祷告，还是抽烟时都不忘祈祷，他自己心里清楚，旁观者也清楚。行为看起来虽然一模一样，但背后的观念、状态不一样，行动的本质当然也不一样。

年轻的时候，我也有一个想不清楚的问题：为什么一个杀人如麻的盗贼，放下屠刀就能立地成佛；而一个老实人，一失足就成千古恨？如果从作恶的总量来看，难道不是前者的罪孽更深吗？后来有了些社会经验，我才知道：那些未经世事但又满脑子欲望的人，恰恰是风险很高的人。和他们相比，我们宁可信任一个渡尽劫波，最后放下屠刀的人。

所以，一个人的状态，不是由事实和行为决定的，而是由他此刻的观念决定的。改变观念，就是改变一个人的世界。所谓"一念天堂，一念地狱"。

那读书会怎样影响一个人的观念？

这个过程不是我们通常理解的：一个人因为读书，懂得了书中讲的道理，所以就发生了"认知升级"。不，没有这么简单。书籍不是一支往人脑子里随意注入观念的注射器。

真正的过程要复杂得多：读的书多了，我们就得到了更多的现象解释、更多的思考角度、更多的反应模式。原来的观念不是更换了，而是掺入了新的东西，变得更复杂了。

我曾经请教过一位历史学者，读历史读到什么程度就算入门了。他说，“当你不再认为谁是坏人、谁是蠢货的时候，当你能读出所有事件当事人的‘不得已’的时候，当你看到事实的复杂性的时候，就算是跨过了入门的门槛”。

> 元气淋漓富有生机的人总是不容易理解的。
>
> 像苏东坡这样的人物，是人间不可无一难能有二的。对这种人的人品个性做解释，一般而论，总是徒劳无功的。在一个多才多艺、生活上多彩多姿的人身上，挑选出他若干使人敬爱的特点，倒是轻而易举。
>
> 我们未尝不可说，苏东坡是个禀性难改的乐天派，是悲天悯人的道德家，是黎民百姓的好朋友，是散文作家，是新派的画家，是伟大的书法家，是酿酒的实验者，是工程师，是假道学的反对派，是瑜伽术的修炼者，是佛教徒，是士大夫，是皇帝的秘书，是饮酒成癖者，是心肠慈悲的法官，是政治上的坚持己见者，是月下的漫步者，是诗人，是生性诙谐爱开玩笑的人。
>
> 可是，这些也许还不足以勾绘出苏东坡的全貌。我若说一提到苏东坡，在中国总会引起人亲切敬佩的微笑，也许这话最能概括苏东坡的一切了。
>
> ——林语堂：《苏东坡传》

复杂本身不是目的。接下来，会有两项很艰难的修炼。

第一项是，面对任何事物，除了本能的应激反应之外，还应该掌握更丰富的理解模型。

《世说新语》中有一个“王戎识李”的故事：王戎七岁，尝与诸小儿游。看道边李树，多子折枝，诸儿竞走取之，唯戎不动。人问之，答曰：“树在道边而多子，此必苦李。”取之信然。[2]

王戎七岁的时候，和很多小孩在一起玩。别的小孩看见路旁边有一棵李子树，上面有很多李子，就跑去摘。而王戎就是不动。有人问他为什么，他说：“你看这棵李子树是长在大路边的，如果好吃，早就被人摘完了。之所以还有，必然是苦的，不能吃。”果然如此。

大家看到的东西是一样的，但是脑子里的理解模型不一样，行动结果就不一样。

读书的时候，我最期待的就是看到这样的段落：更复杂的观察模型围绕同一个事物聚合起来，既能帮我看到世界的丰富性，也能帮我看到自己的局限性。

举一个让我很震撼的例子。如果让我帮一所学校起草一份老师上课时应该“如何利用黑板”的规范文件，我会写什么？估计也就是“字迹清晰”“书写工整”之类的正确的废话。但是，我在李希贵校长的书里看到了这么一段，令人拍案叫绝。

> 下面是一所学校在“如何利用黑板”方面的规范：
>
> • 检查板书字号大小。确定坐在最后一排的学生能看得清楚。
>
> • 利用上半部分。只有确定后排的学生不会被前排的同学挡住时，才使用黑板的下半部分。

> • 列出上课计划。将要讨论的问题写在黑板上，这样，你对这些问题做出回答时，学生仍然能够看到问题。
>
> • 在黑板上写字，背对着学生时，不要再讲课。
>
> • 尽量在课前在黑板上写好板书的内容，以使学生对将要上课的内容纲要有个大致了解。
>
> • 将学生的话写在黑板上。
>
> • 让学生有机会在黑板上写字。
>
> • 慎用黑板擦。在擦去学生所说或所写的观点之前，应进一步强调这些观点的价值。
>
> 这些经验在许多教师脑海里也许都或多或少地有一些，但既不全面，也不清晰，经过研发中心组织力量进行汇总、梳理、提炼后，就可以成为老师们的工作指南。
>
> ——李希贵：《学校如何运转》

在这段文字里，我看到的不是应用黑板的技能，而是老师对不同状态下学生心态的娴熟把握：后排的学生能否看清？学生是否清晰地知道课程的进度？学生是否有机会利用黑板？学生的话是否受到尊重？

书里经常会有这样的段落。仅仅一小段文字，就能召唤出丰富的认知模型，帮我们越过工具看到人，越过场景看到全局。

“精神装置”

拥有思维的复杂性之后，我们还将面对第二项修炼：如何在不同思维模型之间灵活地切换？

在喻颖正（老喻）的《人生算法》里，我看到过一个有关美国前总统克林顿的故事。

> 1998年，克林顿身陷莱温斯基事件。这一丑闻给他带来了致命打击。他不仅要在陪审团面前做证，还不得不发表电视讲话，向全国民众道歉。一般人在这种情况下早就狼狈不堪了，可是克林顿照样正常工作。他曾与50位国会议员开会，其中一半都是弹劾他的共和党人。会上，克林顿专注而高效，就像没什么事情发生一样。
>
> 彼时的财政部长罗伯特·鲁宾对此感到非常好奇，他曾在自传中写道："我确实非常赞赏克林顿处理危机的方式，尽管这一危机是他自己制造出来的。他的精力集中、专注，在身旁风暴肆虐时仍继续工作……"克林顿之后告诉鲁宾，说他启用了一项"精神装置"，帮助自己度过了那段时间。你可以把这项"精神装置"想象成电脑的重启机制——在系统快要崩溃的时候按下重启键复活。
>
> 本质而言，"精神装置"其实是一种每个人都可以学习的"大脑方法"，帮助我们从那些无法改变的糟糕事情里挣脱出来，像是什么都没发生似的，专注于做好当下最重要的事情。
>
> ——喻颖正：《人生算法》

克林顿所谓的"精神装置"，类似于曾国藩说的"未来不迎，当时不杂，既过不恋"[3]。把自己的大脑变成一部可以用按键切换的机器，遇到什么场合，就用什么思维方式。

这么做难度极高，但往往有奇效。一件想不清楚的事情，切换到另一种思维模式里，马上迎刃而解。

举一个对我影响很大的例子。

美国《纽约时报》专栏作家戴维·布鲁克斯（David Brooks）的《品格之路》里，提出了一对概念："简历美德"和"悼词美德"。

> 我一直在思考"简历美德"与"悼词美德"之间到底有哪些不同。
>
> "简历美德"是你在简历中列出的那些美德，也就是你贡献给就业市场或者有助于你在外部世界功成名就的那些技能。
>
> 而"悼词美德"则涉及更深层次的内容，是未来人们在你的葬礼上谈论的美德。无论你是否和蔼、勇敢、诚实或忠诚，无论你与人相处得是否融洽，"悼词美德"都存在于你的灵魂深处。
>
> ——〔美〕戴维·布鲁克斯：《品格之路》

说来也简单："简历美德"，是当我还活着的时候，别人会因为什么高看我一眼。无非就是技能、资源、优势，等等。而"悼词美德"，是在我的葬礼上，别人会因为什么赞扬我。这时候，那些竞争性的优点全都没有用了，能留在我的悼词中的，只能是对我内在品格的赞赏，比如勇敢、诚实、忠诚，等等。

我第一次看到这两个词的时候，好像能清晰地感觉到自己的大脑里"咔嗒"一声，被安装了一个新的开关。

从此，我可以从两个角度来看自己手头做的事，还能自由切换：既从过程的角度看，也从终局的角度看；既从成功与否的角度看，也从价值大小的角度看。

从此，做事的时候，我真的就在脑子里设立了两个账户：一个是“简历账户”，一个是“悼词账户”。在“简历账户”上，记录做一件事能给我带来什么样的竞争力；在“悼词账户”上，记录做一件事能留给世界什么价值。而我的任务是：做任何一件事，都力求能在这两个账户上各记一笔。

比如，做公司业务的同时，我们会把工作方法总结成《得到品控手册》，每年迭代一版，向全行业免费开放。多年之后，我们的具体业务可能已经不在了，但是我们摸索出来的经验还可以帮到很多人。再比如，做大型活动的时候，我们会跟踪、拍摄纪录片。活动本身成不成功是短期的事情，但是做一场活动的方法、经验、教训，会创造更广泛的价值。

有了这两个视角的平衡，一家身处竞争中的公司，就可以活得更像一个体面的人了。

当然，后来读的书多了我才知道，用“悼词美德”这个思路来做事的，大有人在。

史蒂夫·乔布斯在 20 世纪 90 年代重返苹果公司之后，为了放松限制提出了以下问题：“如果钱不成问题的话，你会做什么？”这样的问题激发了公司员工创造新产品和服务的热情。

它意味着，苹果公司在追求卓越的时候不必理会各种限制，包括消费者现有的喜好，甚至是满足其愿望所需的成本。

成为迪士尼公司的董事后，乔布斯继续传播这一想法，告诫员工要有“远大梦想”。

因此，在重新设计迪士尼零售店的时候，乔布斯在一个销售区域贴上了这样的标签，“小叮当仙子* 会怎么做？”（WWTD：What Would Tinker Bell Do？）

——〔美〕杰夫·戴尔等：《创新者的基因》

“如果钱不成问题的话，你会做什么？”乔布斯提的这个问题非常高明。道理很简单，一个对的产品，当然就能挣到钱，所以钱本来就不成问题。而具体做事的人，总是受到“钱不够”这个假象的干扰。与其在现实的资源约束中为难，不如干脆设想一个“钱不成问题”的条件，彻底解放做事之人的想象力。

这和让我们这些身处竞争中的人，通过想象自己“葬礼”的情境和“悼词”的写法，来摆脱竞争对自我人格的扭曲，是不是有异曲同工之妙？

另一家这么做的公司，是亚马逊。

亚马逊创始人贝佐斯有一个很奇怪的要求：任何团队提交一个项目方案，先别说打算怎么干，而要先写两个东西。第一，项目成功发布时的新闻稿（PR）；第二，客户可能提出的问题以及你的回答（FAQ）。

通常，大家都是在项目结束的时候才写这两篇东西，而贝佐斯要求提前到开始的时候。这是不是也像提前准备自己的“悼词”？

* 小叮当仙子（又名叮当小仙女）是迪士尼著名的卡通人物。

> 当我们写 Kindle 新闻稿、开始逆向工作时，一切都发生了改变。
>
> 我们开始转而关注客户想要什么：给予完美阅读体验的显示屏，使图书购买和下载变得轻松、愉快的下单流程，品类的选择面广，价格低。如果没有“新闻稿”工作法，我们永远无法取得这些突破，从而使客户有完美的体验。因为它，开发团队被迫创造出诸多方法来解决客户的问题。
>
> 亚马逊公司每年都有数百个 PR/FAQ，只有最优秀的才会得到优先安排和资金支持。这不是亚马逊的缺陷，而是亚马逊的一大特色。
>
> 前期花时间全面思考产品的各种细节问题，决定不打造哪些产品，这样就可以保存公司的资源，用于打造那些可以对客户和公司产生最大影响的产品。
>
> ——〔美〕柯林 · 布里亚等：《亚马逊逆向工作法》

不仅是公司经营，有了“悼词美德”这个“精神装置”之后，我发现很多日常智慧也可以用这个原理来解释。

比如，有一件东西，我特别想买，但是又有点举棋不定，怎么办？

有人就提出了一个思考方法：闭眼，想象老天爷要送我一个礼物，把这件要买的东西和这笔钱同时放在我面前，规则是只能挑其中一样，那么我挑哪样？这个情境一出现，就把“占有欲”“吝啬感”这些干扰性、情绪性因素全部排除在外了，让我有机会从“终局”上去比较，到底我是要这件东西，还是要这笔钱？

尝试这么想想，一团乱麻般的思绪马上就能理得清清楚楚。我自己亲测有效。

“无知之幕”

我们的大脑在转念之间，就能让现实世界的很多复杂矛盾云开雾散。在社会政治领域也有一个精彩的例子——罗尔斯（John Rawls）在《正义论》里提到的“无知之幕”。

人类社会最大的矛盾，就是“公平”问题。公平作为一个抽象的原则，人人都同意。但问题是，每个人心里的公平都不一样。

> 你参加生日聚会，到了大家一起吃蛋糕的环节，这时存在一个问题：蛋糕要怎么分才公平呢？
>
> 最直接的做法就是平均分，而且你肯定知道，要让切蛋糕的人最后选，这样才能分得最平均。
>
> 但有人反对，说每个人胃口大小不一样，应该按照需求来分才合理。
>
> 又有人说，蛋糕也不是天上掉下来的，是我们自己做的呀，应该按照做蛋糕的贡献大小来分配，这才公平。
>
> 马上就有人不同意了，他说，我没参加做蛋糕，可是整个聚会都是我张罗的，今天最辛苦的人就是我了，你们不觉得应该按照努力辛苦的程度来分配吗？
>
> 这时，寿星终于忍不住了：今天是我过生日好吗，分蛋糕为什么不是我说了算啊？
>
> ——刘擎：《刘擎西方现代思想讲义》

罗尔斯通过一个思想实验，解决了这个问题：假设我们不知道自己在生日宴会里的角色，我们既可能是普通来宾，也可能是做蛋糕的，也可能就是寿星本人，我们都处在一道“无知之幕”的遮蔽之下，那我们会倾向于蛋糕怎么分？

我们可以把这个局面推想得极端一点——

假设，人真的是从天上投胎到人间的小天使。在投胎之前，老天爷给我一个机会，让我来安排一下人间的秩序。在这个时候，我无法知道自己将来是生在穷人家还是富人家，也无法知道自己将来的性别、种族、相貌、智力和禀赋，那我该怎么办？

我想，我不可能主张富人用钱就可以买到一切，因为我可能是穷人；我也不可能主张富人的钱都充公，因为我也可能是富人。在这道“无知之幕”后面，我只能战战兢兢、小心谨慎地安排着人间的秩序，生怕一点点不公平将来有机会落在我的头上。最后，我拿出来的那个方案，就有可能是一个接近合理的方案。

虽然“无知之幕”在学术上有很多争议，但是我第一次读到的时候，还是被这个天才的设想震惊到了。罗尔斯只要求我们有这样一个“转念”，就能帮我们摆脱现实中的具体身份，一起来思考合理的人间秩序。“将心比心”这个古老的原则，一下子就变得非常具体、生动了。

> 正义的原则是在一种无知之幕后被选择的。
>
> 这可以保证任何人在原则的选择中都不会因自然的机遇或社会环境中的偶然因素得益或受害。
>
> 由于所有人的处境都是相似的，无人能够设计有利于他的特殊情况的原则，正义的原则是一种公平的协议或契约的结果。
>
> ——〔美〕罗尔斯：《正义论》

类似的震撼，我在书籍的世界里多次遇到。

有一次，是我读到了彼得·萨伯（Peter Suber）的《洞穴奇案》。这是虚构出来的一个案件：在一个虚拟的国度，有几名探险者被困于洞穴之中，他们已没有食物，且得知短期内无法获救。为了活下去，他们投票吃了其中一个人的血肉。请问，他们该当何罪？

《洞穴奇案》设想了14位大法官的陈词。表面看起来好像只有“死刑”和“释放”两种结果，但经由他们的条分缕析、抽丝剥茧，你会发现居然有14种完全不同的判决理由。

这本书不仅让我大开眼界，也在我还年轻的时候及时帮我治好了“妄下结论”的毛病。任何社会事实，无论看起来多么黑白判然，背后都可以有无穷的思考深度。

另一次，是我遇到了“进化论”。

进化论，不仅解释了这个世界上的物种是怎么来的，也解释了世界的很多“缺陷”是怎么来的。

> 就拿人类来说，直立行走和巨大的脑容量让我们获得了明显的生存优势，但难产、痔疮、静脉曲张、椎间盘突出这些常见的健康问题却不是被自然选择特意挑中的，它们只是直立行走和大脑袋这两个特征的副产品而已。
>
> 自然选择这个老师，眼睛只盯着繁殖这个答案，至于解题过程是好是坏，它从不过问。
>
> 任何一个能够带来显著生存优势的基因变异，周围都围绕着一群搭便车的基因变异，它们有的完全无用，有的确实有害。但既然进化这个唯结果论者只关注最终的结果，那这些搭便车的基

> 因变异就得以长期在优势变异的羽翼下存活，让生物体无法达到理想中的生存状态，不得不苟且地生存和繁衍着。
>
> ——王立铭：《王立铭进化论讲义》

读懂了进化论，让我不再妄想世界上有简单的万应良药，也让我真正理解了“凡有收益，必有代价”这个朴素的道理。

书籍里到底有什么？仅仅是我们不知道的知识吗？

不，书籍里最珍贵的部分，是那些和我们的直觉、本能不一样的思维方法。

读书多的人，不仅仅是谈资多。面对同一个事实，他们还能够转动自己脑子里的各种“精神装置”，放出各种“小精灵”站到事实的各个侧面。他们能看到一个更立体、更复杂的世界。而不读书的人，对此茫然无知。

很多年前，有人跟我讲了一句特别扎心的话：“富人看不起穷人，穷人能知道。有知识的人看不起无知的人，无知者压根儿就不知道。”

我得承认，这句话是我读书的重要动力之一：同样生而为人，我为什么就要在山脚下被人俯瞰？同样有机会翻开书本，我为什么就不能登临山顶、一览全局？

进一寸，有一寸的欢喜。上一层，看一层的风光。

书单 BOOKLIST

你可以在这些书里做一做思想体操：

《直觉泵和其他思考工具》

〔美〕丹尼尔 · 丹尼特，冯文婧等译，浙江教育出版社 2018 年版

《哲学的故事》

〔美〕威尔 · 杜兰特，蒋剑峰、张程程译，浙江大学出版社 2015 年版

《思考的技术》

〔日〕大前研一，刘锦秀、谢育容译，人民文学出版社 2019 年版

《巨人的工具》

〔美〕蒂姆 · 费里斯，杨清波译，中信出版集团 2018 年版

《刘擎西方现代思想讲义》

刘擎，新星出版社 2021 年版

[抽象 ABSTRACTION]

那些伟大的概念

文明进化的台阶

往下深挖一厘米

别轻视任何一个概念

大音希声，大象无形，道隐无名。

——《老子》

这一章，让我们关注一个词：“抽象”。

这是我们加工外部世界的一个重要方式。

一个求知者，总是在繁复的信息丛林中行走，一不小心就会陷入泥潭。这时候，抽象的概念会伸出手，拉他一把。

文明进化的台阶

有位朋友的妈妈是中学老师。上学的时候，妈妈告诉过他一个学习的窍门：新学期开学，领了新发的课本之后，不要等老师讲，自己先从头到尾翻一遍，了解其中的几个关键概念。不求甚解也行，生吞活剥也行。

你会发现，一门课一学期其实就讲区区几个概念。

比如，高一上学期的物理课本，主要讲三个概念——牛顿第一定律、牛顿第二定律、牛顿第三定律。

到了下学期，核心也是两个概念：万有引力定律和能量守恒定律。

在老师讲课之前，试着把这些词理解一遍，抓住几个关键的线头，学起来会特别快。

这些线头就像一条条绳索，有了它们，令人恐惧的茫茫大海就变成了波平浪静的游泳池。

我自己也有这样的体验。

当年，我在北京师范大学为本科生上过三年传播学的课。对这门学科，我应该不算陌生了。但多年之后遇到一本书，陈力丹老师的《传播学关键词》，我仍然大开眼界。这本书没有什么惊人之论，只是用 25 个概念把传播学重新梳理了一遍。读完之后的感受，就好比有高手帮我打通了任督二脉，传播学的所有知识在这 25 个概念下秩序井然，被安置得明明白白。

> **传播、反馈、符号、编码 / 解码、符号互动论、信息 / 讯息、话语、文本、叙事 / 叙事学、媒介、拟态环境、媒介即讯息、媒介环境［生态］学、把关人、受众、公共领域、文化工业、议程设置、知识沟、人际传播、组织传播、大众传播、跨文化传播、舆论、宣传。**
>
> **——陈力丹、易正林：《传播学关键词》**

再举一个例子。如果你觉得自己是文化研究这门学科的外行，没关系，有一本书值得你起步就读：汪民安主编的《文化研究关键词》。这本书其实不是通俗的入门读物。作者通过关键词，直接带你飞掠进学科的核心地带。等到再出来的时候，你会发现，自己已经登堂入室了。

> **单面人、第三空间、东方主义、感性分配、工具理性、机械复制、景观社会、镜像阶段、空间生产、零度写作、千高原、情感结构、认知暴力、认知图绘、赛博空间、时空压缩、语言转向、欲望机器、元历史、元叙事、症状阅读、知识考古学、自然之镜。**
>
> **——汪民安主编：《文化研究关键词》**

一个新概念，就是前所未有的角度。天文学家李淼老师跟我讲，有一位诺贝尔物理学奖得主私下向他抱怨：别看我得了诺贝尔奖，我最大的渴望，是这辈子能发明一个像“熵”那样的概念。

“熵”，是19世纪的鲁道夫·克劳修斯（Rudolf Clausius）提出来的。简单来说，它描述的是一个封闭系统的混乱程度。在此之前，人类从来没有从这个角度看过世界；而在此之后，“熵”的概念支撑起了包括热力学、混沌学、系统论、控制论、信息论、结构论、协同论、突变论在内的一众现代学科的大厦。

正如美国作家霍华德·布卢姆（Howard Bloom）所说：“科学与艺术拥有共同的使命——以前所未有的角度观察，从平凡的事物中发现惊喜。”[1] 难怪连诺贝尔奖得主也如此眼馋。

也正是这些前所未有的角度，一次次把人类文明推进到一个新的高度。我们后来的人，才能以此为基础，拾级而上。

在现代世界兴起的过程中，同样的模式再三出现——某个天才人物构思出一个之前没有人掌握过的抽象概念。随着时间的流逝，这一概念对我们生活的影响如此之深，以至于我们常常忘了它必须先被发明出来。

几乎每一个突破性的概念都有相同的故事。

> 例如，“零”是一个数字这个概念就证明比“二”或“七”的概念更难以捉摸。怀特海再次提到，“我们日常生活的运作中并不需要使用到‘零’。没有人会出门去买零条鱼。零因而可说是所有‘数字’中最文明的，只有出于表达文明思想的需求，我们才被迫使用它”。有了零，我们像是突然有了工具可以开始建造我们知道的世界。零让记数法成为可能——我们可以区分 23、203 跟 20003 的差别。
>
> 负数则是另一个同样奇妙的概念。今天我们知道什么是 5 美元钞票，什么又是 5 美元的欠条。理解气温 10 摄氏度与零下 10 摄氏度的概念对我们来说也不是问题。但在人类的历史中，超过千年的时间即便是最伟大的知识分子也难以理解负数的概念。（笛卡儿花了一番力气才弄懂怎么可能有“比没有还少”的东西。）
>
> ——〔美〕爱德华 · 多尼克：《机械宇宙》

读的书越多，我就越珍视概念。其中一个原因是：每一个重要概念的背后，都可能是一位伟大学者一生的心血。

有人把学者分成两类：狐狸和刺猬。“刺猬知道一件大事，狐狸知道许多小事。”[2] 哈耶克（Friedrich Hayek）就是一位典型的

“刺猬”型学者。

哈耶克一生出版了25部著作，写了上百篇文章，其中绝大多数都在不断变换角度打磨一个概念：“自发秩序”。比如：

出版于1944年的《通往奴役之路》，从经济学角度讲自发秩序。

出版于1952年的《感觉的秩序》，从心理学角度讲自发秩序。

出版于1960年的《自由宪章》，1973—1979年的《法律、立法与自由》，从政治、法律、哲学的角度讲自发秩序。

在哈耶克看来，从乡间小路，到经济、法律、道德、传统，再到语言、工具、生物、气象等，都是自发演化而来的，遵循的都是自发秩序。

一个人耗费一生的精力，穿梭于不同领域，变换着各种角度，为我们打磨出一枚概念钻石。而我们可以一次性拿走，何其幸也？

再比如，英国历史学家汤因比（Arnold Toynbee），为了讲透“文明竞争论”这个概念，花了整整41年，著成《历史研究》这套书，皇皇12卷。等写到最后一卷，他已经觉得世界上没有人能看这套书了。幸好，一位历史教师萨默维尔（D. C. Somervell）帮他做了缩减本。现在我们看到的，就是这个缩减过的版本。

看看这组概念吧：国家、公民、社会、公司、成本、需求、供应、利息、合同、货币……

似乎没什么特别的，我们也习以为常了。但只要稍稍深究一下，回到那个概念诞生的现场，我们就能看到无数闪电划过夜空的瞬间。

往下深挖一厘米

你可能会问，如果概念那么重要，我直接去看百科词条不就行了吗？为什么还要读书呢？

来看一个300多年前发生的故事。

> 从前，有位僧人与一位文士同宿于夜航船中。文士高谈阔论，僧人敬畏慑服，双脚蜷缩而眠。过了一阵，僧人感觉文士言语中多有破绽，就问文士说："请问这位相公，'澹台灭明'是一个人还是两个人？"学子说："是两个人。"僧人又问："这个尧舜是一个人还是两个人？"学子说："当然是一个人！"僧人听了笑着说："这么说来，还是让小僧先伸伸脚吧。"
>
> ——〔明〕张岱：《夜航船》

张岱讲这个故事，是想告诉我们，很多人只是知道一些概念，一问究竟，他们就不明所以了。所以他写出了《夜航船》。当然，《夜航船》的体例也有点像今天的百科词条，然而它往下深挖了一点，这一点至关重要。

普通人和有学识的人，同样生活在由概念构成的世界上。区别仅仅在于，有学识的人会借助阅读，往下深挖一点。哪怕只深挖一厘米，也会赢过99%的人。

有三个理由，值得你从浅表的概念往下深挖这一厘米。

第一个理由，很多概念的出处，其实已经被遗忘了。

举个例子，我们现在说有人逃跑，经常讲"逃之夭夭"，请问这个词是怎么来的？

稍作阅读，就能知道，它的出处是《诗经》里的一句："桃之夭夭。"

桃夭

桃之夭夭，灼灼其华。
之子于归，宜其室家。
桃之夭夭，有蕡其实。
之子于归，宜其家室。
桃之夭夭，其叶蓁蓁。
之子于归，宜其家人。

——王秀梅译注：《诗经》

"桃之夭夭"，原本的意思是桃花很好看，出嫁的姑娘像桃花一样好看。而"逃之夭夭"呢？是古人的一个谐音梗。看着落荒而逃的人，背出一句典雅的诗文，那种嘲讽意味，今天你用这个成语的时候还能感知到吗？

第二个理由，很多概念被过度简化了。

德国社会学家乌尔里希·贝克（Ulrich Beck）提出了"风险社会"这个概念。很多人会望文生义地以为，风险社会就是指一个风险很大的社会，充满了战争、瘟疫、饥荒和死亡。

但是你想，这个概念是1986年提出来的。至少在当时的西方社会，这些传统的风险都已经得到了很好的控制。那贝克所说的"风险社会"到底是指什么呢？

你如果粗粗翻一下《风险社会》这本书，就能知道，在贝克看来，现代社会之所以叫风险社会，不是说这是一个风险越来越大的社会，而是说这是一个风险越来越不可知的社会。风险社会是现代性的副产品。

阶级社会的驱动力可以归结为：我饿！反之，风险社会所触发的运动可以表述为：我怕！

共同的焦虑取代了共同的需求。就此而言，风险社会标志着社会意义上的新纪元：焦虑型团结逐渐形成并构成了一股政治力量。

阶级社会的梦想是每个人想要也应当分享蛋糕。风险社会的目标却是每个人都应当免受毒物之害。

可见之物处在不可见的危险的阴影之下。

——〔德〕乌尔里希·贝克：《风险社会》

再举一个例子。

摄影构图中，有两个概念：“中景”和“近景”。它们到底是什么意思？

通常的理解，比如拍一个站立着的人物，中景就是取到膝盖以上，近景就是取到胸部。确实如此。但是如果一个人坐在那里呢？中景和近景分别取到哪里？是不是有点茫然？

这时候就要深挖一层了：这么区分的依据是什么？

中景的特点，是要描述被拍摄物的动态特征。而人的主要动态特征体现在哪儿？体现在手势。手的活动范围在哪儿？站立的时候不会跑到膝盖以下。所以当人站立的时候，你拍他的中景，就要取膝盖以上。但如果人是坐着的，取中景取在哪儿？还是手，把手放进来，就叫中景。这时候就不关膝盖什么事了。

而近景呢？是要描述被拍摄物的主要局部。一个人的主要局部是什么？当然是脸。所以，取景到胸口，是为了看到人全部的面部表情。理解了这一层，你是不是也会拍一本书封面的“近景”了？把书名放进来就可以了。

有些人拍照片很难看，往往就是因为没有从概念往下，稍稍深究其理。

第三个理由，概念在流传中会“被污染”。

概念就像纸币，一旦发行出去就脏了。经过的人都摸它一把，上面会留下各种各样的指纹和微生物。若不深入地挖一点，就会对它充满误解和偏见。

> **历史地研究一门科学的发展是最需要的，免得在其中铭记的原理变成一知半解的指令体系，或者更糟糕，变成偏见的体系。**
>
> **——〔奥〕恩斯特·马赫：《力学及其发展的批判历史概论》**

在中国文化中，“中庸”这个概念就经历了这样一场悲剧漂流。

今天，我们评价一个人“中庸”，总觉得他要么没什么原则，要么圆滑世故。“中庸”成了没主见、和稀泥的意思。

真是这样吗？要知道，孔子当年提出“中庸”这个概念的时候，可是说了一句很重的话：“中庸之为德也，其至矣乎！”

对，“中庸”是儒家思想的一个核心主张。他们要求一个“君子”不偏不倚，在复杂境遇中秉持那细如发丝的黄金中道。

举个简单的例子：你在开车的时候，是靠左好，还是靠右好？当然是不偏不倚最好。你钉一根钉子，是向上好，还是向下好？当然是准确击中核心最好。

所以，中庸是行动者的必要修养。极重要，又极难。回头看看，我们对这个词的曲解到了何种荒诞的程度。

> 人类在开始拓植文明之后的很长时间，艰险的环境危及生存，不得不处处运用过度之力。面对荒昧，面对野蛮，面对邪恶，若不超常用力，怎么能够活下来？
>
> 终于，活下来了，那又必定加倍地动用重力、暴力、武力进行自卫和惩罚。
>
> 一切都起之于过度用力，又以道义的借口让那些过度之力走向了极端主义。
>
> 明白了这么一个整体背景，我们也就懂得，孔子为什么要把中庸思想说成是最高道德了。
>
> 他很清楚，如果种种极端不受控制，人类的灾难必将无穷无尽；那么，靠什么来控制极端呢？一定不是另一种极端方式，而只能是中庸。
>
> 中庸思想要求，“执其两端，用其中于民”。那也就是说，把两端掌控住了，只取用两端之间的“中”，才可能有利于万民。这个“中”，就是处于中间部位的一个合适支点。这个支点不同于两端，却又照顾着两端，牵制着两端，使两端不要“悬崖滑落”。因此，这个“中”，不仅避免了两端的祸害，而且也挽救了两端，所以成了最高道德。
>
> ——余秋雨：《君子之道》

人类的知识负担太重，所以必须用抽象的概念来化繁为简。

但当概念过于抽象时，我们又必须靠阅读来还原它的本来面目。

别轻视任何一个概念

今天，我们身边经常会冒出来一些莫名其妙的概念。它们简陋、晦暗、虚张声势，甚至包藏了很多骗子的诡计。就像一片原野上来了一群来意不明的陌生人，临时胡乱搭了一些粗制滥造的帐篷。

不要忙着去驱赶和斥责它们。因为我们并不知道，它们未来会变成什么样子。

有些概念，说着说着就偃旗息鼓了。里面的人渐渐搬到了别处。概念变成了空洞的废墟。没什么可惜的。

而总有些概念比较幸运，越来越多的人迁居于此，在原址上不断扩建、重修，踵事增华。一间土坯房，变着变着就成了一座巍巍宫阙。

孔子当年周游列国，拼命推销一个“仁”字。在当时，这可是个新名词。说得虽然多，但他老人家每次给的定义都不一样。当时人们的感觉，是不是有点像我们今天听到“元宇宙”呢？

但是没关系。时间会往里面装填所需之物。经过一代代儒家士大夫的诠释和践行，到了今天，孔子的“仁”早已成为中国精神的一根重要支柱。

不要嘲笑那些粗疏的概念，它们经常会带来新世界的消息。

就像马尔克斯在《百年孤独》里说的，“世界新生伊始，许多事物还没有名字，提到的时候尚需用手指指点点”。

书单 BOOKLIST

你会在这些书中见证伟大概念的诞生：

《想象的共同体》

〔美〕本尼迪克特·安德森，吴叡人译，上海人民出版社 2016 年版

《菊与刀》

〔美〕鲁思·本尼迪克特，何道宽译，北京大学出版社 2013 年版

《单向度的人》

〔美〕赫伯特·马尔库塞，刘继译，上海译文出版社 2008 年版

《盲眼钟表匠》

〔英〕理查德·道金斯，王道还译，中信出版集团 2014 年版

《乡土中国》

费孝通，北京大学出版社 2012 年版

[凝　结 COHESION]

一 字 一 世 界

语言是诗的尸体

阅读作为“快捷键”

象征的最小单元：汉字

我喜欢雨，因为它带来天空的味道。

——《言叶之庭》

上一章，讲的是“抽象”。人类可以通过一个个抽象的概念来把握大千世界。

但在这条大路旁边，其实还有一条小路，也能直达纷繁万物。那就是“象征”。

所谓象征，就是用一个常见的形象，把大量的感受、道理、情境凝结起来。这个文化工程一旦完成，我们只要看见某物、某人，就能立刻调取出一大团认知，把其中的感受、道理、情境再次还原。

在恋爱攻略中就有这样的操作。比如，你反复告诉自己的恋人，自己喜欢芒果的味道，两人经常在一起吃芒果。那无论你们后来聚散如何，他这一生只要看到芒果，就能想起你。象征，一旦被接受，就会像宿命一样终身相随。

看到一面五星红旗，我们脑中瞬间会闪过这个伟大国家的桩桩件件；看到一个缺了口的苹果，马上就能想起一家庞大的科技公司。

这个过程并不容易。每一个象征，都源自一次精彩的创造。

我上中学的时候，老师讲过各种各样的写作方法，但是我总觉得有点隔膜。直到有一天，我遇上了一个词："金蔷薇"。这是作家康·帕乌斯托夫斯基讲的一个故事。

话说，巴黎有一个叫让·夏米的清扫工，他一贫如洗，却爱上了一位姑娘。于是，他决定每天收集从首饰作坊里清扫出来的尘土，然后筛出一点点金粉。日积月累，他终于铸成了一小块金锭，将其雕刻成了一朵金蔷薇花。

故事的结局很悲惨。夏米没有再见过那位姑娘，含恨而死。但"金蔷薇"这个象征，被帕乌斯托夫斯基借用，变成了关于写作的绝佳隐喻：写作，既要有艰难而漫长的搜寻和筛选，又要有别具匠心的雕刻和呈现。

> 每一分钟，每一个在无意中说出来的字眼，每一个无心的流盼，每一个深刻的或者戏谑的想法，人的心脏的每一次觉察不到的搏动，一如杨树的飞絮或者夜间映在水洼中的星光——无不是一粒粒金粉。
>
> 我们，文学家们，以数十年的时间筛取着数以百万计的这种微尘，不知不觉地把它们聚集拢来，熔成合金，然后将其锻造成我们的"金蔷薇"——中篇小说、长篇小说或者长诗。
>
> ——〔俄〕帕乌斯托夫斯基：《金蔷薇》

直到今天，关于写作方法，我也没见过比"金蔷薇"更精彩的象征。你如果也想让孩子有一个摘录"好词好句"的本子，进而爱上写作，不妨把这个故事讲给他听。

我们常常会为这种精妙的象征拍案叫绝。

法国哲学家德勒兹（Gilles Deleuze）在《千高原》中，将人类文明的发展形态凝结成了一组象征：苹果和生姜*（见图 1-1）。

图 1-1 苹果和生姜

先想想：苹果为什么是圆的？而生姜为什么长得奇形怪状？

因为树上的苹果生活在一个相对稳定的环境里，有日出日落的节律，有稳定的降雨。为了更好地吸收阳光和雨露，苹果转动身体，接受光热水土的滋养，最后长成了一副圆润可喜的样子。

而生姜，生活在暗无天日的地底下，不知道养分在哪儿，只好胡乱地向四面探索，最终长成了一副奇怪的模样。

是要当圆润而安适的苹果，还是要当自由、创新，但是必然丑陋的生姜？人类文明的大命题，就通过这两个象征摆在了我们面前。想想看，我们人生的选择又何尝不是如此呢？

---

* 为便于理解，这里用苹果与生姜，分别指代德勒兹在书中提到的簇根（fascicular root）和块茎（rhizome）。详见：〔法〕德勒兹、〔法〕加塔利：《资本主义与精神分裂（卷二）：千高原》，姜宇辉译，上海书店出版社 2010 年版。

语言是诗的尸体

象征的凝结需要过程。

我们日常用的语言也经历了这样一个凝结的过程。要知道，人类的文化现象，大多是从简到繁地演化。语言则相反，是从繁到简。

《信息简史》这本书，记录了非洲原始部落的“鼓语”。

一个女婴的降生通知可能会是这样的：“接生的衬垫已经卷起，我们感到浑身充满力量，一个女人从森林里来，来到这个开放的村庄。这次就说到这里吧。”

而召集村民参加一次聚会的通知是这样的：“在黎明时分，我们不要集结去劳作，我们要在河边举行聚会。波棱吉村的男人们，不要去狩猎，也不要去打鱼。我们要在河边举行聚会，在黎明时分。”

啰唆吧？但是没办法。先民们还没有来得及发展出那么多简洁的“象征”词语，只好用繁复的语言来表达自己的意思。

用鼓说话时，没人会说得直截了当。鼓手们不会说“回家吧”，而会说：

让你的脚沿它去时的路返回，
让你的腿沿它去时的路返回，
让你的腿脚驻立于此，
在这属于我们的村庄。

他们不会简单说“尸首”，而会展开详述成“仰面躺在土堆中的人”。如果想表达“别害怕”的意思，他们会说“把你的心从嗓子眼放回原处，你的心提到了嗓子眼，现在把它放回原处”。这些

> 鼓说得叠床架屋，似乎表达效率相当成问题。这到底是卖弄辞藻，还是另有妙用呢？
>
> ——〔美〕詹姆斯·格雷克：《信息简史》

而今天，我们的日常语言已经充满了各种象征词。它们再反复叠加，变成了全新的意思。

比如这样一则财经新闻："今天股市大幅上涨，分析师认为，市场持续了两个月的僵局终于被打破了。"很平常的一句话里面，其实包含有大量的象征词：

"大幅"，本来是说布匹的，现在用来形容某种程度；

"上涨"，本来是说水的，现在用来形容股价；

分析的"析"，木字旁，本来是说把木头劈开，现在用来形容掰开揉碎研究一个现象；

僵局的"僵"，本来是说人倒地不起，现在用来形容一种对峙的局面。

你看，一旦回到这些词的本义，我们就能辨析出其中的盎然诗意。

有一位诗人曾下过一个有趣的定义——什么是语言？语言是诗的尸体。

你可以想象一个场景：一个原始人，清晨走出自己生活的洞穴，伸个懒腰，看着对面的群山，突发奇想：这座山，不也像是一个人吗？所以，他把对自己身体各个部分的称呼一一投射上去，把山顶的位置命名为"山头"，把底部称作"山脚"，那中间部分自然就是"山腰"喽。

“我见青山多妩媚，料青山见我应如是”，于是一组新的词语诞生了。这哪里是普通的语言？在它们诞生的那个瞬间，想象力喷涌而出。这不就是诗吗？

只不过，在后来漫长的使用过程中，其中的诗意隐去，坍缩成了干瘪的词语。

我们这代人，站在人类语言演化的末端，享用着历代先祖用诗意不断凝结出来的象征。这是一笔何等庞大的文化遗产！

阅读作为“快捷键”

这些“诗的尸体”还有复活的可能吗？有。

通过阅读，我们可以还原出它们丰富的质感。

比如，我对人说一个词：“花木兰”。他会想到什么？一位替父从军的女英雄？

恐怕大多数人的反应就仅此而已了。

但是如果翻开乐府民歌《木兰辞》，我们会看到一组更为丰富的意象。

木兰下定决心从军的时候——“东市买骏马，西市买鞍鞯，南市买辔头，北市买长鞭”——如果在今天，这几句诗不就是一组电影蒙太奇镜头吗？一个妙龄女孩，在集市中奔走匆匆，像买钗环首饰一样，为自己凑齐行军装备。

木兰百战归来的时候——“开我东阁门，坐我西阁床，脱我战时袍，著我旧时裳”——四个“我”字重音连用，压抑已久的天性，就这样喷薄而出。

这样的木兰，是不是更加鲜活？如果不阅读，我们就和她擦身而过了。

日常所用的词语，不只有表面的意思；它们还是一枚枚能打开丰富库藏的钥匙，一个个能召唤出众多指令的快捷键。

我们来看一首诗，唐代诗人李贺的《李凭箜篌引》。

李凭箜篌引

吴丝蜀桐张高秋，空山凝云颓不流。
江娥啼竹素女愁，李凭中国弹箜篌。
昆山玉碎凤凰叫，芙蓉泣露香兰笑。
十二门前融冷光，二十三丝动紫皇。
女娲炼石补天处，石破天惊逗秋雨。
梦入神山教神妪，老鱼跳波瘦蛟舞。
吴质不眠倚桂树，露脚斜飞湿寒兔。

——〔唐〕李贺：《李贺诗集》

只看开头的四句：

“吴丝蜀桐张高秋”。李凭弹的箜篌，不是普通的乐器，是用吴国的丝线和蜀国的梧桐树做成的，而这些都是名贵的材料。这样的乐器，在高爽的秋天，张设在天地之间。

“空山凝云颓不流”。空山上的云朵本来一直在流动、变化，但是现在一看李凭已经在天地之间摆开了乐器，就突然凝结住，不再流动了。

“江娥啼竹素女愁”。仙女们知道自己马上要听音乐，提前酝酿好了情绪。江娥已经开始哭了，素女已经开始发愁了。为什么呢？紧接着一句就解释了：“李凭中国弹箜篌”。大乐师李凭马上要在都城的中央弹箜篌了。

李贺就像一名大导演，先用一双巨手帮李凭布置了一个舞台。

这个舞台有多大呢？吴丝和蜀桐，前者在东，后者在西，这是在空间上撑开了一个极大的疆域。然后“啪”，向上，往高一抛，用一个“高”字来形容秋天，天高地广，中国古人能想象的最大舞台，就这么摆开了。

摆开了舞台，观众呢？李贺请来的第一拨观众，是空间上的，远处的空山，上空的流云。凝住了，都坐好了，不动了，就像剧场里大幕拉开之前的观众，屏息以待。

第二拨观众，是时间上的。江娥、素女，都是传说中的仙女，是超越了时间的存在。现在她们也准备好了情绪，等着大幕拉开。空间、时间上的两拨观众准备好了，高潮到来之际，突然出现了非常朴素的一句：“李凭中国弹箜篌”。

李贺那个时代，肯定没有巨星在体育馆演出。但他仿佛深谙如何调度镜头为亿万观众“现场直播”——先是渲染气氛，接着调动情绪，都躁起来之后，突然“啪”，观众席上灯光一暗，一束聚光灯打在空旷的体育场中央：

一个人，一把乐器，漫天彻地的孤独感，乐声响起，李凭中国弹箜篌。

区区 28 个字，居然能调取出如此丰富的意象。这是何等惊人的文明奇迹！

> 设想每一本书里都有另一本书，每一页上的每一个字母中都有另一种容量在不断地展开；但这些容量却丝毫不会占用桌上的空间。设想知识可以被浓缩成精华，放在一张图片里，一个标记中，放在一个不占地方的地方里。设想人类的头骨将会变得容量巨大，里面的空间不断展开，犹如蜂巢里嗡嗡作响的蜂房。
>
> ——〔英〕希拉里·曼特尔：《狼厅》

象征的最小单元：汉字

我们中国人尤其有幸。三千年文脉不绝，一字一句地堆叠成了一座丰富的象征富矿。

“月落乌啼霜满天，江枫渔火对愁眠。”

“枯藤老树昏鸦，小桥流水人家。”

“野旷天低树，江清月近人。”

历代文人穷搜物象、恣意铺排，以至于即使生活在现代，只要日月星辰、草木鸟兽还在，我们就还是身在绵密诗意的包裹之中。

我自己有一个阅读偏好，就是读和汉字有关的书。

汉字是从甲骨文演化而来的。从最开始的一幅图、一个记号，一路变成现代汉语中的一个字，其中的过程大有趣味。

比如“冉”字（见图1-2）。

我们常说“冉冉升起”，觉得这是一个非常优美的意象。而回到甲骨文里看它的字形，你会发现它其实是一只被钓起来的甲鱼。所以，“冉冉”是指某件东西像甲鱼一样顶着厚重的壳，行动迟缓。

哈哈，请问，你再看到“冉冉升起”这个词的时候，会不会哑然失笑？你再看到甲鱼的时候，会不会多一分温情？

再比如“万（萬）”字（见图1-3）。

它现在是一个纯粹的数，看起来毫无表情。但在甲骨文里，它的形状其实是一只蝎子。考古学家推测，这可能是因为，古代中原地区蝎子多到数不胜数；还可能是因为，母蝎子在繁殖时，身上会有数不清的小蝎子。

对，“万”不只是“多”的意思。它还在暗中提醒，什么东西多了，未见得就是好事。

图1-2 “冉”字

图1-3 “万”字

再比如“当（當）”字（见图1-4）。

“當”的上面是一座小房子，下面则是在房前修筑的一道土坎。所以，當就引申出了“抵挡”“安全”的意思：“一夫當关，万夫莫开。”

有土坎挡水，这种地方便于建房安家。所以又引申出来“刚刚好”的意思，这就是我们经常讲的“应當”。

从“应當”再进一步演化，“对等”的意思也出来了。过去的

“當铺”，其实就是想说，你抵押的物品和我给你的钱是价值对等的。

当然，“當铺”的经营模式没有那么美好，克扣坑害顾客的情况在所难免。所以，又出现了“上當”这个词。

再比如“包”字（见图 1-5）。

“包”最早就是指胎儿初生时包裹的那层“胞衣”。后来有了包装的意思：包装、包裹、包袱。

再后来，围住也叫包了：包围、包抄。之后它又抽象成了负责、总揽的意思：包产到户、包工头、包办。随后，担保、承诺的意思也出现了：“我包你没事。”而承诺的意思有了，自然又出现了约定专用的意思：包船、包房。

图 1-4 “当”字

图 1-5 “包”字

你看，每一个汉字都有极大的意义纵深。一个外国人初学汉语，他最大的难题其实不是读写，也不是理解，而是很难走入这座象征的深山丛林。

字如此，词语就更是如此了。

汉语是一棵不断成长的树。在一些原始符号上，后人不断叠加意义，不断重新阐释，于是它变成得枝繁叶茂。

举个例子，菊花。菊花本来只是一种植物，但它同时作为一个符号，在中国文化中不断演化。

到了屈原，一句“朝饮木兰之坠露兮，夕餐秋菊之落英”，菊花的格调立刻就变得高尚起来了；接着，陶渊明一句“采菊东篱下”，马上让菊花有了隐士的品格；再来，孟浩然一句“待到重阳日，还来就菊花”，菊花又成了秋天的象征；杜甫一句“丛菊两开他日泪，孤舟一系故园心”，菊花又代表了悠悠岁月；到了晚唐，黄巢的两句“待到秋来九月八，我花开后百花杀。冲天香阵透长安，满城尽带黄金甲”，菊花又有了冲天的杀气；到了明朝，梅兰竹菊号称四君子，菊花的文化意义进一步丰富。

一提起菊花的这个“菊”字，有中国文化修养的人，瞬间能联想到的符号，几乎是无穷无尽的，它的意蕴复杂到了极点。如果没有中国文化修养，那提起菊花，开句玩笑，有的人可能就会觉得被玷污了，因为他想到的是人体的某个器官。

从先秦到两宋，中国文化逐渐成熟，以至于如果不了解每个字词背后的象征，我们很难读懂一篇诗文。

南宋词坛发生过这样一件事。

辛弃疾写成了著名的《永遇乐 · 京口北固亭怀古》。其中用到的历史典故有五个：孙权（孙仲谋）抗曹；刘裕（寄奴）北伐；宋文帝仓促北伐后败北；北魏太武帝拓跋焘（佛狸）南下击败宋文帝；赵王想起用年迈的廉颇，派人探望他。

> 千古江山，英雄无觅，孙仲谋处。舞榭歌台，风流总被，雨打风吹去。斜阳草树，寻常巷陌，人道寄奴曾住。想当年，金戈铁马，气吞万里如虎。
>
> 元嘉草草，封狼居胥，赢得仓皇北顾。四十三年，望中犹记，烽火扬州路。可堪回首，佛狸祠下，一片神鸦社鼓。凭谁问：廉颇老矣，尚能饭否？
>
> ——〔宋〕辛弃疾：《永遇乐·京口北固亭怀古》

辛弃疾写成一首得意的好词，往往特地摆酒请客，让大家来点评。岳飞的孙子岳珂，当时年少气盛，看到这首词，说了一句："微觉用事多耳。"典故用得太多了。辛弃疾哈哈大笑道："夫君实中予痼。"[1]你说到了我的老毛病啊。

其实，这哪里是辛弃疾的毛病？这是中国文化成熟的结果。丰富的象征库藏，数千年积累下来，让一个读书人可以随意取用，挥洒自如。而不读书的人，就不得其门而入了。

> 用著名的词语与典故而不明言其来源出处，饱学之士读来，便有高雅不凡之乐。这是一种癖好相投者的共用语言。读者对作者之能写此等文章，心怀敬佩，自己读之而能了解，亦因此沾沾自喜。作者与读者所获得的快乐是由观念的暗示与观念的联想而来，此种暗示比明白直说更为有力、动人，因为一语道破，暗示的魅力便渺不可得矣。
>
> ——林语堂：《苏东坡传》

这些“象征符号”会消失吗?

不会。

象征符号一旦凝结成形，深度嵌入精神世界，几乎就永生了。

举个例子。中国古人用的那种外圆内方的铜钱，早就被纸钞替代了。现在我们甚至连纸钞也不用，变成了电子支付。

但是铜钱的符号消失了吗?没有。你可以到大街上走走看看，中国很多银行的logo（标志)，都是从“铜钱”的形象转化而来的。外圆内方的铜钱，会成为中华文化里永恒的财富象征。

通过阅读，可以从一个个象征符号上溯至文化的源头。我们可以回去，也值得回去。

书单 BOOKLIST

你会在这些书中找到凝结的文化象征：

《别想那只大象》

〔美〕乔治·莱考夫，闾佳译，浙江人民出版社 2013 年版

《金蔷薇》

〔俄〕帕乌斯托夫斯基，戴骢译，上海译文出版社 2015 年版

《超级符号就是超级创意》

华杉、华楠，江苏凤凰文艺出版社 2016 年版

《认得几个字》

张大春，广西师范大学出版社 2019 年版

《跟熊逸一起读唐诗》

熊逸，北京联合出版公司 2019 年版

[俯　瞰 OVERLOOK]

到万米高空去

可贵的钝感力

超级解释力

万物的共通规律

欲穷千里目，更上一层楼。

——〔唐〕王之涣

前面两章，讲的是人类由繁入简的两种思维方式：概念和象征。

其实还有一种思维方式，叫“模型”。

文明会带来丰硕的成果，但也会导致知识的负担。我们每时每刻都处在海量信息的冲击下，如果不能丢掉一些信息，回到清晰简洁的模型中去，难免会一片茫然。

就像坐飞机升至高空，再回望地面——丢掉细节之后，我们反而能看清山川河流的大走势、大格局、大模型。俯瞰之下，我们又得到了一个全新的世界。

心理学里有一派叫格式塔心理学，说的就是这个现象。人类总能跳出个体，从总体和宏观的层次上认知事物。

天上的繁星，排列本无意义，但人类会把它们想象成黄道十二宫，或者十二星座，这是“天秤”，那是“巨蟹”。即使只看到几个点，我们也能在脑海里拼出一个有意义的图形。这就像我们游览名山的时候，导游经常会指着远方的几块乱石，说这个是“天狗望月”，那个是“猴子观海”，前面是“仙人指路”。

这种信息加工能力，是人类独有的智慧。

可贵的钝感力

放弃细节，只观大略；屏蔽敏锐的觉察力，用“钝感力”重新理解万物。只要进入阅读的世界，我们时常能沐浴在这种智慧的照耀之下。

> 面对他人各式各样的毛病，有些人耿耿于怀，有些人不太在乎，有些人视若无睹。人们的感觉各自不同，但有一点非常明确，就是只有对各种令人不快的毛病忽略不计、泰然处之，才能开朗、大度地生活下去。
>
> 在各行各业中取得成功的人们，当然拥有才能，但在他们的才能背后，一定隐藏着有益的钝感力。
>
> ——〔日〕渡边淳一：《钝感力》

很多传世名著，其实就是这么来的。

钱穆的《国史大纲》，有史学家评价它“无论分期系统，还是对每一时段特征的界定，往往能以数语笼括一代大局”。怎么做到的？

其实是不得已。

翻开《国史大纲》的扉页，你会读到一行字：“谨以此书献给抗战的百万将士。”这本书创作于抗日战争最艰难的时期。抗战爆发后，钱穆从北大随西南联大辗转大半个中国。民族危亡之际，他决心写一部中国通史教科书，勾勒出文明的面貌，告诉当时的国民，中国人到底在为怎样的文明而奋战。

> 凡读本书请先具下列诸信念：
>
> 一、当信任何一国之国民，尤其是自称知识在水平线以上之国民，对其本国已往历史，应该略有所知。否则最多只算一有知识的人，不能算一有知识的国民。
>
> 二、所谓对其本国已往历史略有所知者，尤必附随一种对其本国已往历史之温情与敬意。否则只算知道了一些外国史，不得云对本国史有知识。
>
> 三、所谓对其本国已往历史有一种温情与敬意者，至少不会对其本国历史抱一种偏激的虚无主义，即视本国已往历史为无一点有价值，亦无一处足以使彼满意。亦至少不会感到现在我们是站在已往历史最高之顶点，此乃一种浅薄狂妄的进化观。而将我们当身种种罪恶与弱点，一切诿卸于古人。此乃一种似是而非之文化自谴。
>
> 四、当信每一国家必待其国民具备上列诸条件者比数渐多，其国家乃再有向前发展之希望。否则其所改进，等于一个被征服国或次殖民地之改进，对其自身国家不发生关系。换言之，此种改进，无异是一种变相的文化征服，乃其文化自身之萎缩与消灭，并非其文化自身之转变与发皇。
>
> ——钱穆：《国史大纲》

当时的人回忆说，西南联大时期，空袭频来，钱穆每天早晨抱着书稿跑警报，将近傍晚才回家。后来，他又迁居到山中寺庙著书，条件可想而知。[1]

书籍资料匮乏，就很难沉入到历史的细节中。钱穆只好抓住“变化”二字来写这部《国史大纲》。

先秦战国，最热闹的是战场，而钱穆却认为变在学术思想，也就是诸子百家的兴起；秦汉帝国，钱穆没有写帝王将相的故事，而是专注于大一统政府的创建；魏晋南北朝三百多年，三十多个大小王朝交替兴灭，钱穆反倒认为最精彩的变化发生在社会经济领域；隋唐两代，钱穆认为盛衰转变的关键是制度，于是他花了很大篇幅去讲科举制、租庸调、两税制、府兵制；宋朝漫漫三百年，钱穆关注的大变局是士大夫阶层的崛起；元明清时期，钱穆着眼于政治体制的专制化，以及中国传统政治文化精神的丧失。

这就是大纲的笔法——粗线条、大写意，用寥寥几行字勾勒出一个时代的轮廓。

你看，资料匮乏固然是一种缺憾，但是反而获得了一种俯瞰视角，成就了一本“力求简要、仅举大纲、删其琐节”的传世名作。

超级解释力

用俯瞰视角建立模型，有很多种方法。下面，我们就仿照视频语言中的“拉镜头”，由低到高地看看这些风景。

在阅读中国历史的时候，我们经常会有一种感觉：先秦、两汉、魏晋、南北朝、唐、宋、元、明、清，无非就是一次次治乱循环。从开国之祖到中兴之君，从衰败之世到亡国之日，中间再夹杂一些忠臣良将、才子佳人的事迹，故事也就讲完了。好像并没有什么不同。

但是，如果把3000年的历史打通来看，你会发现，其中大有不同。

仅举一个例子：为什么中央王朝的都城会走出从长安到洛阳，再到北京这样一条线路？为什么会从西向东，再往北？

施展老师在《枢纽》里讲，一个国家的首都，一般都处在这个国家的重心位置。不是地图的几何中心，而是这个国家资源、人口、利益版图的重心。选择定都在哪里，实际上折射了那个时代国家重心的变化。

周、秦、汉、唐一开始都定都在长安。因为长安位于关中，四面环山，易守难攻。更重要的是，政权建立要靠军功集团。最典型的就是隋唐的关陇贵族。这帮人的势力一般都在关中，也就是长安附近。所以，早期王朝一般开始都定都在长安。

但是到了这些王朝中期，一旦皇权得到巩固，皇帝就不愿意处在军功集团的包围之下了，而是会往经济富庶的东边，也就是洛阳迁移。最典型的就是隋炀帝和武则天。他们当了皇帝之后，立即放弃了关中本位，迁都洛阳，并且大兴科举，培养自己的人才班底，摆脱关陇贵族。

直到唐朝，中国地缘政治格局都呈现为东西矛盾。所以，都城一直在长安和洛阳之间移动。

到了宋朝，中国进入了“古代平民社会”。因为印刷术的普及，平民子弟也能读书，皇帝在民间选拔官员的可能性大增。这样就形成了文官政府，武将很难进入中央决策系统，政权和军功集团的矛盾就没有了，豪族社会也结束了。所以，王朝就可以放心地定都中原，甚至放弃洛阳，跑到距离大运河更近的开封。

但是在元明清三代，中国的重心又发生了迁移。中国已经从以中原为主的王朝，演化成了一个多元文明体系。这个时候当然应该定都北京。

北京距离满洲的龙兴之地东北很近，距离草原也很近，清朝的皇帝可以在距离北京不远的避暑山庄接见蒙古的王爷们。西藏来的活佛经常住在五台山，进北京见皇帝也很容易。因为有运河，江南的资源也方便调运到北京。所以，北京的地位就变了。

站在中原的角度看，北京是边塞，但是站在大的体系来看，北京恰恰是枢纽。

大清在不同的文化—生态—经济区采行不同的治理方式，最高统治者也以不同的身份面目出现，东亚大陆多元体系的整合遂达到前所未有的高度。

中原地区主导大清的财政秩序，其提供的庞大的中央财政使得大清统治者可以对八旗进行直接管理，统治者在此以皇帝的身份出现。

满蒙主导安全秩序，因冷兵器时代的草原骑兵是最具战斗力的部队，统治者在此以大可汗的身份出现。

藏地以其精神力量驯化蒙古。藏传佛教的信徒一般都会从属

> 于某一个寺庙，牧民可以移动，但寺庙无法移动，于是蒙古游牧民的游牧半径便被寺庙固定下来，从而形成某种意义上的定居化。所以康熙曾说“一座庙胜十万兵”。统治者在藏地以文殊菩萨转世的身份出现。
>
> 回部则提供帝国整体的安全战略空间。
>
> 汉满蒙回藏各得其所，各有不可替代的价值和功能：满蒙回藏人数少，但权重并不低；汉族人数多，但权重并不更高。它们通过大清皇帝的多元身份而获得统一，多元帝国实现了内在的均衡。
>
> ——施展：《枢纽》

这么一梳理，整个中国历史的发展大势就尽收眼底了。你可以从中品味一下，在庞大的史料库中建立一个简洁的“解释模型”的魅力。

接下来，让我们继续登高，看看超出一个国家、一个文明的范围，能建立什么样的解释模型。

贾雷德·戴蒙德（Jared Diamond）的《枪炮、病菌与钢铁》是这个领域的代表作。这本书回答了一个问题：为什么不同大陆的文明进程差异如此之大？为什么是欧亚人征服了美洲和非洲，而不是反过来？

戴蒙德提出的解释之一，是大陆轴线走向的不同。

在欧亚大陆，文明的分布是东西向的，基本按照同纬度展开。所以，各个文明的昼夜长短、季节变化相同，温度、降雨、植被类型、生物群落类似。一个地方驯化的动植物，能沿东西轴线快速传播到另一个地方，向外扩散。有了扩散，文明的交流就开始了。而交流是繁荣的前提。

美洲和非洲大陆就没有这么幸运了。因为地形的关系，美洲和非洲大陆的早期文明是南北向分布的，沿经线展开。各地气候不同，一个地方驯化的动植物无法在其他地方生存。文明的传播和交流就被阻断了。文明的发展当然也就迟滞。

这个趋势演化到近现代，欧亚人征服美洲和非洲，就是一个必然的结果了。

这一洞见，可谓平地惊雷。尽管这种"地理决定论"饱受诟病，但它展示了将一个本身极其复杂的问题简化以后，可以达到的超级解释力。

全世界有148种大型陆栖野生食草哺乳动物曾有希望成为家畜，但只有14种通过了考验。为什么其他134种都失败了？

我们至少可以找出六点原因。

一是饮食习性。要喂养一头1000磅的牛，需要1万磅的玉米；而如果你想养一头1000磅的食肉动物，需要10万磅的玉米。效率如此之低，以至几乎没有食肉哺乳动物被驯化当作食物。

二是生长速度。大猩猩和大象就出局了，虽然它们都吃素，也不挑嘴，身上的肉又多。原因是：等它们长成要15年的光阴，有哪个牧场主人有这个耐心？

三是人工环境中繁殖的困难。

四是性情凶残。英国有位奇人乘坐斑马拉的马车，穿梭在伦敦的街道中。然而，这种动物成年后就变得十分危险，制服不了。斑马咬了人就不肯松口，每年它们在美国的动物园造成的伤害，比老虎造成的还多！

> 五是容易恐慌的性情。
>
> 六是社群结构。群居、有明确的层级统制结构、不占地盘，有这种社群结构的动物是理想的驯化对象，因为人类只要掌控了统制结构，就控制了整个社群。
>
> 4500 年前，大型哺乳动物的驯化已基本完成。古人已尽全力，没有漏网之鱼。
>
> ——〔美〕贾雷德·戴蒙德：《枪炮、病菌与钢铁》

万物的共通规律

我们继续登高。如果超出人类文明的范围，还能建立什么漂亮的模型？

还记得第一次翻开杰弗里·韦斯特（Geoffrey West）的著作《规模》时，我所感受到的那种震撼。他说，生命表面看来好像可以有千变万化，但是万变不离其宗，都被非常简单的几个数学公式左右。

比如，新陈代谢率与体重的 3/4 次方成正比。说白了，体重越重，单位能耗越低。大象体重是老鼠的一万倍，而大象的基础代谢率只有老鼠的一千倍。因此，规模越大越经济。

然而，生物的体重不可能无限增大，因为力量与体重的 2/3 次方成正比。说白了，体重越小，反而越有力量。蚂蚁能背起比自身体重重很多的东西，而哥斯拉不可能存在，因为它还没有长到那么大就会被自己的体重压垮。

生物的寿命也在冥冥之中有定数，因为衰老的本质是细胞受到损伤。大象身上的细胞多，代谢过程中细胞损伤率更小，所以，大象比老鼠更长寿。寿命与体重的 1/4 次方成正比。体重越重的生物，寿命就越长。

总而言之，生物体的诸多特征都是由体重决定的。你只要告诉科学家一种动物的典型体重是多少，他就能告诉你这种动物的生长速度和寿命大概是多少。你如果无视这些规律，随便幻想出一个怪兽，大自然可能根本就不允许它存在。

不仅是生物体，城市和公司也服从于一些不可违反的定律。

世间万物，一切变化，本质上都是规模的变化。我们只要搞懂规模改变时会发生什么，就搞懂了世间万物的共通规律。

• 为何几乎所有公司都只能生存数年时间，而城市却能不断增长，且能够避开即便是最强大、看上去最完美的公司也无法逃避的命运？我们能否预测各家公司的大致生存周期？

• 我们能否发展出一门城市和公司科学，通过一种可量化、可预测的概念性框架了解它们的活力、增长和进化？

• 城市规模大小有限制吗？是否存在最优规模？动物和植物的生长规模有限制吗？是否会出现巨型昆虫或巨型城市？

• 为何生活节奏持续加速？为何创新速度必须持续加速才能维持社会经济生活？

• 我们如何确保人类设计的仅有 1 万年进化历史的系统能够继续与已经进化了数十亿年的自然生物世界共存？我们能否维持一个受思想和财富创造所驱动、充满生机活力、不断创新的社会？地球是否注定会变成一个充斥着贫民窟、冲突和破坏的星球？

——〔英〕杰弗里 · 韦斯特：《规模》

有意思的是，韦斯特的这一系列研究都属于复杂科学。他担任过美国圣塔菲研究所所长，而圣塔菲研究所被称为复杂科学的殿堂。复杂科学，并不是要让这个世界变得更复杂，而是要把它简化，找出一些极其简单的解释模型。

这还没完，我们还能往上走。接下来，让我们换成上帝视角，俯瞰宇宙。

在人类太空探索史上有一个经典形象——暗淡的蓝点。就是在漆黑的背景中，有一个只有几个像素大小的暗淡蓝点，那就是地球。它是目前在距离地球最远的地方给它拍下的一张照片。

力主拍下这张照片的，是美国科学作家卡尔·萨根（Carl Sagan）。

那是1989年，旅行者1号探测器快要飞出太阳系了。这个时候，卡尔·萨根提出，让探测器转一下身，给地球拍一张照片。这个想法当场就被NASA（美国国家航空航天局）的科学家否决了，因为他们觉得这毫无意义。当时旅行者1号已经越过了海王星，在距离地球60亿公里的地方，即便是回头看也看不到什么。而且这么远，无线电信号传过去要花5个多小时，如果真要拍摄，从给它下达指令，到它转身拍照，再把照片一个像素一个像素地传回地球，要花6个月的时间。中间任何一个步骤出现问题，都可能让旅行者1号永远失去联系。这个险值得冒吗？

不过，萨根仍然坚持这个想法，最后也说服NASA的主管，拍下了这张照片。他说过一段著名的话。

> 我们成功地（从外太空）拍到这张照片，细心再看，你会看见一个小点。
>
> 就是这里，就是我们的家，就是我们。在这个小点上，每个你爱的人、每个你认识的人、每个你曾经听过的人，以及每个曾经存在的人，都在那里过完一生。
>
> 这里集合了一切的欢喜与苦难，数千个自信的宗教、意识形态以及经济学说，每个猎人和搜寻者、每个英雄和懦夫、每个文明的创造者与毁灭者、每个国王与农夫、每对相恋中的年轻爱侣、每个充满希望的孩子、每对父母、每个发明家和探险家，每个教授道德的老师、每个贪污政客、每个超级巨星、每个至高无上的领袖、每个人类历史上的圣人与罪人，都住在这里——一粒悬浮在阳光下的微尘。
>
> ——转引自万维钢：《高手》

模型的价值就在于此。

它在各种尺度上创立类似于“天文学”这样的理解框架：丢掉细节，既能看到差别，也能看到那直抵宇宙尽头的统一性。

仰望星空的时候，我们深知，我们当下面对的区区磨难，在人世间本来常有，在宇宙中不值一提。难怪有人说，天文学是一种令人谦卑，也塑造人性格的学问。

据说有人问牛顿，你究竟伟大在哪儿？牛顿回答，不好说，但我发现了天上的天体和地上的马车、苹果居然遵循同一套方程。

这就是俯瞰的价值，它能撑大你的世界，让你获得一种超越性的视角。这种对世界超然的理解方式，现实生活给不了，只有阅读能带给你。

感谢俯瞰，让我们更好地理解自己，让一切都变得更有意义。

书单 BOOKLIST

你可以在这些书中俯瞰世界：

霍布斯鲍姆年代四部曲

〔英〕艾瑞克 · 霍布斯鲍姆，贾士蘅等译，中信出版集团 2018 年版

《棉花帝国》

〔美〕斯文 · 贝克特，徐轶杰、杨燕译，民主与建设出版社 2019 年版

《易中天中华史》（全 24 卷）

易中天，浙江文艺出版社 2016 年版

《惠此中国》

赵汀阳，中信出版集团 2016 年版

《大国宪制》

苏力，北京大学出版社 2017 年版

[选　择 CHOICE]

我的平行宇宙

每个选择，都另有原因

让子弹再飞一会儿

原来还能这么干

林子里有两条路，我选择了行人稀少的那一条，它改变了我的一生。

——〔美〕罗伯特 · 弗罗斯特

这一章，我们讲“选择”。这是阅读能带给我们的又一福祉。

做选择的时候，最难的是什么？是不知道每个选择会带来怎样的后果。

中国古代有个特别招黑的思想家叫杨朱。杨朱干过不少极端的事，比如他敢说“拔一毛而利天下，不为也”，被孟子斥为“禽兽”。据说有一次，他遇到了一个岔路口，放声大哭：“此夫过举跬步而觉跌千里者夫！”我这半步踏出去，就会产生千里的差异啊！

即使是杨朱这样特立独行、不管不顾的人，也很难免除对选择的恐惧。

阅读就是治疗这种恐惧的良方。

书籍世界储存了人类文明中所有重要人物在关键时刻的选择，成功的、失败的、好的、坏的，在别人的剧本里早就上演过了。太阳底下没有新鲜事。

所以，阅读就相当于给我们的大脑连上了一个容量巨大的外置硬盘，无论遇到什么难题，我们都可以到里面搜一搜，提前看看别人的玩法，知道在类似的情况下，自己潜在的选择有哪些，又分别会带来什么样的后果。

这是不是就把我们的大脑升级了？

每个选择，都另有原因

其实，在书本之外的现实中，我们也能看见他人的选择。但看到的往往只是成败利弊的表象，无法得知选择的真正效用，尤其是感受上的效用。

比如说，你正在计划一趟远程自驾游，究竟该开汽车，还是该骑摩托车？

如果置身事外，这两种选择的依据无非就是油料价格、舒适程度、风险大小这些因素。但是，别急着下定论。有一本书叫作《禅与摩托车维修艺术》，作者会告诉我们，二者之间的区别有多复杂。

> 骑摩托车和其他的旅行方式完全不同。坐在汽车里，你总是被局限在一个小空间之内，因为已经习惯了，你意识不到从车窗向外看风景和看电视差不多。你只是个被动的观众，景物只能在一个框框里无聊地从你身边飞驰而过。
>
> 而骑在摩托车上，框框就消失了。你和大自然紧密地结合在一起。你就处在景致之中，而不再是观众，你能感受到那种身临

> 其境的震撼。脚下飞驰而过的是实实在在的水泥公路，和你走过的土地没有两样。它结结实实地躺在那儿，虽然因为车速快而显得模糊，但是你可以随时停车，及时感受它的存在，让那份踏实感深深印在你的脑海中。
>
> ——〔美〕罗伯特·M. 波西格：《禅与摩托车维修艺术》

开汽车，我只是风景的看客；而骑摩托车，我就在风景之中。同样是“去过”某一个地方的人，他们在感受世界里留下的东西原来如此不同。

在书籍中漫步，时常让我庆幸。很多做出有意思选择的人，恰好也是爱写作的人。这就给我们机会，来到他们身边，近身体察。

举个例子。如果知道一个人有意不在自己的工位旁边放垃圾桶，你会不会觉得很奇怪？

日本作家松浦弥太郎就在《去生活》里解释了他这么做的原因：

> 对于我个人而言，我在做着以下尝试。在自己办公桌旁不放垃圾桶，我会直接拿着垃圾扔进大垃圾箱。从我的工位走到大垃圾箱，用不到一分钟。虽说在工作中起身扔垃圾的确有些麻烦，但是这样做既可以减少垃圾，又可以在去扔垃圾的路上再跟自己确认一下把它扔掉是否妥当。
>
> 更进一步的好处在于，即便只有一分钟，但在你集中精力工作的过程中，这段路程也可以帮助你调节心情。
>
> 手里拿着垃圾，边深呼吸，边稍微走动一下，对于振作精神、冷静情绪都很有帮助。无论什么都轻易地丢弃，身边有一只总是

> 装到满的垃圾桶，与其如此，倒是座位边没有垃圾桶会让人心情舒畅吧。
>
> 自我感觉这是一个好主意，有些自鸣得意。
>
> ——〔日〕松浦弥太郎：《去生活》

如果想成为一个随时能清理自己，也随时能振作自己的人，你不需要发什么宏愿，工位旁不放垃圾桶这么一个微小的选择就够了。

人生百态，各有理由。我们身边的人，很多看似古怪的行动，背后都有着类似的深层动机。

看小说的乐趣也在这里。好小说，不会只有脸谱化的角色。它会把人物还原到当时的情境里，体察人物每个选择背后的缘由和种种不得已，并报以理解之同情。简单的道德标签，就这样被溶解了。

李凖先生的小说《黄河东流去》里，有位算命先生叫徐秋斋，他靠算命骗人维生，却是书中的正面人物。这是怎么自圆其说的？

> 徐秋斋说："这（算卦）也不能说全是骗人，有钱人家赚他几个钱，穷人家给他解个心焦，除个心病。比如问病，你就给他说个活络话，千万别说太清楚。一般给小孩问病，你就说这个小孩病走在'内'，'眼不睁，啼哭多，饭少吃来又发热。'小孩们的病，大体上就这几样。另外人都喜欢奉承，顺气丸谁都爱吃，要贴气。比如老婆们来算卦，你就说，按你这八字呀，你是个性子刚强的直心人，不爱占人家的小便宜，借平还满，总爱吃个亏；任凭自己受苦，可对人总是大方。这一说，她就会说，先生啊，你咋说得这么投心呢！下边就好说了。还有些人是'硬簧'！比如

> 国民党军队中当官的，有的他是故意来‘卡’你，说不定还要砸卦摊子！你就先奉承他再骂他，这种人是非赚他俩钱不行！比如他一报八字，你就说：‘文曲武曲两相连，南杀北战多少年，单等丙寅有火起，不当团长当校官。’他一听就高兴，你再说你爹压你的官运，你命太硬，你要当上校官，就克住你爹了！不过也有个破法，这时候，他就害怕了！……”
>
> ——李準：《黄河东流去》

善恶只在一念之中，而一念只在方寸之间。无论我们表面上看到了什么，如果不能由此追溯他人的动机，体谅他人的处境，我们的道德评判就难免苍白。

读书无数，其实就约等于阅人无数。

让子弹再飞一会儿

选择，其实是一种非常危险的处境。

看起来，我们可以事先把所有的利弊得失都考虑到。但一个选择必然触发他人的选择，他人的选择又反过来影响我们的进一步行动。再加上各种偶发、继发因素，选择的真实后果，需要在漫长的时间中次第呈现。

我们总爱想象结局。但结局之后，总是另有终局。

公元前 49 年 1 月 12 日，恺撒带领大军来到卢比孔河边。过还是不过？在地理意义上，卢比孔河不是什么重要的河流。但罗马法律有规定，将领回罗马，不得将军队带过卢比孔河，否则就是叛国。

> 他期望改造罗马的国体，树立罗马世界的新秩序。如果恺撒不渡过卢比孔河，屈服于“元老院最终劝告”，放手军团的兵权，或许可以避免内战，但是树立新秩序就成了一场梦。那么，这对活了50年的恺撒来说，还真不知这50年来为什么而活。况且他的骄傲，也绝不允许他就这样去过无意义的人生。而现在自己的名誉已遭玷污了。仿佛高卢战役从没发生过似的，如果自己不服从“元老院最终劝告”，就将被宣告成国家的敌人，成为叛国贼，恺撒的名誉已经彻底地遭到了玷污。
>
> ——〔日〕盐野七生：《罗马人的故事》

最终，恺撒选择迈出那一步，挥军渡过卢比孔河。一切都很顺利，恺撒的军队势如破竹，他顺利地击败了政敌庞培。没过多久，他也征服了整个元老院，集大权于一身，获得了罗马历史上前所未有的荣耀。

但是，故事没有结束。

5年之后，一场暗杀突如其来。公元前44年3月15日，14名刺杀者趁着恺撒来到元老院毫无防备之际，对他痛下杀手。这些暗杀者中，甚至还有他指定的第二顺位继承人。在这14人的围攻下，恺撒身负23处剑伤。在临终之时，他不愿让人看到自己死后的惨状，用披风裹住全身，最后倒在了庞培立像脚下。

成功的荣耀，总是大模大样地摆在世界的明面。但与此同时，世界的暗面在发生什么呢？他人的嫉妒、挫败、隐恨和反攻的决心在慢慢滋生，而这些有时候会积累成雷霆一击。

回到卢比孔河边。如果当时恺撒就知道，被暗杀才是他的故事的最后结局，他还会做出当初那个选择吗？我们无从得知。然而，对于后世所有正在准备“惊险一跃”的人来说，有没有看过恺撒的故事，头脑里有没有那样的图景，他们的选择也许会不一样。

恺撒这一生的成败还不太好说，那么再去看一次全面的、彻底的胜利吧。中国历史上有一个例子：公元 626 年，李世民发动的玄武门之变。

跟历史上其他造反者相比，李世民的成功非常彻底。太子李建成被杀，高祖李渊被迫退位，然后就是贞观之治，李世民成了千古一帝。似乎全赢了。

但代价是什么？从历史后果上不太看得出来，我们需要到李世民的精神世界去寻觅真相。

玄武门的凶光，天下人都看到了。在政治合法性上，李世民得位不正；在道德上，他杀兄屠弟，伦常有亏。他知道，这是要写进历史的。所以李世民的后半生，既是一个励精图治的帝王，又是一个在血色悲剧的底版上反复修饰的忏悔者。

他必须重用太子遗党魏征，否则何以见圣君的大度？他必须虚心纳谏，否则何以见圣君的贤明？他必须征伐辽东，哪怕明知勉为其难，否则何以见圣君的伟业？

还不止于此。玄武门事变制造了一个先例。李世民的儿子们，人人自危，甚至心怀鬼胎。父亲做过的事，何妨再来一次？

贞观十七年，先是李世民第五个儿子齐王李祐谋反，李世民无奈，将他杀了。谁承想，调查齐王谋反的过程中，又牵出了太子谋反的线索。

太子是未来的皇帝，为什么还要谋反？就是担心会再来一次玄武门之变，以防万一，干脆先下手为强。

废掉太子李承乾之后，立谁为新太子，李世民又犯了难。魏王李泰，有帝王气魄，李世民本来偏爱；晋王李治，生性柔弱，本不适合做皇帝。然而如果真让李泰做了皇帝，李治和李世民的其他儿子们还有活路吗？不得已，李世民只能选择让他不满意的李治。

> **承乾既废，上御两仪殿，群臣俱出，独留长孙无忌、房玄龄、李世绩、褚遂良，谓曰："我三子一弟，所为如是，我心诚无聊赖。"因自投于床，无忌等争前扶抱，上又抽佩刀欲自刺，遂良夺刀以授晋王治。**
>
> **——〔宋〕司马光：《资治通鉴》**

这种痛苦，居然把李世民逼到了要自杀的地步。贞观十七年之后，他的生命状态急剧恶化，六年后便离世了。在生命的尽头，如果让李世民回到玄武门之变事前，他会做出同样的选择吗？也许依然会。毕竟皇帝之位的诱惑太大了。但至少，他对选择的代价，会看得更清楚。

茨威格评价路易十六的王后玛丽·安托瓦内特："她那时候还太年轻，不知道所有命运赠送的礼物，早已在暗中标好了价格。"[1]

每当走到岔路口，无论胜算多大，都务必让子弹再飞一会儿。看清价格，再做选择。

原来还能这么干

除了看清选择背后的代价，阅读能带给我们的，还有我们自身视野之外的丰富选择。

金庸的《天龙八部》所讲的，不只是一个热闹的故事，其实还是一场有关人生选择的大型思想实验。在中国古代，一个心里有梦的人，能有多少种选择？

自古忠义难两全，让萧峰来选，他选择苍生大义，只不过代价是他自己的生命。江山和美人，让慕容复来选，他幻想自己有机会得江山，于是硬生生把绝代佳人逼进了别人的怀抱。清规戒律与红尘繁华，让虚竹来选，他头也不回，只想要清规戒律。但没想到最后出了岔子，一个梦姑把他拽到了温柔乡里。爱恨情仇，让天山童姥、李秋水这些人来选，她们都选择了恨。结果呢？人生尽头只看到一场闹剧。

他们都没想到，故事中结局最好的人，恰恰是只喜欢男欢女爱的段誉。原来，温柔乡中，心无大志，也是一种可行的选择。

那些少有人走的路，也可能有绝佳的风景。在书中，随处可得。

一个中国古代的读书人，能有多少种人生选择？追求功名去当官？不为良相即为良医？当一名私塾先生？抑或是仿照陶渊明，退隐田园？想来无非是这些了。

但是，在明朝后期，南直隶的江阴县，有一个叫徐霞客的人做了一件匪夷所思的事。他选择到远方去看看。

从万历三十六年（1608 年）二十一岁正式出游，到崇祯十三年

(1640年)五十三岁最终归家,徐霞客东到浙江的普陀山,西至云南的腾冲,南到广西南宁一带,北至天津蓟州的盘山,足迹遍及大半个中国。直到晚年“两足俱废”[2]才罢。

这样的奔波,有什么价值呢?当时的人是无法理解的,只能称之为“奇癖”。

只有徐霞客自己心里最清楚。下面这段话,是他临终时说的。

> **汉张骞凿空,未睹昆仑;唐玄奘、元耶律楚材,衔人主之命,乃得西游。吾以老布衣,孤筇双屦,穷河沙,上昆仑,历西域,题名绝国,与三人而为四,死不恨矣。**
>
> **——转引自〔清〕张潮:《虞初新志》**

张骞凿空,是为汉帝国开辟西域;玄奘取经,是为求得佛法;耶律楚材为成吉思汗贡献西征大计,并随军西行。这三个人虽然也走得很远,但都有特定目的。而徐霞客说,我就是一个老百姓,一根拐杖两只鞋,我走那么远,也能和这三个人并列,成为中国人里面走得最远的第四个人。我死而无憾啊。

200多年后,民国地质学家丁文江说,徐霞客比张骞、玄奘、耶律楚材可要牛多了。后三者虽然走得也很远,但出发点“不是恭维皇帝,就是恭维佛爷,霞客是纯粹地为知识”[3]。

徐霞客一生苦行,可能是为了见到山川奇景,也可能是为了知识,还可能是为了争取历史地位。但他应该没意识到,他给后人蹚出了一条路,从此世间就多了一种重要的选择。

还记得一封著名的辞职信吗："世界那么大，我想去看看。"没有徐霞客以及历代远行者创出的先例，很难说今人会不会有这样的勇气。

英国动物学家简·古道尔（Jane Goodall）也是这种人。

1960 年，仅仅因为对动物的热爱，26 岁的古道尔就带着一个笔记本和一个望远镜，一头钻到非洲的丛林里研究黑猩猩。要知道，当时的她连专业背景都没有，她的研究也不被专业学者看好。质疑者说，她坚持不了三个月。但她不仅坚持了下来，还捧出了一项重磅成果：黑猩猩会使用工具。当时，科学界普遍认为，只有人会使用工具。古道尔的发现，不仅增进了人类对黑猩猩的认知，也更新了我们对人类自身的定义。

此后的几十年，古道尔的黑猩猩研究几乎没有中断，丰富的成果不断涌现，各种荣誉也纷至沓来。1965 年，剑桥大学授予她动物行为学博士学位；1995 年，英国女王授予她不列颠帝国勋章；还有其他各类国家级甚至世界级的奖项多达数十项，此处不一一列举。

在出发的时候，古道尔肯定不会预见到这些。她走通了这条路。问题在于：是什么样的力量支撑她走下去的呢？

她的书里早有答案。

> 在那段日子里曾经有一天，我一想起来就心潮澎湃。
>
> 我躺在那里，仿佛与森林融为一体，再次体验到神秘的声音升华和感知的丰富多彩。我敏锐地感觉出森林中悄悄进行的各种活动。一只身上有条纹的小松鼠正以它所特有的螺旋运动方式向

树上爬，还不时朝树皮上的裂缝里看一看，那双亮晶晶的小眼睛和那对圆圆的小耳朵表现出它那特有的机警。一只身上长着黑色绒毛的熊蜂在紫色的花丛中间飞舞，每当它飞进穿透森林的阳光中，它尾部那鲜艳的橘红色就显得非常耀眼。这种没有语言思维的感受实在是无法用语言来表达的。这时候的人也许会被带回自己的幼年时期，觉得世间万物都是那样的新鲜，有那么多奇妙的东西。

我们看见一只昆虫，立即就会想到它的某些主要特征，而后对它进行分类——是一只苍蝇。在这样的认知体验中，有些奇妙的东西业已失去。一旦我们把周围的东西贴上标签后，我们就不太想再仔细看它们了。语言是我们理性自我的一部分，暂时放弃它，是为了给我们的直觉自我以比较自由的空间。

——〔英〕简·古道尔、〔英〕菲利普·伯曼：《希望的理由》

从个人偏好出发，一路闯关，最终登上众人瞩目的荣耀高台。照亮一条本来不通的路，这是很多伟人对我们的价值。

在阅读中，你还能看到一些显得不那么伟大的选择。

英国著名的温莎公爵，本来是英国国王爱德华八世。他不爱江山爱美人，为了跟自己喜欢的女人结婚，毅然辞去王位，成为英国历史上第一位主动退位的国王。

在当时，这是宫廷大戏，也是娱乐小报津津乐道的话题。但是多年后呢？

英国那么多君主，真的能在历史上留下大名的其实不多。在这张名单中，温莎公爵也许就占据了一席之地。我们这些普通人，没法经历那么轰轰烈烈的爱情。但是不爱江山爱美人的这个选择，从此就会在所有人的生命中若隐若现。

阅读，既能帮我们看清选择的后果，也能帮我们看到那些被漠视的选项，更能让我们在当下的窘境中，看到人生的无限可能。

研究国际战略的徐弃郁教授有一句话："好的战略，不是为了让我们在具体的博弈中取胜，而是为了让我们手中握有更多的选择。"

阅读也是一样。它未必能让你功成名就，但确实可以让你手中握有更多的选择。

书单　BOOKLIST

你可以通过阅读这些书，让自己手握更多种选择：

《罗马人的故事》
〔日〕盐野七生，计丽屏等译，中信出版集团 2020 年版

《禅与摩托车维修艺术》
〔美〕罗伯特·M. 波西格，张国辰译，重庆出版社 2018 年版

《100 个基本》
〔日〕松浦弥太郎，尹宁译，湖南人民出版社 2014 年版

《历史的温度》
张玮，中信出版集团 2017 年版

《张居正》
熊召政，长江文艺出版社 2016 年版

REMOTE PLACES

[第二部分
PART TWO]

遥远的
地方

我有一个梦想，终有一天，我的足迹会遍布那些遥远的地方。

我知道，在所有通向远方的路径中，阅读是最便捷，也是最有魅力的那一条。

我能否去书里拜访各地**风物**，将“神山圣湖”收入眼中？

我能否在**棋局**中观人，品味局外人看不清的复杂性？

我能否借他人之眼**窥视**历史现场，把头脑中的标签还原成百态众生？

我能否偶尔**他顾**，寻找书籍中那些被有意隐去的风景？

我能否找到比自己更大、更恒久的事物，寄身其中，让生活充满**意义**？

我能否将他人极致的**行动**视为旅行目的地，虽不能至，心向往之？

[风 物]

SCENERY

带什么诗去远方

遗落的盛况

遮蔽的过程

忽略的情感

书中自有风物

阅读，让我们成为移民。

——〔美〕罗伯特 · 弗罗斯特

人生不过百年。到远方去，在有限的时间里看到更多景观，是我们的本能冲动。若有幸能在山水之间行走，又何必青灯黄卷地苦读呢？

于是就有了那句著名的话：读万卷书，不如行万里路。

但是，一趟远行，真的能够离开书吗？

清军入关后不久，大学者顾炎武开始了他的天下行走，主要考察山东、山西、河北、陕西等多地的山川形势，著成地理志长编，也就是闻名后世的《天下郡国利病书》和《肇域志》。路途中他随身的，除了必不可少的盘缠、干粮，还有两匹马、两头骡子。牲口背上驮的是什么？是书。

> 凡先生之游，以二马二骡，载书自随。所至厄塞，即呼老兵退卒，询其曲折，或与平日所闻不合，则即坊肆中发书而对勘之。

> 或径行平原大野，无足留意，则于鞍上默诵诸经注疏，偶有遗忘，则即坊肆中发书而熟复之。
>
> ——全祖望：《亭林先生神道表》

这一路上，顾炎武看到的是山川关隘，关心的是治乱得失。眼前景物和书中记载必须两相参照，才能变成他的大见识、真学问。

有一个词，叫“壮游”(the Grand Tour)。这是从17世纪开始，由英国贵族子弟开启的一个传统。在17岁的时候，他们将由家里的一名管家陪同，用几年时间游历欧洲，参观博物馆，学习语言，开阔眼界，直到成为真正的男子汉才回家，继承祖业。[1] 18、19世纪的英国浪漫主义诗人拜伦、雪莱和济慈都有这样的经历。发展到今天，就是很多西方学生在大学入学前一年，或是大学毕业、参加工作前一年要进行的深度游历：Gap Year（间隔年）。

远游的目的是重塑自我，是深度的人文互动。没有书籍和知识伴随的旅程，是不可想象的。

> 九龄书大字，有作成一囊。性豪业嗜酒，嫉恶怀刚肠。
> 脱略小时辈，结交皆老苍。饮酣视八极，俗物多茫茫。
> 东下姑苏台，已具浮海航。到今有遗恨，不得穷扶桑。
>
> ——〔唐〕杜甫：《壮游》(节选)

遗落的盛况

关于远方，我们在书中能找到什么？

首先是被遗落的盛况。

今天我们如果去河南开封，看到的只是一个普通的中原城市。而我们知道，千年之前，这里可是北宋的都城——东京汴梁。更准确地说，我们今天看到的开封，是在古汴梁的上面。由于黄河决口，大水曾数次淹没开封，于是逐渐出现了不同朝代的古城叠加在一起的城摞城奇观。大宋的东京梦华，被掩埋于今天开封地下约10～12米的深处。只有翻开书本，它才能重现盛况。

> 天下苦蚊蚋，都城独马行街无蚊蚋。马行街者，都城之夜市酒楼极繁盛处也。蚊蚋恶油，而马行人物嘈杂，灯光照天，每至四鼓罢，故永绝蚊蚋。上元五夜，马行南北几十里，夹道药肆，盖多国医，咸巨富，声伎非常，烧灯尤壮观，故诗人亦多道马行街灯火。
>
> ——〔宋〕蔡絛：《铁围山丛谈》

在学者吴钩写的宋朝历史书中，有这样两则关于开封的描写：一则来自笔记《铁围山丛谈》，告诉我们，开封城唯独这条马行街不见恼人的蚊虫。因为它是当时最繁华的夜市，直到四更（凌晨一点到三点）才关停。夏夜燃烧的烛油，熏得整条街不见一只蚊子。另一则来自《北窗炙輠录》，市井间喧哗、热闹的夜生活在这部史料笔记中还被拿来与北宋的皇宫比较——“外间如此快活，都不似我宫中如此冷冷落落也”——宫外的音乐和笑闹声，竟把豪华的皇宫衬托得冷冷清清。[2]

孟元老在《东京梦华录》中，开列了当年开封各条街巷的饭馆和拿手菜，像极了宋朝的“大众点评”。

> 白肉夹面子、茸割肉胡饼、汤骨头、乳炊羊、肫羊、闹厅羊、角炙腰子、鹅鸭排蒸、荔枝腰子、还元腰子、烧臆子、入炉细项莲花鸭签、酒炙肚胘、虚汁垂丝羊头、入炉羊、羊头签、鹅鸭签、鸡签、盘兔、炒兔、葱泼兔、假野狐、金丝肚羹、石肚羹、假炙獐、煎鹌子、生炒肺、炒蛤蜊、炒蟹、渫蟹、洗手蟹之类，逐时旋行索唤，不许一味有阙。或别呼索变造下酒，亦即时供应。
>
> ——〔宋〕孟元老：《东京梦华录》

一家寻常酒楼里就有这么多的菜色——引文中还远没有列全。野味、海鲜、内脏都已经开发出来入菜了。注意其中有几道以“假”字开头的菜，其实就是我们今天说的仿荤。当时开封的市民就像今天大城市的上班族，家中不常开火，三餐很多靠外食来解决。

都说宋朝是中华文明的盛世，但如果看不到这种寻常巷陌里的具体景象，我们的脑子就只剩下了几个干瘪的概念。

读一些关于开封的文字，也会激发你游历开封的欲望。

千年前的风物，大多都不在了，但大相国寺至今犹存——虽然那是清代康熙年间重修的。

一个读书人，走到大相国寺的门前，可以想起李清照。李清照的丈夫赵明诚，当时还只是一个普通的穷学生，有时要把衣服典当了，才能在大相国寺的书画古玩摊上买几件心爱的珍玩，然后乐滋滋地捧回家，和李清照展玩品鉴，最终写成了传世的《金石录》。这样的闺房之乐，想来清雅之极。

一个读书人，走到大相国寺的后院，还能够想起鲁智深。《水浒传》里说，鲁智深在此地倒拔垂杨柳。虽然这是小说家的想象，但你真的走到那里，哪能感受不到鲁智深的冲天豪气？

一个读书人还知道，据说这里曾是战国四公子之一的信陵君的故宅，也是画圣吴道子画《文殊维摩菩萨像》的地方。此地还留下了从欧阳修到苏东坡等一众文人的游踪。

今天能看到的景物，其实是激活我们书本知识的快捷方式。反过来，在书中读到的信息，也是让我们游兴大发的诱因。

美国专栏作家纪思道（Nicholas Kristof）曾经写过一篇著名的文章《从开封到纽约——辉煌如过眼烟云》，破天荒地用汉字隶书标题发表在《纽约时报》上。看着纽约城的一片繁华，他提醒美国人，这不是古已有之的，也不会万古长存。“我们如果回顾历史，会发现一个国家的辉煌盛世如过眼烟云，转瞬即逝，城市的繁华光景尤其如此。如果美国人没有听说过开封，那这将是一个很好的警示。”[3]

很多年之后的人，可能再也看不到纽约第五大道的流光溢彩和百老汇的戏剧了，但他们仍然可以翻开书本，忆想出一片今天的盛况。

遮蔽的过程

我爱读一类游记作品。作者不只是介绍沿途的风光和自己的感受，而且是用追问的目光求解每一个看到的现象。

比如郭建龙的《穿越百年中东》。

如果有机会去土耳其观光，我们能看到什么？按照旅行团的安排，无非就是：独立大街上的咖啡厅、以弗所古城、古罗马阿斯潘多思圆形剧场、格雷梅小镇的热气球、圣索菲亚大教堂、蓝色清真寺、棉花堡等等。

至于土耳其语，那好像是导游和翻译的事，我们并不需要关心。

但是在郭建龙的书里，我们会了解到：现代土耳其语的字母诞生于 1928 年，迄今不足百岁。

土耳其语没有经过汉字那样繁复的演化过程。现代土耳其语的文字，是凯末尔* 成立的“语言委员会”以拉丁字母为基础创制的，整个过程仅用了两个月左右的时间。

在这场“字母革命”之前，人们在用土耳其语进行文字记录时，采用的是阿拉伯字母。于是，掌握这门复杂的官方语言就成了统治精英的文化特权，而这又反过来强化了他们的其他特权。凯末尔雷厉风行地进行文字改革，可谓一箭三雕：采用以拉丁字母为基础的文字体系，既表明了土耳其从东方文明向西方文明脱胎转型的决心，又实现了文化自救，还顺手促成了文化平权。

> **在改革的那一刻，混乱产生了——由于政府规定以后的文书不得使用阿拉伯语书写，只准使用土耳其文，结果所有的土耳其人都发现自己一夜间成了文盲，必须重新学习另一种文字。而同时，**

* 他被土耳其人称为阿塔图尔克，也就是“土耳其国父”的意思。

> 书籍和报纸一下子跟不上文字改革的速度，人们突然间没有东西可看可学了。
>
> 不喜欢阿塔图尔克的人往往批评他过于激进。但事后来看，这一步却取得了惊人的效果。当精英和平民都站在同一起跑线上重新学习语言时，各种资源迅速到位，书本、报纸出现了惊人的发展，与之相伴的是文盲率的大大降低。
>
> 而更为重要的是，土耳其摆脱了阿拉伯文字后，也从阿拉伯浓郁的宗教氛围中摆脱出来，更加贴近于西方，与中东的其他地方明显区隔开来。
>
> ——郭建龙：《穿越百年中东》

当我们穿行在土耳其的景点和街市，听着喧嚣的市声，看着辉煌的广告牌时，如果没有郭建龙的这本书，我们就和这个国家最惊心动魄、雄心勃勃的变革擦身而过了。

股神巴菲特说过一句话："虽然我也靠收入生活，但我迷恋过程要远胜于收入。"游览风景其实也一样。用足迹丈量大地，用耳目搜寻风光，之所以远远不够，就是因为我们不知道它们为什么会变成今天的样子。

忽略的情感

除了情境和过程，人类最重要的东西——情感——也经常会被遗落。而书籍能帮我们还原。

如果去看中国著名的藏书楼，宁波天一阁，你能看到什么？

天一阁，藏在宁波月湖西侧的一条街巷里，是中国现存最古老的私家藏书楼，由明朝嘉靖年间的兵部右侍郎范钦主持建造。从明朝嘉靖年间至今，450 多年，那么多刀兵水火，那么多贪欲强权，这座藏书楼能够保全下来，真是一个奇迹。

当地导游可能会为你介绍：为了保存天一阁，范钦和他的后人采取了一套非常严格的处罚规则，“子孙无故开门入阁者，罚不与祭三次……因而典押事故者，除追惩外，永行摈逐，不得与祭”[4]。除此之外，还有三条规矩：女不上楼，书不出阁，外姓人不准上楼看书。在 1673 年，大学者黄宗羲破例登楼之前，这个规矩被严格执行了 100 多年。

什么感觉？是不是可敬、可畏、面目森然？

但是在余秋雨的《文化苦旅》里面，我读到了一个小插曲。

在这里，不得不提到那个我每次想起都感到难过的故事了。

据谢堃《春草堂集》记载，范钦去世后两百多年，宁波知府丘铁卿家里发生了一件事情。他的内侄女是一个酷爱诗书的女子，听说天一阁藏书宏富，两百余年不蛀，全靠夹在书页中的芸草。她只想做一枚芸草，夹在书本之间。于是，她天天用丝线绣刺芸草，把自己的名字也改成了“绣芸”。

父母看她如此着迷，就请知府做媒，把她嫁给了范家后人。她原想做了范家的媳妇总可以登上天一阁了，不让看书也要看看芸草。但她哪里想到，范家有规矩，严格禁止妇女登楼。

由此，她悲怨成疾，抑郁而终。临死前，她连一个“书”字也不敢提，只对丈夫说：“连一枚芸草也见不着，活着做甚？你如果心疼我，就把我葬在天一阁附近，我也可瞑目了！”

今天，当我抬起头来仰望天一阁这栋楼的时候，首先想到的是钱绣芸那抑郁的目光。在既缺少人文气息又没有婚姻自由的年代，一个女孩子想借着婚姻来多读一点书，其实是在以自己的脆弱生命与自己的文化渴求斡旋。她失败了，却让我非常感动。

——余秋雨：《文化苦旅》

所有可敬可畏的丰碑后面，都有残酷的一面。小人物在大规矩、大事业面前，总是形同草芥。那些哀哀哭泣的悲声，除了在书里，我们哪里也听不到了。

在书中，我们还能看到那些被忽略的“恐惧”。

如果有幸去发射场看宇宙飞船升空，我们内心的情感是什么？兴奋、崇敬？那对飞船里面的宇航员呢？觉得他们是无畏的英雄？抑或理性的科学家？

这当然没错。

但宇航员也是人，他们也有恐惧。下一刻，他们就将被以快于 7.9 公里 / 秒的速度送入太空，比手枪子弹出膛的速度还要快 20 多倍。进入茫茫宇宙之后，能不能回到地球，与久别的亲人相拥，都还是未知数。只不过，宇航员身负全人类的期待，他们必须是英雄，也只能是英雄，很少有人愿意把这一刻的恐惧写下来。

但是我在斯科特·凯利（Scott Kelly）写的《我在太空的一年》里，突然看到了这么一个段落。

> 我站在右后轮胎的前面，把手伸进宇航服。我真的不需要小便，但这是一个传统：尤里 · 加加林在前往发射台进行他历史性的首次太空飞行前，要求在我们现在所站的位置上靠边停车，然后在大巴车的右后轮胎上撒尿。之后他上了太空，又活着回来了。所以现在我们都必须做同样的事情。这个传统非常受人尊重，连女宇航员都会带着一瓶尿液或水，洒到轮胎上，而不需要完全脱掉宇航服。
>
> ——〔美〕斯科特 · 凯利、〔美〕玛格丽特 · 迪安：
>
> 《我在太空的一年》

这段话里没有一个字写恐惧，但是我们要知道，风险越大的地方，人们的恐惧就越多，迷信程度就越高。斯科特 · 凯利是美国著名宇航员，技术高超，身体素质极佳。即使如此，他也要加入如此郑重其事且荒诞的“仪式”。

这类仪式还包括：执行任务之前，干一杯加了火箭燃料的水。然后，还要在加加林曾经的办公室签文件。加加林，就是世界上第一个进入太空且活着回来的宇航员。他们相信这会带来好运气。[5]

我们会心一笑。即便我们看到了宇航员的恐惧，也丝毫不会对他们的英雄形象心生质疑。

书中自有风物

除了自然景观之外，书本身也是旅行的目的地。

所谓旅行，就是“从自己待腻了的地方，去一个其他人待腻了的地方”。有很多书也是这样。它们被某些文明熟知，但对我们很多人来说，却全然是陌生地带。

比如《圣经》。

《圣经》出版至今，累计发行量超过40亿册，被翻译成超过400种语言，是人类历史上销量最高、被翻译语种最多的一本书。但我们绝大多数中国人对《圣经》的了解，还局限于亚当夏娃、摩西过红海这样的“圣经故事”。事实上，在《圣经》共66卷、约93万字的篇幅中，有诗歌、传记、礼仪、律法等包罗万象的内容，这是人类文明最重要的文化遗存之一。走进《圣经》的世界，不是要你以信徒的标准逐字逐句地诵读。翻开它，随意浏览几页，其实就是一趟绝佳的异域之旅。

类似这样的情况还有很多。比如伊斯兰教的《古兰经》、佛教的《大藏经》、道教的《道藏》。

它们体量巨大，而且唾手可得，很多内容都能在网上检索到。很多人愿意驱车千里去看神山圣湖，我们当然也可以打开这些文明的宝藏，浮光掠影地游览一番。

再比如，几乎所有人都知道《四库全书》的大名。它耗时15年编成，包括3457种图书[6]，约8亿字。不少人会被这些数字给吓跑。

我也没有翻开过《四库全书》。但是上大学的时候，我喜欢在图书馆随意游走，偶然翻开过一本《四库全书总目提要》，就是简单介绍一下《四库全书》收录的书，是鼎鼎大名的纪晓岚等人编撰的。当时，我突然看到这么一句。

> 古人操觚，亦时有利钝。如杜甫诗之“林热鸟开口，水浑鱼掉头”，使非刊在本集，谁信为甫作哉！疑以传疑可矣。
>
> ——〔清〕纪昀（纪晓岚）等编：《四库全书总目提要》

纪晓岚说，古人写东西，水平也很不稳定。杜甫的诗里面居然有一句“林热鸟开口，水浑鱼掉头”，写得太臭了。如果不是印在他老人家的集子里，谁能想到是他写的？

我看得哈哈大笑。纪晓岚真行。他在这么正经的一本书里，冷不丁吐了这么一句不正经的槽。而且，他还不是在有关杜甫诗集的评论里面说的这段话。他偷偷塞在了对李贺《昌谷集》的评论里。

如果没有这一趟漫不经心的“纸上旅游”，我哪里能有幸看到这么有趣的段子？

> 作家们可爱的地方在于，他们不需要接受任何学术训练，不需要掌握严密的逻辑思辨技巧；作家只要有自己独特的眼光，细心加工出一个奇幻的世界给我们看，尽情想象，尽情批判。
>
> 最早迷住我的正是这样的一些书，各式各样的乌托邦，在古往今来中被幻想出来的理想世界。我觉得那些为人类设计乌托邦的哲人就像我自己一样，耽于幻想，在一个个晴天的云卷云舒里，在一个个夜晚的星移斗转里，飞升至天国的高度，或者像庄子那样“登假于道”，在云彩与星空的图纸上寄托自己云母一般的才思与哀愁。
>
> ——熊逸：《纸上卧游记》

到陌生地方去，纸上卧游也好，实地观光也好，我们都身负一个目的——对自己原本生活的超越。

《论语》里有这样一句话："君子怀德，小人怀土。"你肯定会奇怪，"德"的反面怎么会是"土"呢？

宋代的朱熹做了个解释："怀德，谓存其固有之善。怀土，谓溺其所处之安。"[7]

原来如此。一个普通人，如果只是沉溺在自己所处的环境中，他的一切成败利钝，都是环境使然，这就是"土"。我们今天讲"土豪"，也是这个意思。那怎么才能从一个普通人转身成为一个君子呢？孔子给出的方案是"怀德"，就是追求那些固有的善，追求那些超越性的原则。

这既是旅行的意义，也是阅读的意义。

有一个著名的故事：一个寒窗苦读多年，终获成功的人，躺在沙滩上沐浴阳光。旁边一个渔民说："我生活了一辈子都是在沙滩上沐浴阳光。你经历一大圈，奋斗那么久，最后结果不是和我一样吗？"

当然不一样。

虽然看到的是同样的沙滩、阳光，但有的人原地未动，有的人随时可在他乡。

书单　BOOKLIST

你可以在这些书中直抵远方风物：

《赫拉克勒斯之柱》

〔美〕保罗·索鲁，薛璞译，人民文学出版社 2020 年版

《旅行的艺术》

〔英〕阿兰·德波顿，南治国等译，上海译文出版社 2020 年版

《圣经的故事》

〔美〕房龙，朱振武等译，上海译文出版社 2017 年版

《穿越非洲两百年》

郭建龙，天地出版社 2020 年版

《从大都到上都》

罗新，新星出版社 2018 年版

[棋 局 A MOVEABLE FEAST]

没 有 人 是 一 座 孤 岛

流年一局棋

灯下不观色

局内有乾坤

“自己”这个东西是看不见的，撞上一些别的什么，
反弹回来，才会了解“自己”。
——〔日〕山本耀司

流年一局棋

小时候就听说过一句话，人“是一切社会关系的总和”[1]。年纪渐长，我才知道了这句话的力量。

小时候听赵高“指鹿为马”的故事，觉得赵高这个人真是又傻又横，自己说错了，还吓得别人不敢纠正。长大了，我才知道那是赵高有意为之。他就是要看看，谁已慑于淫威，谁还敢站出来反驳。做一件荒谬的事，原来也是测试自己权威的一种方法。

小时候觉得希特勒就是一个战争疯子。长大后读了很多书才知道，希特勒自有他谨小慎微的一面，疯子其实是被一群自以为精明的人惯出来的。

小时候知道鲁迅先生在文人圈子里树敌很多。长大后才知道，他竟然还“破圈”骂过梅兰芳。鲁迅和梅兰芳没有交集，也没有私

仇。他骂梅兰芳，其实是借此表达对一种文化传统的愤恨。

> 梅兰芳不是生，是旦，不是皇家的供奉，是俗人的宠儿，这就使士大夫敢于下手了。士大夫是常要夺取民间的东西的，将竹枝词改成文言，将“小家碧玉”作为姨太太，但一沾着他们的手，这东西也就跟着他们灭亡。
>
> 他们将他从俗众中提出，罩上玻璃罩，做起紫檀架子来。教他用多数人听不懂的话，缓缓的《天女散花》，扭扭的《黛玉葬花》，先前是他做戏的，这时却成了戏为他而做，凡有新编的剧本，都只为了梅兰芳，而且是士大夫心目中的梅兰芳。雅是雅了，但多数人看不懂，不要看，还觉得自己不配看了。
>
> 士大夫们也在日见其消沉，梅兰芳近来颇有些冷落。
>
> ——鲁迅：《花边文学》

小时候以为“唾面自干”是委曲求全、逆来顺受。长大后，读到了《新唐书》里娄师德的典故，才知道这也是一种策略：别人把唾沫吐在我脸上，如果自己擦掉，既没有反击的力量，也弱弱地表示出一种不接受的态度，对方反而会更恼火；不如不擦，当众让唾沫在脸上干掉，自己落下一个好态度，还让围观众人看到对方的蛮横。这才是弱者的反击方法。

读了很多书之后才发现，没有一个人是孤立的，没有一件事是独存于世的。知识世界就像一盘棋，每一个棋子都和其他棋子紧密地联系在一起，它们既相互依赖，又相互掣肘——我们只有看到周边车、炮的阵形，才能看懂每一个跳马、将军的招法；只有看到整个棋盘的布局，才能知晓每个卒子、马、炮的具体处境。

但在我们求学之初，知识可不是这样的。它们在课本上列队整齐，在教室里鱼贯而入，在考卷上叫“知识点”。记住它们本身就行了，至于它们之间的关系，那不重要。

只有借助阅读，我们才有机会把这些孤立的点，还原成整局的棋。

比如，欧阳修和苏轼这两个人，在初中语文课本上，分别是下面这个样子：

欧阳修（1007—1072），字永叔，自号醉翁，晚年又号六一居士。吉州永丰（现在江西永丰）人，宋代文学家。

苏轼（1037—1101），字子瞻，自号东坡居士，四川眉山人。宋代文学家。[2]

他们到底是什么关系？打过交道吗？有恩怨吗？彼此欣赏吗？有共同的朋友吗？中学课本来不及讲这些东西，我们只好到更多的书里去找。

有很多关于这两个人的“文坛佳话”。比如，苏轼刚从四川来到汴京的时候，欧阳修看见他文章写得好，就兴奋地说：“不觉汗出，快哉，快哉！老夫当避路，放他出一头地也。可喜，可喜！”[3]苏轼对欧阳修也是尊敬得很。有人统计过，苏轼文集中提及欧阳修多达 176 次。[4]

仅此而已吗？两个人仅仅是关系好吗？

我后来读到一本书，王水照先生的《北宋三大文人集团》，才知道，这是一个很大的棋局，用“互相欣赏”“关系好”这些词是描述不了的。

以钱惟演、欧阳修、苏轼为领袖或盟主的文学群体，代代相沿，成一系列：前一集团都为后一集团培养了盟主，后一集团的领袖都是前一集团的骨干成员。因而在群体的文学观念、旨趣、风格、习尚等方面均有一脉相承的关系。

钱惟演幕府僚佐集团中，以谢绛、尹洙、梅尧臣、欧阳修等人为骨干，谢绛较为年长，俨然是实际上的文学引路人；尹洙的古文写作，梅尧臣的诗歌创作皆早负盛名；然而欧阳修作为“新秀”脱颖而出，终于成为第二代文人集团的领袖。

“欧门”中的曾巩、王安石，原是欧阳修“付托斯文”的既定人选，但当苏轼从万山环抱的西蜀来到汴京时，一鸣惊人，使欧阳修欣喜地疾呼：“老夫当避路，放他出一头地。”第三代文坛盟主的重任便落在苏轼的肩上。

盟主的产生主要是由才能的优化选择的自然结果，甚至前一代盟主的个人亲疏厚薄的意向也不能完全左右，这是文人集团稳固性的一个重要条件。

——王水照：《北宋三大文人集团》

放眼整个北宋 100 多年的文坛演化，我们才能看清欧阳修和苏轼之间的真实关系。

他们既是忘年交，又是前辈领袖和接班人。欧阳修对苏轼说的那句话，“我老将休，付子斯文”——我老了，将来这大宋朝的文坛领袖就是你——原来，不是一句泛泛的客气话，而是很郑重的衣钵托付。

如果继续深究，我们还会发现，这样的文坛门派，其实也并不是单纯的“文学”。诗酒唱和的关系，也是政坛斗争的资源，背后隐隐然浮现出王安石变法时期的政潮，以及后来的“蜀洛朔党争”*。

如果你喜欢宋史，顺着这条线往下追踪，你会看到各种道义立场、朋友恩怨、官场暗斗、性格缺憾的纠缠。当这盘大棋在你眼前铺开之后，你会掩卷长叹：很多看似简单的黑白善恶，都是局中人的暗昧和无奈。

灯下不观色

民间有一句话，“灯下不观色”。这是说在某种特定的灯光下，不管灯有多亮，我们都看不出东西的真实色彩。那如果就是没有阳光，只能在灯下看，怎么办？答案是：换不同的灯光，多看几回，我们就能大概猜测出真实的颜色。

想读懂一个人，也是一样。不能只看他的高光时刻，更不能只看他的个人表达。我们得尽可能把他还原到他参与过的所有棋局之中。

正如山本耀司所说：“自己”这个东西是看不见的，撞上一些别的什么，反弹回来，才会了解“自己”。

比如，李鸿章这个人。如果你看他对自己的描述，他一生中只有几件大事：“予少年科第，壮年戎马，中年封疆，晚年洋务。”[5]好像他所有的经历，都只在中国的棋盘上。

---

* 北宋元祐年间，朝臣形成蜀、洛、朔三党。蜀党之首是苏轼，洛党党魁为程颐，朔党领袖则是刘挚。三大党派所持政治意见不同，“既交恶，其党迭相攻”，史称“蜀洛朔党争”。

其实，甲午战争失败之后，李鸿章进行了一次环球旅行。从1896年3月中旬到10月初，他先后访问俄国、德国、荷兰、比利时、法国、英国、美国等欧美八国，行程9万多里。这是清朝这个级别的官员第一次出国访问。他扰动的棋局，可绝不限于中国这个棋盘。

在欧洲，所有军火商都知道来了大买主。

> 李鸿章享用的那节豪华车厢，由德国军火商弗雷德里克·克虏伯提供，供他整个旅行使用。他的远道而来，令全欧洲的军火商雀跃，这可是远东最大的买主！
>
> 李鸿章在德国的那些天，整个柏林为之兴奋：这个前直隶总督权力大得很，要为刚刚被日本人打败的中国军队配备武装。这可是千载难逢的一份大订单！德国 *Kladderadatsch* 和 *Ulk* 两份报纸轮番出漫画，有趣！
>
> 李鸿章坐在由一大堆工厂烟囱放出的烟云上，脚下是一堆堆钱袋。
>
> 这边的山头上，裸体的古罗马商神梅屈尔，沐浴着也变成钱袋的太阳光，正引领着欧洲人民走向争取订单的战场。走在最前面的是法国和德国，一个手里拿着火药，另一个拿着最新型的装甲舰；跟在后面的是奥地利、俄罗斯和英国，提了一篮商品；再后面，西班牙手里是一支巨大的哈瓦那雪茄；意大利则拿了一包通心粉。
>
> 漫画的解说词是这样一句：“东方的敌人来了，欧洲人民，拿起武器准备战斗！把你们最珍贵的商品卖给他！”
>
> ——边芹：《文明的变迁：巴黎1896·寻找李鸿章》

李鸿章可不知道自己在欧洲人心目中的这个地位。据说，他随身的行李中，还有一只活鸡，带这个是怕自己在欧洲吃不上鸡蛋。一个局外人突然闯入了一个陌生的房间，主人是殷勤还是傲慢，其实有自己的理由，客人则往往是懵然无知。

还有另外一种情况。李鸿章一路游览，一路发表见解。他自己是推心置腹，坦诚以待，但他完全不知道，这些话当地人听在耳朵里作何感想。比如，李鸿章参加了俄国沙皇尼古拉二世的加冕典礼。当时现场发生了踩踏事故，造成了近两千人死亡，史称“霍登惨案”。李鸿章发表了一番评论。

> 当时的俄国总理大臣维特伯爵回忆说，李鸿章见到他后，仔细向他打听有关消息，并问维特：“是否准备把这一不幸事件的全部详情禀奏皇上？”
>
> 维特回答说：“当然要禀奏，而且我相信在这一惨祸发生后已经立即禀奏了。”
>
> 哪知李鸿章听后竟连连摇头对维特说：“唉，你们这些当大臣的没有经验。譬如我任直隶总督时，我们那里发生了鼠疫，死了数万人，然而我在向皇帝写奏章时，一直都称我们这里太平无事。当有人问我，你们那里有没有什么疾病？我回答说，没有任何疾病，老百姓健康状况良好。”
>
> 然后李又自问自答道，“您说，我干吗要告诉皇上说我们那里死了人，使他苦恼呢？要是我担任你们皇上的官员，我当然要把一切都瞒着他，何必使可怜的皇帝苦恼？”
>
> 对此，维特这样写道：“在这次谈话以后，我想我们毕竟走在清朝前头了。”
>
> ——赵省伟：《西洋镜：海外史料看李鸿章》

那李鸿章就是一个愚昧的官僚吗？当然不是。来看一段李鸿章在美国对记者发表的演讲：

> 只有将货币、劳动力和土地都有机地结合起来，才会产生财富。大清国政府非常高兴地欢迎任何资本到我国投资。我的好朋友格兰特将军曾对我说，你们必须邀请欧美资本进入清朝以建立现代化的工业企业，帮助清朝人民开发利用本国丰富的自然资源。但这些企业的管理权应掌握在大清国政府手中。我们欢迎你们来华投资，资金和技工由你们提供。但是，对于铁路、电信等事务，要由我们自己控制。我们必须保护国家主权，不允许任何人危及我们神圣的权力。我将牢记格兰特将军的遗训。所有资本，无论是美国的还是欧洲的，都可自由来华投资。
>
> ——郑曦原编：《帝国的回忆：〈纽约时报〉晚清观察记》（下册）

在刚才的三段材料里，我们换了三个坐标系来看同一个李鸿章：在欧洲的军火商眼里，他是一块肥肉；在俄国的政治家眼里，他是一个过时的官吏；在美国记者眼里，他是一个见识超群的政治家。把所有这些坐标系拼接起来，才能看到一个立体的李鸿章。

读书的时候，尤其是读传记的时候，要警惕一件事：一位传记作者因为常年研究传主，在理智上，他要强调传主的重要性，否则这本传记的价值何在？在感情上，他会不自觉地替传主文过饰非，因为没有人愿意长期和一个自己看不上的人共处一室。所以，要了解一个人，只看他的传记是远远不够的，要注意他和同时代各种人物的交往。

我大学的时候，狠狠读过一段西方文学理论。流派、作家，一时间熟得很。比如浪漫主义，从英国的拜伦、雪莱、济慈，到法国的雨果，到俄国的普希金，再到德国的歌德、席勒、施莱格尔兄弟，我都走马观花地看了看，对他们各自的作品和成就也算是粗有了解。但是，因为没有能力读原作，这场莽撞的知识之旅似乎也就只能到这儿了。

直到我翻开一本书，海涅的《论浪漫派》，看到了其中的一段话。

> 从耶拿到魏玛有一条林荫道，美观的树上结着李子，盛夏干渴之时，吃起来味道好极了；施莱格尔兄弟经常往返于这条路上，他们在魏玛和枢密顾问封·歌德先生交谈过几次，歌德总是一位非常出色的外交家，他平心静气地倾听施莱格尔兄弟谈话，赞许地微笑着，有时请他们一同进餐，偶尔也给他们帮一个忙，如此等等。他们也想接近席勒；但席勒为人正直诚实，不愿和他们有什么瓜葛。
>
> ——〔德〕海涅：《论浪漫派》

这段话给我打开了一扇全新的门：对啊，他们虽然是作家，但也是人啊。是人就有社交圈，有社交圈就有鄙视链。

单摆浮搁地看施莱格尔兄弟，那他们俩就是：德国浪漫派的奠基人和倡导者、耶拿学派创始人、早期浪漫主义刊物《雅典娜神殿》创办人、剧作家、莎士比亚著作的德语翻译者，等等，全是光环和标签。但是，海涅把这兄弟俩和歌德、席勒这些前辈的关系说出来了：歌德与他们保持礼貌的距离，席勒则对他们敬而远之。

到今天我也不清楚，施莱格尔兄弟到底是怎么得罪的席勒。但是有这寥寥几句话就够了。后来我去德国法兰克福参访歌德的故居，坐在他家的庭院里休息，望向歌德在二楼的工作室，仿佛看到了他既宽厚又狡黠的目光。

一个个大人物唱罢登场，每个人都雄心万丈。但他们的现实舞台其实逼仄得很，在很多个瞬间，他们甚至可能就是邻居。他们可以对彼此视而不见，或者绝口不提，但总有些有心的写书人，会记录下他们擦肩而过的瞬间。

2 月开始了：纽约的“军械库展”引发了现代艺术的大爆炸，马塞尔·杜尚展示了“下楼梯的一幕”。之后他的境遇越来越好。

其他地方也是如此：精彩处处有，尤其在维也纳。

一些女人在西格蒙德·弗洛伊德博士面前袒露自己的灵魂，每小时 100 克朗。

与此同时，阿道夫·希特勒在维也纳流浪汉之家的休息室里给圣斯蒂芬大教堂绘制动人的水彩画。

亨利希·曼在慕尼黑写《臣仆》，在弟弟家庆祝自己的四十二岁生日。厚厚的积雪还未消融。

第二天托马斯·曼买地建房。里尔克继续受苦，卡夫卡仍然犹豫，但是可可·香奈儿小小的帽子店扩大了经营。

奥地利的皇位继承人弗兰茨·斐迪南大公坐着他金色轮辐的汽车飞驰过维也纳，玩着他的铁路模型，担心着塞尔维亚的暗杀。

斯大林第一次遇见托洛茨基——在同一个月，那个后来受斯大林委托刺杀托洛茨基的男人在巴塞罗那出生。

1913 真是不幸的一年吗？

——〔德〕弗洛里安·伊利斯：《1913：世纪之夏的浪荡子们》

局内有乾坤

上面说的，是怎么从棋局视角去看个人。其实，棋局本身也值得一看。

身在局中，每个人的处境，都远比局外人看到的复杂。

比如，蜀汉丞相诸葛亮。我们都曾被《后出师表》中“鞠躬尽瘁，死而后已”的精神感动。他身负先主刘备托孤之重，仅凭四川一地的兵力、财力，一次次向曹魏发起进攻，最后身死五丈原。

在这个故事中，诸葛亮的敌人似乎只有一个，就是窃据中原的曹魏。所谓“汉贼不两立，王业不偏安”嘛。但是，如果你设身处地地站在诸葛亮的角度去想，事情又没有那么简单。

有关国际政治的常识告诉我们，一个国家对外发动攻击，既可能是为了获取外部利益，也可能是为了缓和内部矛盾。

在刘备死后不到四年，诸葛亮就开始第一次北伐，明显很仓促。为什么呢？读了饶胜文老师的著作《大汉帝国在巴蜀》，我觉得豁然开朗——因为刘备留给诸葛亮的，是一个内部矛盾重重的蜀汉。

刘备从河北起兵，跟着他的有关羽、张飞、赵云。然后在徐州的时候，又有糜竺、糜芳兄弟加入，就是他的大小舅子。到了荆州，又有诸葛亮、黄忠、魏延等人加入。占据益州之后，又有法正、李严这些刘璋旧部加入。但是，刘璋在益州也是外来户啊，所以还有一大批益州本地的士族。

这么粗粗一算，当时的蜀汉政权内部，至少有河北集团、徐州集团、荆州集团、刘璋集团、“土著”集团，一共是五拨人。另外，还有像马超这种哪个集团都不算的。所以，蜀汉集团的内部政治结构十分复杂。诸葛亮和李严之间、魏延和杨仪之间，都曾有过争斗。

那么，刘备去世后，诸葛亮作为丞相，怎么才能保证内部的凝聚力？除了北伐，似乎也没有什么好办法。国家长期处于对外战争的状态，既能使军政大权不旁落，还可以对各个集团进行强有力的动员，又能趁机吸收姜维这样的外部人才，近乎“三赢”。

事实也证明，诸葛亮去世后，蒋琬继任，对外战争少了，对内大赦多了，看起来符合“与民休息”的政治理性，但是结果适得其反。

诸葛亮“用法峻密”“赦不妄下”，蜀人却如此追思他；蒋琬和费祎在制度上沿袭诸葛成规，社会矛盾却愈演愈剧。其间的差异，当缘于信念认同上的变化。

诸葛亮主政的灵魂是复兴汉室的信念。他以开诚布公、用心平允、科教严明、赏罚必信的为政风格，鼓励吏民“尽忠益时”，将复兴汉室的信念变成蜀汉吏民的一种政治认同。正是由于对他信念的认同，所以，他虽然“用法峻密”“赦不妄下”，蜀人却“畏而爱之”，“人怀自厉”。他军旅屡兴，频频北伐——这意味着对蜀汉的人力、物力资源的大量动员和征用，蜀人却劳而不怨。

当认同感渐渐疏离，即使不再大举出兵，各种“奸巧非一”

> 触犯网禁的问题还是出现了；只能频繁用赦，缓解社会矛盾。
>
> ——饶胜文：《大汉帝国在巴蜀》

读历史书的趣味就在于：把我们熟知的那些历史结果还原到过程中，再来品味它的复杂性。

不知道过程，其实我们也看不懂结果。

如果你读过玛格丽特·麦克米伦（Margaret MacMillan）写的《缔造和平》这本书，你会看见——

第一次世界大战后的巴黎和会，经历了无数争吵，最后终于形成了条约文本。虽然列强们都在上面签了字，但没有人对这个协议满意。因为没有共识，所以20年后的下一场战争此时就已注定。

> 亨利·威尔逊在日记中写道："看来，我们自己都没先看过，就要直接把条约交给德国人了。我觉得这种事历史上再也找不出第二桩了。"
>
> 葡萄牙人抱怨说，他们国家没有得到任何赔偿；
>
> 中国人反对把中国境内的德国租界交给日本；
>
> 意大利代表指出，他的同事可能对他们缺席期间敲定的条款有异议。
>
> 然后，让全体人都感到惊奇的是，福煦元帅要求发言。他最后一次请求把莱茵河作为德法之间的分界线。克列孟梭怒气冲冲地质问他，为什么要来这么一出？福煦答道："这是为了让我的良心好过点。"
>
> 他对《纽约时报》说："记住，德国人下一次就不会犯错了。

他们会直取法国北部，夺取英吉利海峡上的港口作为基地来进攻英格兰。”

20 年后，希特勒把这些事分毫不差地做了一遍，幸好那时福煦已经不在世了。

——〔加〕玛格丽特 · 麦克米伦：《缔造和平》

如果你读过沙希利 · 浦洛基（Serhii Plokhy）写的《雅尔塔》这本书，你会发现——

在雅尔塔会议上，罗斯福和丘吉尔并不像我们想象的那么亲密，相反，他们互相防范得很；你还会发现，斯大林也并不像我们想象的那么强势，相反，他对客人也殷勤得很 *。读懂了这个微妙的格局，也就不难理解在后来的冷战中，美苏之间那种既互为对手，又互相成就的关系了。

如果你读过诗人约翰 · 多恩（John Donne）那篇著名的布道词，你会知道——

“没有人是一座孤岛，可以自全。每个人都是大陆的一片，整体的一部分。”

---

* 雅尔塔当时是苏联的领地。

书单 BOOKLIST

你可以在这些书中一品棋局的复杂性：

《旁观者：管理大师德鲁克回忆录》

〔美〕彼得 · 德鲁克，廖月娟译，机械工业出版社 2018 年版

《1913：世纪之夏的浪荡子们》

〔德〕弗洛里安 · 伊利斯，续文译，译林出版社 2014 年版

《东晋门阀政治》

田余庆，北京大学出版社 2012 年版

《胡雪岩全传》

高阳，文汇出版社 2018 年版

《慈禧全传》

高阳，新星出版社 2015 年版

[窥 视 TAKE A PEEK]

惊 鸿 一 瞥 ， 此 地 甚 好

历史视角和个人视角

外部视角和内部视角

宏观视角和微观视角

人的面孔是靠长年累月塑造成型的，而在面孔上会慢慢显现出灵魂。

——〔白俄〕S.A. 阿列克谢耶维奇

现实是由什么构成的？

当然是具体的人、物和事。而更多时候，其实还有“标签”。

比如，美洲大陆上那个九百多万平方公里、三亿多人口的庞大国家，我们用“美国”这个标签就概括了。在新闻报道中，甚至还会用更小的标签来代表它，比如“华盛顿认为”“白宫的观点”，等等。这样做，当然更简单、更清晰，但代价是丢掉了真实世界的喧哗和复杂。

好人、坏人、骗子、土豪、外地人，这类标签充斥在我们的日常语言中，既带来了方便，也带来了危险。

《精进》的作者采铜说，八岁的儿子曾经给他上过一课。

有一天我带他去南京玩，经过一片闹市时，我指着眼前一幢高楼说：“儿子啊，你看，这幢楼高不高啊？它叫紫峰大厦。”他

> 并没有回应，而是伸出了一根手指，朝着这幢大厦指指点点，片刻后，他回头大声对我说："86层！爸爸，有86层！"我猜他数出的层数未必准确，可为什么我没有想过去数有几层呢？我只是知道了这幢楼的名字，便以这一点知识而自足，却没想过用自己的眼睛去好好观察它，为什么？
>
> 跟这个八岁的孩子朝夕相处让我感到新鲜和惶恐。新鲜是因为当我跟随着他用一个孩子的视角去观察时，这个世界以一种全新的姿态向我敞开了。我发现，某种程度上，是我脑中纷纷攘攘的知识限制了我的思考，限制了我的观察。若是回到一种"无知"的状态，直接面对现实的种种，是不是才是"智慧"的真正开始呢？而我惶恐的是，随着年龄的逐渐增长，我儿子那喜爱发现的头脑会不会重蹈我们成年人的覆辙，最终变成一个概念和观念的容器呢？
>
> ——采铜：《精进2》

没什么不好意思承认的：大多数时候，我们真的就是一个"概念和观念的容器"。所以，才有了据说是陀思妥耶夫斯基写下的那句话："要爱具体的人，不要爱抽象的人；要爱生活，不要爱生活的意义。"

这也是迫不得已。信息太多，我们只有大量忽视事物的过程、细节和感受，用标签来思考，才能保持内心的安顿，才不会被沉重的知识负担压垮。

这对矛盾好像很难化解。

但是，有一类书籍，主要是一些人物日记、自传、回忆录，它们偏偏就能在标签的铜墙铁壁上打一个小孔。大量令人惊喜的细节会透过孔眼，像阳光一样照射进来。我称之为“窥视之书”。

读这类书的方法是：不看此人怎样讲述自己，只看他作为一个感受搜集器，怎样记录、沉淀、筛选和输出他经历的那些有趣的场景和细节。

历史视角和个人视角

1914 年 8 月 2 日，第一次世界大战爆发后，德国向俄宣战了。那天，卡夫卡在日记里写下了一句话。

> 1914 年 8 月 2 日
>
> **德国向俄罗斯宣战了。——下午去游泳学校。**
>
> ——〔奥〕弗兰兹 · 卡夫卡：《卡夫卡日记：1912—1914》

在个人的感受中，“战争爆发了”和“我要学游泳”居然同等重要。

从 1914 年 6 月 28 日斐迪南大公遇刺，到 8 月 2 日德国对俄宣战，这 35 天里，卡夫卡的生活跟往常相比没有任何变化。战争的阴影对他来说，只是远方的吵闹。这一个月真正折磨他的，是女友要解除婚约。

在《吴清源回忆录》里，吴清源花了很大篇幅介绍他和日本围棋界的几次“十番棋大战”。读这段的时候，我突然意识到，这些棋赛是从 1939 年到 1956 年进行的，这不正与日本从侵华到战败那段日子有大量重合吗？彼时的日本，举国陷入战争的疯狂，也经受了“东京大轰炸”这样的人间地狱。但是所有这些，似乎只是吴清源围棋生涯的背景音。

> 因为缺乏食物，我患了慢性营养失调。
>
> 在当时的配给制度下，大米不够，水果则是一周配给半个苹果，副食品也只有做豆腐后残余的豆腐渣。这样的配给根本无法维持体力。于是我每周一次前往濑越老师介绍的农家购买食物，如此才可以勉强保持体力。
>
> 我没有体力，去买食物的时候，肩扛手提，合起来至多能负担二十公斤，这只是别人一半的量。为了在通过车站检票口时不让大米被人发现，我就把大米铺在波士顿包的底部，然后盖上蔬菜。
>
> 当时根本不是可以安心下棋的状态。我在营养失调的状况下忙于购买食物，此外还要参与宗教活动，所以在昭和十七年（1942）秋天到昭和十九年（1944）春天的升段赛中，我的成绩前所未有的糟糕。
>
> ——〔日〕吴清源：《吴清源回忆录》

这不是因为吴清源冷漠。个人视角和历史视角，本来就不一样。

有句话说：“时代的一粒灰，落在个人头上，就是一座山。”反过来也成立：时代的一座山，落在个人眼里，可能不过就是一粒灰。这给我们留下了一个珍贵的窗口，让我们看到丰富的细节。

战争中的人难免陷入穷困。那么他们就应该清一色地悲伤、绝望、呼号吗？不一定。《巴黎烧了吗？》这本书就记录了1944年德军占领下的巴黎人的日常。

> 巴黎是座几乎没有煤气和电力供应的城市。巴黎的家庭主妇学会在用十加仑装的油桶焊接在一起的炉子上做饭，用的燃料是把旧报纸捏成纸团，然后泼上水——这样耐烧一些。有一家百货公司做广告说，六页报纸可以在十二分钟之内烧开一公升的水。
>
> 巴黎是座饥饿的城市。它成了世界上最大的农村，每天早晨都有公鸡把它叫醒。它们到处啼晨，在后院里，屋顶上，阁楼和空房里，甚至放扫帚的壁柜里——凡是几百万挨饿的市民能够找到可以养鸡的寸尺之地，都能听到它们在啼晨。每天早晨都有小孩子和老妇人偷偷地到公园里割几把青草回来，喂他们养在洗澡缸里的兔子。
>
> 肉的配给量实在太少，大家都说笑，可以用地铁车票把它包起来，只要那张车票还没有用过。因为据那笑话说，如果车票已经用过，那么肉就要从收票员在车票上戳的洞中漏掉了。
>
> ——〔美〕拉莱·科林斯、〔法〕多米尼克·拉皮埃尔：《巴黎烧了吗？》

找机会就做广告的商家、钻空子的平民、没心没肺的俏皮话并存于悲伤的巴黎，毫不违和。它提醒我们真实世界的参差多态。这不才是真实的巴黎吗？

再举一个例子：旧社会关押革命家的监狱什么样？里面一定有老虎凳、辣椒水、鞭子、烙铁？

我偶然看到过一本越南革命家胡志明的《“狱中日记”诗抄》。当时胡志明在中国进行革命活动，1942 年 8 月至 1943 年 9 月被关押在南宁、柳州、桂林等地的监狱里。

四个月了

“一日囚，千秋在外。”古人之话不差讹。

四月非人类生活，使余憔悴十年多。

因为：四月吃不饱，四月睡不好，四月不换衣，四月不洗澡。

所以：落了一只牙，发白了许多，黑瘦像恶鬼，全身是癞疥。

幸而：持久和忍耐，不肯退一分，物质虽痛苦，不动摇精神。

入笼钱

初来要纳入笼钱，至少仍需五十元。

倘你无钱不能纳，你将步步碰麻烦。

限制

没有自由真痛苦，出恭也被人制裁。

开笼之时肚不痛，肚痛之时不开门。

——〔越〕胡志明：《“狱中日记”诗抄》

没想到吧？狱中革命家最大的困扰居然不是挨打，而是不能及时上厕所。“开笼之时肚不痛，肚痛之时不开门。”

历史的大逻辑和个人的小感受，总是会有那么一点点有趣的偏差。从这个偏差的夹角里窥视过去，我们关心的事忽然就会从黑白变得多姿多彩。

外部视角和内部视角

跟随一个人物，窥视他的时代，还能打破我们对人物关系的标签化理解。

胡适留学的时候，曾经和一名美国女孩韦莲司（Edith C. Williams）谈过恋爱。但是回国后，他还是听从母亲的安排娶了一个目不识丁的小脚老婆江冬秀。这一生，他虽然偶有绯闻，但总能自证清白。在当时的风气下，这算是难能可贵的。所以，1962 年胡适去世的时候，蒋介石送了一副挽联："新文化中旧道德的楷模，旧伦理中新思想的师表。"

看看"旧道德""旧伦理"的字样，我们很容易得出结论：胡适的婚姻生活没有幸福可言。一个大教授和他的文盲老婆，能有什么情感沟通和共同语言呢？

但这是旁观者标签化的判断。后来我读到胡适的白话文诗集《尝试集》，才知道真实情况要复杂得多。民国九年，胡适夫妇生日碰巧在同一天，胡适写了一首诗——《我们的双生日（赠冬秀）》：

> 他干涉我病里看书，
> 常说，"你又不要命了！"
> 我也恼他干涉我，
> 常说，"你闹，我更要病了！"
> 我们常常这样吵嘴——
> 每回吵过也就好了。

> 今天是我们的双生日，
> 我们订约，今天不许吵了。
> 我可忍不住要做一首生日诗。
> 他喊道，“哼，又做什么诗了！”
> 要不是我抢的快，
> 这首诗早被他撕了。
>
> ——胡适：《尝试集》

看罢这首诗，我们又难免留下一个印象：原来大教授和不识字的老婆，也有他们的闺房之乐。

但这又想简单了。后来我又看到胡适写给好友胡近仁的信，其中有一段话：“吾之就此婚事，全为吾母起见，故从不曾挑剔为难(若不为此，吾决不就此婚。此意但可为足下道，不足为外人言也)。今既婚矣，吾力求迁就，以博吾母欢心。吾所以极力表示闺房之爱者，亦正欲令吾母欢喜耳。”[1]

不该相爱的两个人，偏偏关系处得还不错；而关系不错，是因为胡适希望母亲高兴。局中人的关系，就是如此复杂。

再举一个例子，末代皇帝溥仪。自从1924年被冯玉祥驱逐出紫禁城之后，溥仪和他身边的人一直希望他能够复辟，再当上皇帝。那么，溥仪当时的身边人到底是些什么人呢？

想来无非就是两种人：一种是他的奴才，积威之下不敢反抗；还有一种就是顽固守旧的前清遗老了。

哪有这么简单？请看溥仪自己的回忆。

> 除了复辟的共同目标之外，每个人还都有他自己的一个算盘。
>
> 主张还原的是为了什么呢？这是因为只有这样，“王公”“大臣”“帝师”“翰林”等等的名利攸关的标签才有地方可贴。这就是说，绍英还可以掌管那把关系着他的“社会地位”的“总管内务府的印钥”，荣源还可以继续着乐在其中的“抵押”“变价”的生涯，“醇亲王”可以照旧支取每年四万二千四百八十两银子折合的岁俸。
>
> 罗振玉主张我到日本，有位当过前清驻欧洲公使的黄诰，主张我到欧洲……因为只有如此，他们才能利用自己优越条件，达到垄断居奇的目的，至于他们所熟悉的国家能否支持我的复辟，问题倒在其次了。
>
> 那些下面的喽啰，不断地递折子、上条陈，也各有其小算盘。我六叔载洵有个叫吴锡宝的门客，写了一个“奏为陈善后大计”的折子，说来说去离不了用法律和法学家，原因就是他自己是一名律师。
>
> ——爱新觉罗·溥仪：《我的前半生》

对溥仪的这场争夺战，不仅发生在他的近臣之间，也发生在列强内部。溥仪从紫禁城搬出来以后，逃往日本公使馆。没想到，日本使馆的文武官之间也是矛盾重重。日本守备队司令官竹本大佐没有和日本公使商量，就决定用自己的住处接待他（溥仪），“不希望日本公使把他的贵客夺走”。

看破不说破的溥仪，给我们留下了《我的前半生》这本书，留下了看中国现代史的一个独特的观察孔。

宏观视角和微观视角

我的读书趣味经历过一次重要的变化：年纪越大，越喜欢读自传、回忆录和书信集。

很多人对回忆录这种体裁有一个误解，以为它就是一个人的自说自话，甚至是自吹自擂。其实回忆录的价值更在于：让我们看到在传主生活的那个时代，一些重要的变化到底是怎么发生的。因为在宏大叙事中，这些过程往往都被掩埋了。

我推荐你读一读王鼎钧先生的回忆录，一共四本。王鼎钧先生是文学大家，1925 年出生于山东临沂，一生颠沛流离，经历过抗日战争、解放战争，在台湾生活过，晚年迁居美国。他写的这部回忆录，被称为“一代中国人的眼睛”。

这部书帮我解开了很多历史谜团。比如，为什么基督教在近代中国能得到迅速传播？

明末清初来中国的那批基督教传教士，就是利玛窦、汤若望、南怀仁他们，走的是上层路线，想从宫廷往民间传教。后来这条路走不通了。从清末开始，传教士又开始走民间路线，从社会底层想办法。但是这也很难。因为办医院、做慈善这些利益诱惑，解决不了真诚的信仰问题。

王鼎钧先生在他的回忆录里告诉我们，当时山东的传教士选择了一个有意思的突破口：底层妇女。

底层妇女为什么会信教呢？因为她们有两个很重要的动机。

第一，按照基督教的教义，只能信仰上帝，不能拜别的神。所以，这些妇女就可以堂而皇之地不参加大家族的那些仪式，避开大家族内部对妇女的压迫。

第二，教会经常召集信众唱赞美诗。按那个时候的习俗，妇女不能“无故唱曲”。哭可以，但唱歌就是不正经。所以，教会成了“她们唯一可以唱歌的地方”。

我记得，夏天证道的时间以日影为准，浓阴满院的时候，牧师说：“上帝告诉我们可以开始了。”树阴退走了，证道也就结束。有时候，讲道的人语重心长，恨不得把肺腑掏出来，有些听道的人正双目微合，口涎拉成有弹性的细线缓缓垂下，那情态，你不知道可笑还是可爱。

翟牧师说：“不要推她，她的灵魂听得见。”农家妇女起五更睡半夜，哪有工夫午睡，能让她打个盹儿，就是天国。

张继圣先生不这么想，他把他的演讲分成几个段落，在两段之间领导大家唱一首歌。那时我们教会连一架手风琴也没有，仍然有许多人为了歌声而来，大多数是妇女。依照习俗，她们不准“无故唱曲”，要抒散内心的抑郁，只有哭泣。唱总比哭好一些。教会是她们唯一可以唱歌的地方。

——王鼎钧：《昨天的云》

看到这段记录，我脑洞大开。

基督教为什么能在中国底层社会传播开来？教会会说，这是精神的感召。中国人会说，宗教是穷人的鸦片。抽象地看，可能都对。但是，没有这种深入到细节的记录，没有当事人的真实感知，这段因由可能从此就被尘封在历史深处了。

我们生活在知识大分工的时代，但阅读可不能遵循知识分工的条条框框。不做专门研究的人，可能一生都不会看到一篇像《1940—1945年山东临沂地区妇女宗教信仰研究》这样题目的论文。但今天，我们可以在王鼎钧的个人回忆录中复活当年的现场。

历史翻过一页，众生百态并未消失。它保存在个人微观的视角里。

标签化，意味着简单、抽象、统一，抹去了差别，消解了复杂。而个人视角、内部视角、微观视角，这些窥视世界的小孔，能帮助我们对抗知识标签化的宿命。

顺便说一个大话题：马克思的《共产党宣言》究竟在批判什么？

其实不只是贫穷、剥削和压迫。

《共产党宣言》一开始就承认，“资产阶级在它的不到一百年的阶级统治中所创造的生产力，比过去一切世代创造的全部生产力还要多，还要大。自然力的征服，机器的采用，化学在工业和农业中的应用，轮船的行驶，铁路的通行，电报的使用，整个大陆的开垦，河川的通航，仿佛用法术从地下呼唤出来的大量人口——过去哪一个世纪料想到在社会劳动里蕴藏有这样的生产力呢？”

在财富爆发的背景下，当时欧洲工人阶级的生活水平，至少不会比古罗马的奴隶、中世纪的农奴更差。所以，如果马克思只是在反对贫穷和压迫，他就不会有那么高的理论独创性。马克思真正批判的，是对完整人性的破坏。

> 资产阶级在它已经取得了统治的地方把一切封建的、宗法的和田园诗般的关系都破坏了。
>
> 它无情地斩断了把人们束缚于天然尊长的形形色色的封建羁绊，它使人和人之间除了赤裸裸的利害关系，除了冷酷无情的“现金交易”，就再也没有任何别的联系了。
>
> 它把宗教虔诚、骑士热忱、小市民伤感这些情感的神圣发作，淹没在利己主义打算的冰水之中。
>
> 它把人的尊严变成了交换价值，用一种没有良心的贸易自由代替了无数特许的和自力挣得的自由。
>
> 总而言之，它用公开的、无耻的、直接的、露骨的剥削代替了由宗教幻想和政治幻想掩盖着的剥削。
>
> 资产阶级抹去了一切向来受人尊崇和令人敬畏的职业的神圣光环。它把医生、律师、教士、诗人和学者变成了它出钱招雇的雇佣劳动者。
>
> 资产阶级撕下了罩在家庭关系上的温情脉脉的面纱，把这种关系变成了纯粹的金钱关系。
>
> ——〔德〕马克思、〔德〕恩格斯：《共产党宣言》

工业革命之前，一个农民带着全家人下地耕种，既是在工作，也是在生活。他不受严格的上下班时间和劳动纪律的约束，他能在田间地头和邻居打招呼、开玩笑，他能向孩子传授手艺，他能享受天伦之乐，他能在抬头擦拭汗水时看到庄稼长势喜人，因而感到荣耀。

而到了大工业生产时代，他得准点去上班，工作和生活场景分离了。在机器的轰鸣中，他只是在为钱工作。工作本身的意义消失了，人和人之间温情脉脉的关系也解体了。

批判现代化带来的一致性、简单化、僵硬的社会关系，关心人的全面发展，这是马克思著作中最动人的部分。

从马克思发表《共产党宣言》至今，将近两百年，这个命题并没有消散。对我们普通人来说，通过阅读来反抗世界简单化、标签化的趋势，也是一个可行的办法。回到具体的人，通过他的眼睛，看到真实的、复杂的、多维度的世界，这是阅读带来的机缘。

正如歌德所说："凡是赋予整个人类的一切，我都要在内心体味参详。"

书单 BOOKLIST

你会在这些书里窥见有趣的场景和细节：

“王鼎钧回忆录四部曲”

王鼎钧，生活·读书·新知·三联书店 2013 年版

《李宗仁回忆录》

唐德刚，广西师范大学出版社 2016 年版

《文学回忆录：1989—1994》

木心，上海三联书店 2020 年版

《无愁河的浪荡汉子：朱雀城》（全三册）

黄永玉，人民文学出版社 2013 年版

《我的前半生》

爱新觉罗·溥仪，北京联合出版公司 2018 年版

[他 顾]

LOOK AWAY

弱 水 三 千 ， 再 取 一 瓢

用选集对抗选集

到更大的池子里去

那些被刻意隐去的东西

头脑开放的人经常觉得有必要从对方的视角看待事物。

——〔美〕瑞·达利欧

怎么在信息爆炸中游刃有余？怎么在知识负担和求知渴望之间求得平衡？

上一章“窥视”提供了一种方法：借助某个特定人物的眼睛，窥见局部世界的原貌。本章介绍另一种方法：“他顾”。简单说就是，偶尔看看别处。

自古以来，人类就能熟练使用一种知识工具，叫“精选”。

孔子时代，信息爆炸就已经开始出现了。孔子能接触到的诗篇有三千多首。没办法，为了教学需要，他只好选，按照自己的标准精选出三百一十一篇，所以，《诗经》也称“诗三百”。中国的很多古典名著，比如《文选》《唐诗三百首》《古文观止》，都是这么一路选过来的。

没有这些选集，知识的原始体量太大，文化根本没办法传播。但问题是，虽然所有筛选者都拍着胸脯说，我在去芜存菁，但实际上，每个人都带着自己特定的价值观偏见和视野局限性。筛选过程中，很多东西被剪掉了。经过流传之后，选集留下来了，被剪掉的东西就再也看不见了。

比如，孔子为《诗经》选诗的标准是“思无邪”。想象一下，今天一个研究先秦文化的人，多么希望能看一眼那些被删掉的“邪”诗啊。这在某种程度上是文明的一大遗憾。作为读书人，我们脑中要有一线清明——再好的精选，都遮蔽了太多有价值的东西。

怎么办？总不能抛开选集，去看全集吧？

一个可行的办法是：在随队行军之外，允许自己出列散步。

用选集对抗选集

第一种对抗筛选的方法，是用选集对抗选集。

如果你对唐诗感兴趣，家长、老师大概率会建议你去读《唐诗三百首》。那《唐诗三百首》是谁选的呢？不是什么诗坛领袖，而是清朝乾隆年间的一位基层官员，蘅塘退士，孙洙。平心而论，《唐诗三百首》非常优秀，选编水平远超当时风行的另一个选本——《千家诗》。刊行之后，“几至家置一编”[1]，几乎每家都要买一本。

但即使是这样，遗憾也很多。比如，杜甫的巅峰之作《秋兴八首》，一首也没有选；李贺、罗隐这样大家的诗作，居然也没入选。

这就留下了很大的遗憾，也留下了后人指摘的空间。比如，清代的王闿运就说《春江花月夜》“孤篇横绝”，后人演绎成了“孤篇盖全唐”的说法。现代的闻一多也说这首《春江花月夜》是“诗中的诗，顶峰上的顶峰”“在这种诗面前，一切的赞叹是饶舌，几乎是渎亵”[2]。

他们之所以把话说得这么重，我揣测，是包含一点对《唐诗三百首》的责备意味的：这么好的诗你都没有选，我就偏要说这是最好的一首。

那怎么办？难道去读近五万首的《全唐诗》吗？其实不用。偶尔找一些其他选本来看一下就可以了。

我上中学的时候，语文老师就推荐了两个选本，一个是清朝沈德潜编的《唐诗别裁集》，选了一千九百多首，篇幅比《唐诗三百首》大一些，名作就很少有遗漏了；另一个是清朝王士祯编的《唐人万首绝句选》，专选绝句这一种体裁，大多浅显易懂。这两本书，让我看到了很多《唐诗三百首》之外的遗珠，眼界大开。

后来，我读《红楼梦》，看到“香菱学诗”那一段，林黛玉也有一个选本的建议。我很听林黛玉的话，又陆续买了这些书。它们跟随我辗转几十年，虽然多次搬家，也一直没舍得丢。

黛玉道：“你只听我说，你若真心要学，我这里有《王摩诘全集》，你且把他的五言律读一百首，细心揣摩透熟了，然后再读一二百首老杜的七言律，次再李青莲的七言绝句读一二百首。肚子里先有了这三个人作了底子，然后再把陶渊明、应玚、谢、阮、庾、鲍等人的一看。你又是一个极聪敏伶俐的人，不用一年的工夫，不愁不是诗翁了！”

香菱听了，笑道：“既这样，好姑娘，你就把这书给我拿出来，我带回去夜里念几首也是好的。”

——〔清〕曹雪芹：《红楼梦》

我还特别喜欢一个古代诗歌的选本，程千帆和沈祖棻先生的《古诗今选》。它也是我对抗《唐诗三百首》的利器，让我看到了古诗世界里一个个不一样的切面。

《古诗今选》中的作品不局限在唐诗，而是从汉魏六朝一直选到了宋朝。不仅选好诗，也选一些不算好，但是有独特价值的诗。

乌夜啼 其一

庾信

促柱繁弦非《子夜》，歌声舞态异《前溪》。
御史府中何处宿？洛阳城头那得栖。
弹琴蜀郡卓家女，织锦秦川窦氏妻。
讵不自惊长泪落，到头啼乌恒夜啼。

解读：这首诗形象不够集中，不能算是一篇好作品。但它却是七言律诗化过程中的产物，也可以说是一篇七言新变体。它证明：在五言诗开始律化不久，诗人们也就注意到七言诗的律化并从事实践。就这一点来说，它是重要的。

——程千帆、沈祖棻注评：《古诗今选》

优秀的选集，是文化的丰碑。但是一块碑立起来了，后人就总会向它发起挑战，另起山头，再搞一些选集。它们换篇幅、换角度、换体裁、换范围、换标准，处处体现出挑战者的文化雄心。

比如金圣叹。今天我们知道，金圣叹是清初的文学批评家。但当年哪有这个社会分工？他的实际身份是一个出版商。

才华横溢的金圣叹要刷存在感，能怎么做？他的办法是，自己开创一个排行榜，一挥手，排出了所谓的“六大才子书”。

“六大才子书”里，既有符合传统标准的《庄子》、《离骚》、《史记》、杜甫律诗，也有令人意想不到的《水浒传》和《西厢记》。

《水浒传》是小说，当时就已被士大夫看不起。《西厢记》就更是俚俗不堪的戏文。但你看金圣叹是怎么夸它的：“《西厢记》不同小可，乃是天地妙文。”

> **有人来说《西厢记》是淫书，此人后日定堕拔舌地狱。何也？《西厢记》不同小可，乃是天地妙文。自从有此天地，他中间便定然有此妙文，不是何人做得出来，是他天地直会自己劈空结撰而出。若定要说是一个人做出来，圣叹便说此一个人即是天地现身。**
>
> **《西厢记》断断不是淫书，断断是妙文。今后若有人说是妙文，有人说是淫书，圣叹都不与做理会。文者见之谓之文，淫者见之谓之淫耳。**
>
> **——〔元〕王实甫：《金圣叹评点西厢记》（〔清〕金圣叹评点）**

从这段文字中，你能读出金圣叹那种和传统较劲儿的发狠心态。你们说是淫书，我偏要说它是妙文。多年之后，我们当然可以说这是强词夺理，是一个出版商的广告策略，但金圣叹的努力确实修正了中国传统经典的筛选标准。从此，小说、曲词这些文体渐渐登上了大雅之堂。

跳出一种“选集”，旁及其他“选集”，不仅是多读了一些书，更能打破原先的视野局限。

到更大的池子里去

第二种对抗筛选的方法，是到更大的池子里去。

古人说，“弱水三千，只取一瓢饮”。这句话还能反过来理解：即便只饮一瓢，那也得是从弱水三千的全局里取出来的。否则，我们有可能茫然不知究竟发生了什么。

我当年读《古文观止》的时候，看到苏轼的《留侯论》《贾谊论》，苏辙的《六国论》，知道是千古名文，哪里敢不敬？但是我从来没有想过一个问题：为什么苏轼、苏辙兄弟要写这种文章？

后来才知道，苏轼何止写过这几篇，类似题材的论文，他整整齐齐地写过一大套，总共50篇。

> 《中庸论上》《中庸论中》《中庸论下》《大臣论上》《大臣论下》《秦始皇帝论》《汉高帝论》《魏武帝论》《伊尹论》《周公论》《管仲论》《孙武论上》《孙武论下》《子思论》《孟轲论》《乐毅论》《荀卿论》《韩非论》《留侯论》《贾谊论》《晁错论》《霍光论》《扬雄论》《诸葛亮论》《韩愈论》《策略一》《策略二》《策略三》《策略四》《策略五》《策断一》《策断二》《策断三》《策别 / 课百官 / 厉法禁》《策别 / 课百官 / 抑侥幸》《策别 / 课百官 / 决壅蔽》《策别 / 课百官 / 专任使》《策别 / 课百官 / 无责难》《策别 / 课百官 / 无沮善》《策别 / 安万民 / 敦教化》《策别 / 安万民 / 劝亲睦》《策别 / 安万民 / 均户口》《策别 / 安万民 / 较赋役》《策别 / 安万民 / 教战守》《策别 / 安万民 / 去奸民》《策别 / 厚货财 / 省费用》《策别 / 厚货财 / 定军制》《策别 / 训兵旅 / 蓄材用》《策别 / 训兵旅 / 练军实》《策

别 / 训兵旅 / 倡勇敢》

——曾枣庄、舒大刚主编：《苏东坡全集》

苏辙也写过50篇，像《夏论》《商论》《周论》《六国论》《秦论》《汉论》《三国论》，等等。也是这样排布整齐。后来又发现，宋朝历史上，张方平、李觏、陈舜俞、李清臣、秦观，也都写过这样整齐的论文，也都是50篇。

这就奇怪了。中国文人，通常很少写这种大结构谨严的著作。为什么在宋朝突然涌现出来这么多？

后来读到朱刚老师的《苏轼十讲》，才算是解开了我这个疑惑。

原来，宋朝有一个独特的考试，叫“制科”考试。其中有个科，叫“贤良方正能直言极谏科”，报考的前提是，每人必须写“进卷”，也就是先交50篇论文，才能进入下一轮考评。苏轼、苏辙兄弟为了这次考试，在开封的郊区租了房子，闭关写了一整年，最后才交出了50篇。

原来，这不是“创作”，而是“作业”。难怪这么整齐。为了赢得考官的好感，其中有很多故作惊人之语的地方，也就难免了。

原来，苏轼、苏辙兄弟是在一起写作的，那就不可能不互相商量。所以很难说哪篇是哪位的观点。如果想依据文本的字面意思去认定什么是“苏轼的历史观”，你就要万分小心了。

你发现了吗？在这个追索的过程中，我其实并没看那50篇论文。对，如果不是专业研究者，我们其实无须细看。我们只要拥有这样一个全局视角，瞬间就能明白很多事。

跳出选集，到更大的池子里去，还有一个好处，就是能让我们看到更多被遗忘，但是很有价值的个体。

举个例子。南宋有一位诗人，叫杨万里。本来，诗歌到了宋朝，就已经走下坡路了，更何况是南宋。而杨万里即使在南宋，也不算特别出众，至少比陆游名气小多了。所以，他一生写过两万多首诗，留下来四千二百多首，而我们真正熟悉的，只有两句：“小荷才露尖尖角，早有蜻蜓立上头”“接天莲叶无穷碧，映日荷花别样红”。日常景致而已，好像也没有很惊艳。

但是，有一次我偶然看到周汝昌先生的研究[3]，原来，杨万里竟是个开宗立派的人物。杨万里，字诚斋，他写的这种诗体就叫“诚斋体”，以活泼、风趣、平易见长。在杨万里的诗文合集《诚斋集》里，这样的诗随处可见：

重九后二日同徐克章登万花川谷月下传觞

老夫渴急月更急，酒落杯中月先入。
领取青天并入来，和月和天都蘸湿。
天既爱酒自古传，月不解饮真浪言。
举杯将月一口吞，举头见月犹在天。
老夫大笑问客道：月是一团还两团？
酒入诗肠风火发，月入诗肠冰雪泼。
一杯未尽诗已成，诵诗向天天亦惊。
焉知万古一骸骨，酌酒更吞一团月。

插秧歌

田夫抛秧田妇接，小儿拔秧大儿插。
笠是兜鍪蓑是甲，雨从头上湿到胛。
唤渠朝餐歇半霎，低头折腰只不答。
“秧根未牢莳未匝，照管鹅儿与雏鸭”。
——〔宋〕杨万里：《诚斋集》

前一首写的是诗人和月亮之间的玩闹；后一首则记录了插秧时一户农家家人之间的对话。

这种诗，用的是文言，但又夹杂了大量口语，肯定不符合传统诗歌的审美标准。但那种活泼的趣味，在中国文学史上竟然是独此一家。用钱锺书的话说，杨万里简直就是一位会抓拍现场的摄影记者：“诚斋则如摄影之快镜，兔起鹘落，鸢飞鱼跃，稍纵即逝而及其未逝，转瞬即改而当其未改，眼明手捷，踪矢蹑风，此诚斋之所独也。”[4]

后来，我在电视台工作的时候，又反复玩味过杨万里的诗，为的是找到那种活泼的“镜头感”，帮助我理解电视业务，收获不小。好险啊。如果没有当年的胡乱瞎逛，看到选集之外的人物、标准之外的异数，我就差点错过了杨万里。

在外国文学领域，其实也一样。

最知名的外国文学作品，应该就是“诺贝尔文学奖得主的作品”了吧？

但是请看下面这张名单：托尔斯泰、卡夫卡、乔伊斯、卡尔维诺、博尔赫斯、易卜生、契诃夫、普鲁斯特、哈代、劳伦斯。他们有一个共同的身份：大文豪，但是都没有得过诺贝尔文学奖。不跳出众望所归的“精选”，到更大的池子里看一眼，我们会错过多少好东西？

其中的卡尔维诺值得拿出来单独说说。

他应该算是意大利历史上，继但丁之后最著名的作家了。1985年，他获得了诺贝尔文学奖的提名，但是因为突发脑溢血去世，最终错失该奖。

我翻过卡尔维诺最著名的代表作《分成两半的子爵》，坦率地说，我没看出来什么妙处。中国作家陈村有句话：“卡尔维诺的书是写给智力过剩的读者看的。”[5] 看来我还不够格。

但是有一次，我偶然翻到了卡尔维诺整理的《卡尔维诺意大利童话故事》，因为简单浅白，就顺流而下地读了几段，脑子里不禁蹦出了一个问题：为什么卡尔维诺要花两年多的时间，搜集整理全套的意大利民间童话？是因为他想要弘扬民族文化，还是因为他特别喜欢孩子？后来经朋友指点，我才发现卡尔维诺早已给出了答案。

> 如果说在我写作生涯的某个时期曾被民间故事和童话故事吸引的话，那也不是因为我忠于某个民族传统（要知道，我扎根于一个完全现代和都市化的意大利），也不是因为我缅怀童年的阅读（在我们家里，小孩只可以读教育性的书籍，尤其是有一定科学根据的书籍），而是因为我对风格和结构感兴趣，对故事的简洁、节奏和条理分明感兴趣。
>
> 我在改写上世纪的学者整理的意大利民间故事时，最享受的是读到极其精练的原文。我试图传达这种精炼，既尊重原作的简明，同时试图获取最大程度的叙述力量。
>
> ——〔意〕伊塔洛·卡尔维诺：《新千年文学备忘录》

原来，童话只是卡尔维诺训练自己简练文风的工具。

这个过程给了两点启发：第一，不要只读一个人所谓的“代表作”，否则会错过很多，随机漫步似的闲逛，能发现更有意思的风景；第二，真正厉害的人，会通过穷尽一个领域来重塑自我。

“穷尽”这个词，听起来可怕，但是如果细细算账，会发现很划算。

历史学家黄仁宇是半路出家。他早年从军，后来转行当学者，46岁才拿到历史学博士学位。这样的人，怎么能在历史学界后来居上呢？

他做了一件让很多人望而生畏的事：把《明实录》通读一遍。《明实录》是明朝原始史料的富矿，但是篇幅实在太大了：13部，2911卷，1600多万字。即使是专业学者，看到这几个数字，可能也就放弃了。黄仁宇做了个规划，每天必须读50页，用5年多的时间，全部读完。这样的读法，当然是浮光掠影，能留下多少印象，不好说，更不用说全部记住了。

但自此以后，黄仁宇就成了历史学界唯一通读过《明实录》的人。别人是在池塘里泡过水，他可是在大海里游过泳，对史料的感觉当然远超他人。带着这样的底气行走学术江湖，谁也不怕。

我们来算算账：5年时间，每天读50页，听起来是一项很繁重的工作。但是5年，其实就是一些专业硕士加博士的就读时间，利用起来，练就一门可以吃一辈子的本领，是不是很划算？

同样下过类似笨功夫的人，还有明史学家吴晗。他1931年入学清华，从第二年开始，每个周末都去北京图书馆抄录《朝鲜李朝实录》中的史料，风雨无阻，坚持了四年。到1936年，他抄满了80

个本子，写成了一部书，叫《朝鲜李朝实录中的中国史料》。皇皇12册，300多万字。这本书里其实没有什么别的内容，就如书名所说，是抄录了相关的史料。

但是你想，一个大学本科生，毕业的时候，就有这么一部大作打底，学术界的人谁敢小瞧？所以，吴晗在明史界，算是“出道即巅峰”。这四年时间，花得值不值？

到大海中去，收获极大，付出其实有限。

那些被刻意隐去的东西

对抗知识的拣选，我们还有一个办法，就是去“翻垃圾箱”。

在做各种“选集”的过程中，有些东西是被刻意删除的。因为它们不符合当时的道德观。

一株果树，如果你只想品尝果子的味道，那当然只需要留下那些光鲜的果实。但是如果你对这棵树的成长过程感兴趣，看不到那些被丢掉的残枝败叶、歪瓜裂枣，就很可惜了。

比如，一说起童话，我们想到的都是童趣、善良、美好，小红帽、白雪公主、灰姑娘、睡美人。但如果看到它们最初的样子，你可能会被吓一跳。来看一段《小红帽》故事的早期版本。

> 这时狼人已经先抵达外婆家杀了外婆，将一些尸肉存放在食橱里，并将装其血液的瓶子放在架子上。小女孩抵达时敲门。
>
> “门只要一推，就会开了，”狼人说，“大门只是用湿稻草绑住而已。”

> “嗨，外婆，我带了热面包和牛奶给你。”
>
> “将它放在食橱里。橱子里的肉拿去吃，架子上那瓶酒也拿去喝吧！”
>
> 等她吃这肉时，一只小猫说：“她是个龌龊的女孩，居然吃外婆的肉，喝外婆的血！”
>
> “把衣服脱下来，我的孩子。”狼人说，“然后到我床上来躺在我旁边。”
>
> “我的围裙要放哪里？”
>
> “把它丢进火堆里，你再也不需要这条围裙。”
>
> 她继续一一询问，外套、紧身内衣、洋装、裙子和袜子要放哪里？狼人的回答都是：“把它丢进火堆里，你再也不需要这东西。”
>
> ——转引自〔美〕凯瑟琳 · 奥兰丝汀：《百变小红帽》

小红帽吃了真外婆的肉，上了狼外婆的床，最后被吃掉了。这样的“童话”怎么能讲给孩子听？太残忍、血腥、色情了。

可是你想，这些童话可是诞生在中世纪晚期的欧洲。当时没有节育措施，孩子一生一大堆，生活物资又匮乏，大人没有对孩子的耐心。你如果看过尼尔 · 波兹曼（Neil Postman）的《童年的消逝》这本书，还会知道，“童年”这个概念是很晚近才诞生的。早年间，孩子只被看成没有长大的需要管教的人。所以，当时大人给孩子讲故事的主要目的，是吓唬他们，让他们不敢乱说乱动。

这些童话，其实不是给今天的孩子准备的“儿童睡前故事”。到了19世纪，经过德国格林兄弟等人的改写，它们才变成了今天的样子。

中国文化中这种现象也很多。

《金瓶梅》《肉蒲团》就不用说了。有些书，名字看上去一本正经，但里面另有乾坤。比如有一本《明清民歌时调集》，尤其其中的一卷《夹竹桃顶针千家诗山歌》，是正式出版物，但翻开一看，古人的尺度，会让你大吃一惊的。恕我在此就不举例了。

残忍也好，色情也罢，如果彻底看不到了，我们错过的可不只是一些糟糕的童话和恶俗的小调儿，而是一段人类精神史的原生面貌。

"原生"二字是如此可贵。

我问过一位建筑师，为什么现在流行把一些破败的工厂改建成产业园区，彻底推倒重建不好吗？新建筑既美观又好用，没准儿面积还更大，也多花不了多少钱。

那位建筑师说："那损失就太大了。一个工厂，别看它破，它的格局是很多年慢慢演化出来的。这里一栋小楼，那里一个车间，看起来布局乱糟糟的，但那是长年在里面工作的人，通过丰富的互动构建出来的。它有原生的合理性。它是符合人性的。虽然我们并不知道它为什么合理，但今天的一个建筑师想在一块空地上把这种原生合理性'设计'出来，那是万万办不到的。保护老旧建筑，实际上保护的是人的互动关系。"

这段话对我触动很大。看起来不错的新格局，一定暗中毁坏了一些原生合理性。

好在，在知识的世界里，我们可以通过阅读，找到一条回去的路。

书单 BOOKLIST

你可以用这些书对抗过去人们对知识的拣选：

《卡尔维诺意大利童话故事》
〔意〕伊塔洛·卡尔维诺编，毛蒙莎、彭倩译，上海人民美术出版社 2021 年版

《毛泽东文集》（全八卷）
中共中央文献研究室编，人民出版社 1993 年版

《鲁迅选集》
鲁迅著，林贤治评注，广西师范大学出版社 2018 年版

《雅舍小品》
梁实秋，四川人民出版社 2017 年版

《汪曾祺全集》
汪曾祺，人民文学出版社 2019 年版

[意　义 SIGNIFICANCE]

Something Bigger than Yourself

意义想象

历史先例

人格模板

聪明人把自己的生活变得单调，以便使最小的事都富有伟大意义。

——〔葡〕费尔南多·佩索阿

意义想象

经常有人激励我们：要过有意义的生活。

这句话其实把“意义”的价值看小了。追求意义是所有人的本能，而不是什么灵魂高尚的人的专利。社会学家马克斯·韦伯（Max Weber）就说：“人是悬挂在自我编织的意义之网上的动物。”

《三国演义》里面有一个著名的情节：“周瑜打黄盖，一个愿打一个愿挨。”黄盖为什么愿意挨打？为了快乐？为了财富和权势？都不是。你会发现，把一个人孤零零地拿出来，分析他的行为动机，其实没有什么解释力。但即使是不了解前因后果的人，看到这个场面也能知道：黄盖一定是把自己放到了一件更大的事情里面，而这件事让他当下受的这番皮肉之苦有了意义。

古希腊神话中，西西弗斯因为得罪了众神，被罚将石头推上山顶。但每到山顶之前，石头都会重新滚下来，然后他只能再推，再滚，如此循环往复，昼夜不停。更糟的是，西西弗斯还永生不死，推石上山会永无止境地进行下去。在众神看来，这种彻底无意义的劳作，是最严厉的惩罚。

我曾经想过，如果我是西西弗斯，我会怎么办？

既然这个惩罚的本质就是剥夺意义，那我把这个意义重新想象回来，是不是就可以了？比如，我可以给自己一个设定：每推一次石头上山，我都是在为人间一个生病的孩子祈愿。每推十次，我就在身边的岩石上刻一道印记。每次经过这块岩石的时候，我都会有一点点小骄傲：看，我拯救了多少孩子。如果有人路过，我会求他把我在此处的努力告诉人间，传扬我的事迹。如果没有人路过，我就永远等待他的到来。如果永远没有人到来，我就努力把印记刻满整个山坡。

我一边这样做，一边会在心里嘲笑众神：表面看起来，我和以前一样劳累，但是他们不知道我已经脱离苦海。众神击中了人类的终极软肋，但他们封不死人类靠意义想象来治愈自己的路。

> 人们总会一次又一次地找回自己的负担。西西弗斯告诫我们，还有更高的忠实，它可以否定神灵，举起巨石。他最终也发现，一切安好。从此，这个没有主人的宇宙在他看来，既不贫瘠，也非无用。那块石头的每一颗微粒，那座夜色笼罩的山上的每一片矿石，本身都是一个世界。迈向高处的挣扎足够填充一个人的心灵。人们应当想象西西弗斯是快乐的。
>
> ——〔法〕阿尔贝·加缪：《西西弗斯神话》

意义，没有那么玄虚，不过是找到一个比自己更大的东西，"something bigger than yourself"，然后把自己放进去。

最为丰沛的意义之源，当然就是阅读。

历史先例

找到比自己更大的东西，不是指找那些"大词儿"，而是重新定义自己生活的舞台。

我们生活在何处？是这幢房子？这片街区？这座城市？这个国家？这个文明？还是这个蓝色星球？答案不同，人的意义感也就不同。

但问题是：舞台越大，我们的肉身就越不能抵达。这时候，只能靠阅读来填补想象。

南宋大诗人陆游，最著名的诗是："王师北定中原日，家祭无忘告乃翁。"爱国诗人，临终不忘收复北方失地，好像很正常。但细想一下，这其实是一个意义的奇迹。

陆游生于宋徽宗年间，小时候北宋就已经灭亡，他随全家逃到南方。所以，他对中原地区的认知，大部分一定来自阅读。

还有这些诗句："僵卧孤村不自哀，尚思为国戍轮台""更呼斗酒作长歌，要遣天山健儿唱""雪上急追奔马迹，官军夜半入辽阳""此生谁料，心在天山，身老沧州"。这里面提到的轮台、天山、辽阳、沧州，在安史之乱之后，就陆续被中原王朝丢了。到陆游那个时代，已经过去了 400 多年。

400 多年是什么概念？英国人丢掉北美殖民地，至今不过 200 多年。今天英国国内，还会有人对此念念不忘，想要征服美国，重建大英帝国吗？有哪个英国贵族会在临终前叮嘱子孙“王师收复北美日，家祭无忘告乃翁”呢？

而陆游，从来没有去过这些地方。相隔 400 多年，他只靠阅读，就能把自己和那么遥远的地方、那么漫长的传统对接起来，完成对“更大的自己”的融入。这当然是一个意义奇迹。

一个典型的中国士大夫，每次登高，都会感觉五百里奔来眼底，数千年注到心头，这就是中国文化薪尽火传、绵绵不绝的力量。

> 五百里滇池，奔来眼底。披襟岸帻，喜茫茫空阔无边！看：东骧神骏，西翥灵仪，北走蜿蜒，南翔缟素。高人韵士，何妨选胜登临，趁蟹屿螺洲，梳裹就风鬟雾鬓；更苹天苇地，点缀些翠羽丹霞。莫辜负：四围香稻，万顷晴沙，九夏芙蓉，三春杨柳。
>
> 数千年往事，注到心头。把酒凌虚，叹滚滚英雄谁在？想：汉习楼船，唐标铁柱，宋挥玉斧，元跨革囊。伟烈丰功，费尽移山心力，尽珠帘画栋，卷不及暮雨朝云；便断碣残碑，都付与苍烟落照。只赢得：几杵疏钟，半江渔火，两行秋雁，一枕清霜。
>
> ——〔清〕孙髯翁：大观楼长联

这种力量，不是把那些往圣先贤的事迹放在书里供人展读，就会自动起作用的。

它们有两种作用机制：一种是“历史先例”，一种是“人格模板”。

所谓“先例”，就是先人做成过一件事，后人读到了，知道自己在类似的条件下也能做到。所谓“模板”，就是有人这么活过，活得还不错，后人知道自己也可以这么活。

汉武帝就为中国人创造了一个宝贵的“先例”。

汉朝初建的时候，深受匈奴之苦。高祖刘邦甚至在白登山被匈奴大军围困了七天七夜，差点身亡。到了汉武帝时，他整军经武，先后派卫青、霍去病北击匈奴。这场仗，从元光二年（前 133 年）一直打到了元狩四年（前 119 年），前后十几年，打得匈奴远遁，“幕（漠）南无王庭”[1]。

如果站在当时来看，这场战争的成果其实非常有限。不到十年，匈奴又卷土重来。到了东汉，窦固、窦宪还要再打一遍。对于中原王朝来说，北方蛮族的威胁，其实一直也没能彻底解决。此外，汉武帝这十几年战争，打光了汉初以来国家的积蓄，搞得民穷财尽。所以，“边庭流血成海水，武皇开边意未已”成为帝王穷兵黩武、不恤民生的象征。

但是，这场反击匈奴的战争其实自有价值。

汉武帝发起战争的真正价值，是为后来的中华子孙创立了一个“历史先例”：无论实力看起来多么悬殊，农耕民族总是有机会彻底击败入侵的蛮族。

一旦这个先例立在这里，后人得到的信息就是：因为我们赢过，所以不存在能不能赢的问题，只存在用什么方法、花多长时间去赢的问题。

从范仲淹的“浊酒一杯家万里，燕然未勒归无计”，到岳飞的

“壮志饥餐胡虏肉，笑谈渴饮匈奴血”，支撑中原人死磕精神的，其实都包括汉武帝那场胜利带来的底气。即使到了国破家亡的境地，也没有关系，中原人自信总有机会东山再起。朱元璋反抗元朝的口号是：“驱除胡虏，恢复中华。”几百年后，它居然只改了一个字就成了革命党人反抗满清的口号：“驱除鞑虏，恢复中华。”

1937年清明节，抗日战争全面爆发前夕，国共两党祭黄帝陵时，共产党的祭文还是在引用霍去病的那句豪言：“匈奴未灭，何以家为？”

赫赫始祖，吾华肇造；胄衍祀绵，岳峨河浩。聪明睿智，光被遐荒；建此伟业，雄立东方。

世变沧桑，中更蹉跌；越数千年，强邻蔑德。琉台不守，三韩为墟；辽海燕冀，汉奸何多。

以地事敌，敌欲岂足；人执笞绳，我为奴辱。懿维我祖，命世之英；涿鹿奋战，区宇以宁。

岂其苗裔，不武如斯；泱泱大国，让其沦胥。东等不才，剑屦俱奋；万里崎岖，为国效命。

频年苦斗，备历险夷；匈奴未灭，何以家为？各党各界，团结坚固；不论军民，不分贫富。

民族阵线，救国良方；四万万众，坚决抵抗。民主共和，改革内政；亿兆一心，战则必胜。

还我河山，卫我国权；此物此志，永矢勿谖。经武整军，昭告列祖；实鉴临之，皇天后土。

尚飨！

——毛泽东：《祭黄帝陵》

我们再回头看看和汉帝国同期的罗马帝国。

罗马帝国同样面对着北方蛮族的骚扰。纠缠了几百年之后，公元 476 年，西罗马帝国还是被日耳曼人灭国了，从此再也没有凝聚起来。

虽然“罗马”这个名字留下来了，西欧的“神圣罗马帝国”和沙皇俄国，都自称延续了罗马帝国的法统，但是它们都知道，那个真正的罗马再也回不来了。伏尔泰就曾经嘲笑“神圣罗马帝国”，说它既不“神圣”，也非“罗马”，更非“帝国”。

虽说历史不能假设，但我们不妨做一个思想实验：如果当年的罗马帝国，曾经有过一次针对北方蛮族的彻底胜利，后来的历史会不会不一样？有了先例，后来的罗马人就能知道，用什么组织形态做内部动员，用什么战术决胜沙场，用什么进军路线提高胜率，用什么将领统率大军，用什么口号凝聚人心，用什么酒宴欢庆胜利。

这些办法一旦写在了书里，就可以被后人看到。历史先例像种子一样埋藏在地下，一旦时机合适，就会破土而出，萌发勃勃生机。

人格模板

文明，是通过“历史先例”获得意义；个人，则是通过“人格模板”获得意义。

“人格模板”的力量到底有多大？

举个例子。假设我是一个生活在东汉时期的士大夫，在当时社会，我能看到的人格模板，就只有那么几个：要么成为朝廷的显官，要么成为地方的豪族，要么成为学术上的大宗师。

如果我对自己有很高的期许，而这三条路都走不上，那就是人生失败。如果我在官场上被欺负，只好回家种田，穷困潦倒一辈子，儿子还不争气，我对自己的评价是不是就跌到了谷底？

但是，到了东晋时期，居然出现了这么一个人。

公元 405 年 11 月，一个小县令辞官不做，回家种田了。回家的路上，他写了一篇文章，叫《归去来兮辞》。他就是陶渊明，那一年 40 岁。然后，他用余生 20 多年的时间，种田、写诗、受穷，承受儿子没出息的痛苦，最终像一个普通人那样去世了。

责子

白发被两鬓，肌肤不复实。
虽有五男儿，总不好纸笔。
阿舒已二八，懒惰故无匹。
阿宣行志学，而不爱文术。
雍端年十三，不识六与七。
通子垂九龄，但觅梨与栗。
天运苟如此，且进杯中物。

——〔晋〕陶渊明：《陶渊明集》

只要稍微拉开一点历史视野，我们就知道，陶渊明最后 20 多年的生活，意义重大，对后人的价值几乎超过了同时代发生的所有事。

因为有了陶渊明，后世所有失意的中国人，不管是被动失意的，还是主动辞官不做的，当心里烦闷的时候，都可以来到陶渊明这个名字旁边坐下，和他聊几句，听他说“采菊东篱下，悠然见南山”，或者是“归去来兮，田园将芜胡不归”。从此，我们中国人就知道了，人在飞黄腾达之外，还可以有另一个努力的方向：拼尽全身力气，和山川田园融为一体，度过普通而有真趣的一生。

所以，宋朝的欧阳修说：“晋无文章，惟渊明《归去来兮辞》一篇而已。”[2]

陶渊明只是其中很小的一个例子。我们绝大多数阅读，其实都是在收集这样的人格模板。心中存着它们，无论遇到怎样的挑战，我们都不会感到孤独。

孔子奔走一生，不得重用，他内心孤独吗？不孤独，因为他可以经常梦见 500 年前的周公。

司马迁受尽摧残，悲愤作书，他内心孤独吗？不孤独，因为 300 多年前有个叫左丘明的人写了《左传》，给他指明了道路。

一个人格模板，就是一套行为和处世的模式，也是一个由志同道合者组成的共同体。这个共同体没有时间、空间的约束。加入了它，我们脆弱、短促的生命就加入了一个无穷增值的进程，不论我们的生命处在什么样的状态，都可以在那里收获意义，汲取力量。

王志纲老师早年是新华社记者，1994 年下海，给城市和企业做了很多精彩的战略策划。有一次，我跟他聊起在贵州龙场悟道的王阳明。龙场，在贵州修文县。而王志纲的老家就在隔壁的县。

王志纲说，王阳明对我的影响，其实不仅在于他的“心学”理论，更在于三个字：够得着。

对一个贵州山里的孩子来说，北京、上海太远，够不着。他无法想象自己能在那样的大城市里有什么建树。但发现大名鼎鼎的王阳明曾在隔壁县待过，最重要的悟道时刻也发生在那里，那一切就不一样了。

王志纲说，他这辈子做事的底气，就来自500年前的王阳明。“我跟他吃同样的饭，喝同样的水，在同样的边陲，忍受同样的瘴疠之气，我读到他的书，看到他能取得那么高的成就，我又有什么不能呢？我够得着啊。”

“够得着”这三个字太奇妙了。

在我们中国，那么长的历史里，哪县哪乡没有出过几位历史名人？只要肯阅读，谁都不缺自己“够得着”的人格模板。

我出生在安徽芜湖，长三角的一个三线城市。我也有大量“够得着”的人。

如果要当文人，我知道我够得着汤显祖，他当年在芜湖写过《牡丹亭》，我会去看他的文集。

如果要当公务员，我知道党的创始人陈独秀在我的中学母校当过老师，我就去读陈独秀的文选。

如果要创业，我知道年广九就在我家旁边的那条街上卖过“傻子瓜子”，我会对记录改革开放之初那段历史的书尤其留意。

我的搭档脱不花，总是嫌弃自己字写得不好看。我说还行啊。她说：“别忘了，我的老家是山东省临沂市，古称琅琊，那可是王羲之的故乡。”1700多年都过去了，临沂仍然有家家户户培养小孩子练书法的风气。在她的观念里，一个临沂人写字不好看是很丢人的。

相隔1700年，还是“够得着”。

很多人自小生活在一个地方，听过闹市里的人声，看过街上的店铺，但如果没有翻过地方志，没有找过书本里乡贤的遗迹，那就错过了太多宝藏。

苏轼曾经被贬官到海南，从此就终结了海南没有进士的历史。海南在有宋一代出了13个进士。第一个进士就是苏轼在当地教的学生。

有人可能会说，这是苏轼在当地教书育人的结果。但苏轼在海南前前后后也就待了两年时间，仅凭教育，哪里能有这么立竿见影的效果？

也许，仍然是因为“够得着”。海南原来的读书人，隔着茫茫海峡，远眺东京汴梁，那是山长水远。此地从来没有出过进士，凭什么我就能呢？而苏轼这一来，读书人们一看：哦，这么个普普通通的老人家，原来就是苏轼啊。他在给我们讲书的时候亲口说过，我们不比其他地方的读书人差啊。信心一立，海南就开始出进士了，而且文脉再无中断。

韩愈和潮州的关系也是这样。

韩愈被贬官到潮州，在这里做了很多事：办学校，治水患，驱鳄鱼，引进良种，推广标准话，等等。当然，每件事情都做得不够深，因为他在潮州只待了不到八个月的时间。

但是奇迹发生了。韩愈之前，潮州只出过进士3名；韩愈之后，到南宋时，登第进士就达172名。直到现在，潮州还到处都是韩愈的遗迹。所以，赵朴初先生说，韩愈“不虚南谪八千里，赢得江山都姓韩”。

今天在海南、潮州的高考生，了解了这段历史，翻开苏轼和韩愈的诗文，看到的怎么会仅仅是诗文？其中一定还有前辈乡贤的加持啊。

文化传播，不只是一份知识从这里拷贝到那里的过程，还是一根根人格火炬彼此点燃、薪尽火传的过程。这样的人走到哪里，就点化哪里，哪里的人就“够得着”那架登天之梯。即使只是让当地人做了一个虚幻的梦，梦醒之后，他们也永远不是原来的自己了。

某甲说要去森林里找仙女或独角兽，某乙说要去森林里采蘑菇或猎鹿，听起来似乎某甲就是活命机会渺茫。

然而，“虚构”这件事的重点不只在于让人类能够拥有想象，更重要的是可以“一起”想象，编织出种种共同的虚构故事，不管是《圣经》的《创世记》、澳大利亚原住民的“梦世记”(Dreamtime)，甚至连现代所谓的国家其实也是种想象。

这样的虚构故事赋予智人前所未有的能力，让我们得以集结大批人力、灵活合作。虽然一群蚂蚁和蜜蜂也会合作，但方式死板，而且其实只限近亲。至于狼或黑猩猩的合作方式，虽然已经比蚂蚁灵活许多，但仍然只能和少数其他十分熟悉的个体合作。

智人的合作则是不仅灵活，而且能和无数陌生人合作。正因如此，才会是智人统治世界，蚂蚁只能吃我们的剩饭，而黑猩猩则被关在动物园和实验室里。

——〔以〕尤瓦尔·赫拉利：《人类简史》

一个爱阅读的人，有两种方式从书籍中获益。

一种是学习书中的知识，再把知识转化为现实世界的竞争力；另一种是通过感知历史先例和人格模板，获取意义资源，把自己融入更大的共同体中，找到同盟军，从而获得力量。

有一次，我遇到一个台湾人。我问了他一个敏感的问题："你觉得自己是中国人吗？"他的回答很有趣："只要读过《唐诗三百首》《荷塘月色》的，都是中国人。"

写《唐诗三百首》《荷塘月色》的人虽然都故去了，但我们仍然有能力想象他们的音容笑貌，受惠于他们的精神感召，并因此相视一笑，彼此相认。

书单 BOOKLIST

你可以在这些书中挖掘丰沛的意义之源：

《中年的意义》

〔意〕大卫·班布里基，周沛郁译，北京联合出版公司 2018 年版

《最好的告别》

〔美〕阿图·葛文德，彭小华译，浙江人民出版社 2015 年版

《经典里的中国》（全十册）

杨照，广西师范大学出版社 2016 年版

《此心光明，万事可成》

侯文凯，民主与建设出版社 2021 年版

《老子的帮助》

王蒙，北京联合出版公司 2017 年版

[行　动 ACTION]

原来还能这么干

极致行动

关键指令

无畏布施

应当仔细地观察，为的是理解；应当努力地理解，为的是行动。

——〔法〕罗曼·罗兰

极致行动

书籍总是能带我们去遥远的地方旅行。别人的行动，也是我们的旅行目的地。

司马迁当年读孔子留下来的书，说自己："余读孔氏书，想见其为人"，"虽不能至，然心乡往之"[1]——我越是读孔子的书，就越觉得他做人做事的方法历历在目。我虽然做不到，但是我很向往啊。

我们普通人，意志有限、资源有限、禀赋有限，所以行动能力也有限。但通过阅读，我们能够看到那些超凡的人是怎么度过此生的。

先要强调：看到他人的行动方案，并不意味着我们一定要照着做。非常之人有非常之行。很多时候，看看就好。

当年我读李佩甫的小说《城的灯》，就被其中一个"行动"惊到了。

> 首长们白天一天都在看训练，到了晚饭后，才开始听营里的汇报。不料，营长的汇报刚开了个头，突然就停电了，会议室里一团漆黑！这像是上苍赐给他的一个机会，就在两三秒钟之间，只听“嚓”的一声，文书冯家昌划着了第一根火柴，接着他随手从兜里掏出了一个蜡头，点着后放在了廖副参谋长的面前；尔后，他又掏出了第二个蜡头，点着后放在了团长的面前；第三个蜡头，放在了桌子的中间……再后，他从容不迫地退出了会议室，大约一分钟之后，两盏雪亮的汽灯放在了会议桌上！
>
> 营长汇报完工作的时候，一屋人都在静静地等待着廖副参谋长的指示，可廖副参谋长什么也没有说，他就那么昂昂地坐着，片刻，他突然伸手一指：“喂，小鬼，你叫什么名字？”
>
> 冯家昌精神抖擞地站起身来，应声回道：“到。”接着，他上前一步，对着廖副参谋长敬了一个礼，说：“报告首长，独立团一营文书冯家昌！”
>
> ……
>
> 接下去，决定他命运的时刻到了，廖副参谋长扭头看了看坐在他身边的团长，说：“这个人我要了。”
>
> ——李佩甫：《城的灯》

一名文书，在七个多月的时间里，裤兜中随时装着三截蜡烛头、一盒火柴，就是为了等待首长开会时突然停电的机会。蜡烛头一旦用上了，首长一旦被触动了，自己人生的转折点也就到了。这是在博多小的概率？这是埋藏了多深的心机？这是面对着多大的人生压力？

看完这一段，我的感受就是两个字：服气。

我生性不可能为这么小概率的事件做如此长期、周密的准备，心机不够，心力也不够。当时我就想，如果我身在职场，周围有这样的人，我败下阵来，一点也不冤。

但这个故事还是教会了我一件事：要驱动他人做一件事，说服和恳求都没有什么力量。更有效的做法是，在对方的情境里植入一个因素，让对方看一眼，就能知道自己接下来该怎么做。

> 耶鲁大学的高年级学生接受了关于破伤风风险的普及教育，教育目的在于要学生知道去卫生中心接种疫苗的重要性。
>
> 大部分学生在听完课之后都说他们计划去接种疫苗。然而，结果只有 3% 的学生去卫生中心接种了疫苗。
>
> 另外一组学生听了同样的课，课堂上老师还发给了学生们一张校园地图，地图上用圆圈标出了卫生中心的具体位置。通过这些助推因素，有 28% 的学生最终出现在了卫生中心并且接受了疫苗接种。
>
> 我们可以看到，对这一组学生多做的仅仅是一点儿的工作。最终，第二组学生的疫苗接种率竟然是第一组学生的 9 倍，这足以说明“引导因素”的潜在威力。
>
> ——〔美〕理查德 · 塞勒、〔美〕卡斯 · 桑斯坦：《助推》

在阅读的过程中，我知道了世上的很多“狠人”。

比如多年前读《奇特的一生》，我知道了苏联学者柳比歇夫。柳比歇夫一生成就卓著，在生物学、数学、农业学、遗传学、哲学、昆虫学、动物学、进化论、无神论、历史、宗教、政治等众多领域都有重要贡献，一生写了 70 多部学术专著。支撑这些成就的，是吓人的工作量和吓人的知识量。

一个人怎么能在短短一生中取得这么多成就？柳比歇夫的秘密是对时间的超强控制。他永远知道当前是几点钟，以及做一件事情已经花了多少分钟，他还知道自己在一定时间内到底能干多少事，哪些工作方法最适合自己。为了找到最佳的时间运用策略，他从 1916 年开始记录、观察自己对时间的使用，前后坚持了 56 年，从未间断。

请注意，他对时间的记录，是以分钟为单位的。你随便问他，这 56 年间，哪一年哪一天的哪一分钟你在干什么，他一翻记录基本就能告诉你。后人把这套方法称为“柳比歇夫时间统计法”。

我们来看他 74 岁那年某一天的记录。

柳比歇夫的时间统计清单

乌里扬诺夫斯克。1964 年 4 月 8 日。

分类昆虫学：鉴定袋蛾，结束——2 小时 20 分。开始写关于袋蛾的报告——1 小时 5 分（1.0）。

附加工作：给达维陀娃和布里亚赫尔写信，6 页——3 小时 20 分（0.5）。

路途往返——0.5。

休息——剃胡子。《乌里扬诺夫斯克真理报》——15 分，《消息报》——10 分，《文学报》——20 分；阿·托尔斯泰的《吸血鬼》，66 页——1 小时 30 分。听里姆斯基·柯萨科夫的《沙皇的未婚妻》。

基本工作合计——6 小时 45 分。

——转引自〔俄〕格拉宁：《奇特的一生》

这样对待自己是不是很残酷？

读完这本书，你会发现并非如此。以 1938 年为例，这一年，他写了 552 页的学术著作，但与此同时，他还读了各国文艺作品 9000 页，花了 247 个小时。而且，他每天要保证睡 10 个小时。

更有趣的是，柳比歇夫一天工作的时间一般也就四五个小时。他认为，如果工作少于 4 个小时，那么证明今天的工作没有达到效果。但是，如果多于 4 个小时，工作的效能又是下降的，还不如用来休闲、娱乐、通信、写信、交流，甚至睡觉。这个数字，会不会让每天必须工作满 8 小时的上班族汗颜？

这样的人，我知道自己这一辈子也不可能望其项背。但这本书还是给了我一个巨大的启发——

所谓“优化”，就是对事物进行量化管理。没有量化，就没有优化可言。一个文科生，发自内心地认同这个道理，并不容易。

在我们看不到的地方，到处都有这样的狠角色。比如在《生活黑客》这本书里，我还看到：

有人为了集中注意力，专门雇一个人盯着自己——如果自己有走神、偷懒的情况，对方要提醒；如果自己不听，对方就直接给个耳光。

有人为了节省精力，特意雇了一个菲律宾人，每天准时打电话提醒自己剔牙，省得他自己操心这件事。

有人为了挤出更多时间，研究了一种“多相睡眠法”，就是把一天分成很多段，比如6段，每段为4个小时，每两段之间睡20或者30分钟。这样算下来，每天只需要睡2～3个小时。

他们的做法让人惊叹，效果存疑，其中大部分并不值得效仿。但即便如此，我们也看到了人类这个物种的行动极限。他们是这个世界壮丽、奇瑰的一部分。

关键指令

行动，其实是天大的难题。

这不是因为我们不知道正确的道理，而是因为在特定情境下，我们总有很多种行动方向的选择。比如说减肥，“少吃多运动”的道理明晃晃地摆在那里，问题是：今天饿了一天了，要不要稍微解放一下自己？在宴请客人的餐桌上，自己一点都不吃是不是很失礼？这个东西看起来热量不高，吃两口也没问题吧？我膝盖有点疼，跑多了不好吧？

当把一个道理单拿出来看的时候，它总是雄赳赳的。但在现实选择的岔路口，它又会显得很苍白。所以，才有那么句话：懂得那么多道理，还是过不好这一生。

王阳明那么伟大，说到底不过是洞悉了一个真相：再好的道理，做不到也是空谈。“知之真切笃实处即是行，行之明觉精察处即是知。知行功夫本不可离。”[2]

市面上有很多教我们如何做事的书。我挑选的时候，遵循两个原则：第一，光有道理不行，得有具体的行动方案；第二，光教我怎么做不行，得是作者本人实践过的行动。

什么是具体的行动方案？就是手把手，教到位，我能确切知道下次遇到类似情况的时候该怎么做。

比如，社交场合遇到有人赞美自己，该怎么回应？

> 不要回答："哪里哪里。"也不要只说一句"谢谢你"。要把赞美的阳光反射到赞美者身上。温柔地回应一句："你真是太好了。"或者："你能注意到这一点，真是太可爱了。"
>
> 我把回赞的礼仪技巧称作"回飞镖"。这里有几个回飞镖的例子：
>
> "你的家人怎么样？""哦，他们好极了。谢谢你问起他们。"
>
> "你的假日过得怎么样？""谢谢，你还记得这回事！我过得非常开心。"
>
> "天哪，我喜欢你的新发型。""噢，谢谢你注意到我的新发型。是的，我找到一个特别好的新理发师。"
>
> ——〔美〕莉尔·朗兹：《如何让你爱的人爱上你》

光有行动方案也不够，最好是作者自己就这么做过。

当年参加"私人董事会"培训的时候，老师严禁我们对他人"提建议"。我问他，为什么？老师说："每一个人的行动，都有自己特定的约束条件，外人不可能全知。你给的建议再好，他可能都做不到。"

那对别人的事情，我们就只能闭嘴吗？

老师说，“你可以说。但是只能说以前你自己遇到类似的情况是怎么处理的。这段经历有没有用，让对方自行去判断”，“所有人的建议，都是毒药，而所有人的经历，都是宝藏”。

所以，如果一本书中，“建议”很少，但是作者自己面对挑战、找到解决方案的“经历”很多，那你大概率是找到宝了。

比如，一位职场女性，如何在工作和生活之间，在养育孩子和职场奋斗之间找到平衡？这种话题，再多的建议，也不如一位职场妈妈晒出自己真实的时间表。脸书（Facebook）* 首席运营官谢丽尔·桑德伯格（Sheryl Sandberg）写的《向前一步》里就有：

> 3 个月后，我所谓的产假结束了，我又回到了我热爱的工作岗位。若要保证陪孩子的时间，我就必须调整工作时间，而且要坚持下去。
>
> 从此，我开始早上 9 点到公司，下午 5 点 30 分离开公司。这样的时间调整让我可以在上班前、下班后及时地给孩子喂奶，然后再哄他睡觉。
>
> 我很担心我全新的出勤记录会损害我的公信力，甚至让我丢了这份工作。为了弥补这一点，我不得不在早上 5 点就开始查收邮件。是的，孩子醒来之前我就起床了；每天晚上孩子入睡后，我会再回到电脑前继续当天的工作。我竭尽全力不让大多数人知道我的新时间表。
>
> 我的天才助理卡米尔出了个绝妙的主意，建议我每天的第一

* 2021 年 10 月 28 日，Facebook 已更名为 Meta。

> 个会议和最后一个会议都在其他办公楼进行，这样可以让我实际到达和离开办公楼时不至于太招摇。如果必须从我的办公室直接下班，我就会先在大厅里观察停车场，瞅准没人的时候才会冲出去发动我的车。
>
> ——〔美〕谢丽尔·桑德伯格：《向前一步》

与其告诉读者“要照顾好家庭，又不能耽误工作”，不如给他们看一张自己的时间表；与其告诉读者“既要热情服务甲方，又不能让团队过度加班”，不如讲一个当年自己怎么找甲方要加班工资的案例；与其告诉读者“不能营养不良，但也不能暴饮暴食”，不如直接给一张自己经常吃的食谱。

有用的不是抽象的道理，而是具体的行动指令。

比如，很多人都特别想每天抽点时间学习，但现实往往是，上了一天的班，回到家往沙发上一躺，就很难开始学习了，怎么办？陈海贤在《了不起的我》这本书里，就给了一个很具体的行动指令——为自己建一个“场”。

> 我家里有一个书桌，在这个书桌上，我只做跟工作有关的事情。如果我想浏览网页或者看电影，我会要求自己换一个地方，比如到客厅的沙发上去。因为我在书桌上娱乐的话，这个书桌作为工作的“场”就会被破坏掉。
>
> 我还有另外一个工作“场”，就是我的电脑。事实上，我有两台电脑，一台日常用，一台工作用。工作电脑里只有 Office 等一些用于工作的软件。当我打开它的时候，我心里就已经做好了准

备，知道要开始工作了。

所以，“场”并不玄虚，它就是一个人在一个空间里做事的习惯。习惯会形成稳定的心理预期，稳定的心理预期又会巩固习惯的行为。一个人在某个空间里做的事情越纯粹、越持久，这个空间“场”的力量就越大。

建议：像我一样，在家里养一个小小的、专门进行学习与工作的“场”。如果能在这个“场”里贴些激励自己的话，作为“场”的边界和线索，那就更有帮助了。这样，在家这个纯粹的休闲“场”中，学习就抢占了一块自己的地盘。

——陈海贤：《了不起的我》

一本写得好的“行动建议之书”，用心总是非常慈悲。它会体谅读者的真实处境，然后把具体的行动指令嵌入这些真实处境里。

我见过一个很极端的例子。这本书的名字叫《解答之书》，作者是美国人卡罗尔·博尔特（Carol Bolt）。

第一次见到它，是在一位同事的工位上，挺厚一大本。我心想，什么书敢起这么傲慢的名字？然后顺手就翻了起来，发现它居然没有吹牛。

这本书的用法是这样的：“用10~15秒钟时间集中精力思考你的问题。问题必须是一句完整的话。例如：‘我正在应聘的工作适合我吗？’‘这个周末我该去旅游吗？’等等。拿起本书，翻动书页，默念或说出你想要问的问题（每次只问一个）。停在感觉合适的时间，打开翻到的那一页，你就会找到问题的答案。”

这本书的内文，每一页通常只有一句话，甚至一个词。

> 履行你的义务；先不做决定；别打赌；慢慢来；遵循专家的建议；探索并享受它；尽早行动；不要告诉别人；你需要适应；存疑；拭目以待；写下来；此时不要提出更多要求；灵活对待；你得先说“谢谢”；谨慎行事；注意细节；留神走的每一步；明确地说出来；不要犹豫；继续；转移你的注意力；列出做的理由；不要等待；你需要争取主动；你必须妥协；最好专注于你的工作；慷慨一点；让自己先休息一下；重新考虑你的方法；不妥；尽快解决；是的，但不要过度；现在可以了；不能仅凭一己之力；从 1 数到 10，再问一次……
>
> ——〔美〕卡罗尔·博尔特：《解答之书》

这看起来是不是有点像“算命”？当年的那些占卜者，焚香沐浴、端坐明堂，用蓍草反复推演出一个结果，再到《周易》上去查阅那句话，是不是也这样？

这本书帮我们看到了一个真相：行动建议不重要，重要的是它要嵌入听建议的人的真实场景中。

“用 10~15 秒钟时间集中精力思考你的问题”“焚香沐浴”等动作，就是为了让听者认真对待自己的境遇，准备好接纳即将到来的答案。

蒂姆·哈福德（Tim Harford）在《混乱：如何成为失控时代的掌控者》这本书里介绍过一个类似的做法：有一位先锋音乐人布莱恩·伊诺（Brian Eno），在创作时会事先制作一些卡片，每张卡片上写一句类似于格言的话，比如，“做第一个吃螃蟹的人”“发挥你的劣势”“关注细节，忽略整体”“改变乐手的角色”“打乱顺序”，等等。

然后，他把所有这些卡片的顺序打乱，放在一个盒子里。创作过程中一旦灵感枯竭，他就会从盒子里随便抽一张卡片，按照卡片的指示想办法。比如，有一次卡片的指示是“像园丁那样去思考”，他就想，园丁思考的肯定是让东西成长啊，我能不能在乐曲中增加一点成长元素呢？

伊诺的很多经典之作，就是靠这些卡片做出来的。

无畏布施

佛家把帮助人称为“布施”，又把“布施”分为三种：“财布施”“法布施”和“无畏布施”。说白了，就是：给钱、给方法、给信心。

那当我们帮助他人实施行动的时候，哪种布施更重要？

看起来好像“法布施”，也就是给方法最管用。读的书多了，我才知道，其实“无畏布施”更重要。

就像在健身房，教练最重要的作用不是制订健身方案，而是在我们耳边说：“6！7！再坚持一下！8！漂亮！9！再来一个！10！”就像在我们失落的时候，朋友的价值不是劝导，而是陪伴。

阅读的价值也是如此。对个人的具体困境，一本书能给到的方法其实很少。但是在书里，我们总能看到在类似的情况下，别人是怎么重燃信心的。

有一次看易中天老师写的《费城风云》，这种感受尤其强烈。

这本书讲的是1787年美国制宪会议。一帮绅士把自己关在烈日炎炎下的一间屋子里，花了几个月的时间，争吵出了一部美国联邦宪法。

参会的人，代表的都是自己州的利益。当利益发生剧烈冲突的时候，矛盾其实是无解的。不管与会者口才多好、算盘打得多精，都无法说服他人。那怎么办？

来看看整本书给我印象最深的两个人——富兰克林和华盛顿——是怎么做的。

富兰克林当时已经是个 81 岁的老人了。当其他人吵得不可开交，甚至要一拍两散的时候，富兰克林做了一件事。

> 眼见制宪代表吵成一锅粥，八十高龄的富兰克林深感忧虑。他说，我们关起门来开会，已经四五个星期了。大家都在黑暗中努力摸索，却很少有人想想事情怎么会弄成这样！我已经活了一大把年纪。活的时间越长，就越相信是上帝在主宰着人间的事务；而会议的进程则证明，人的悟性绝非完美。看来，我们只有祈求上帝保佑了。他建议，聘请牧师，在每天开会之前主持祈祷仪式，让万能的主引导我们前进。
>
> ——易中天：《费城风云》

富兰克林给的不是具体的“办法”，而是一个“视角”。在这个上帝视角下，参会者才能看到自己理性的局限，才能重拾回到谈判桌前的信心。

而另一位重量级人物华盛顿，从头到尾几乎就没说话。

> 华盛顿在整个会议期间都表现得十分谦虚、谨慎和低调。
>
> 他在会上一共发言三次。第一次是在第一天，当选主席后致简短答谢词。第三次是在最后一天，问由他保存的会议记录以后怎么办。第二次也是在最后一天，对戈勒姆的一项动议表示附议。在这唯一一次实质性的发言中，华盛顿说，他的处境限制了他发表自己的见解，表达自己的情绪。但现在已到最后关头，大家都希望这个方案遭到的反对越少越好。因此，他认为应该采纳刚才这个建议。
>
> 华盛顿一言九鼎，戈勒姆的动议被一致通过。
>
> ——易中天：《费城风云》

富兰克林和华盛顿的表现，实质性地推动了行动。但这种推动，又不是我们通常以为的大力度和巧办法。他们只是一言不发，或者是提醒大家看向别处。

有一次，我向一位朋友抱怨创业艰难。他没有多说什么，而是给我推荐了一本书：伊查克·爱迪思（Ichak Adizes）写的《企业生命周期》。那本书把一家创业公司比喻成一个生命体，说它在每个阶段都有特定的优势和难题。翻完那本书后，我很快释然了：眼下的困扰不过是成长中必然的烦恼。这个烦恼结束了，下一个烦恼会不请自来。习惯就好。

正好那段时间，我遇到了一位名医。他说，虽然医生能治的病非常少，但医生还是很有用的。他见过的情况很多，所以他能告诉病人，下一阶段会发生什么。一个好医生，会陪着病人把人生走完，并不断告诉他前面路的样子。医学嘛，“偶尔治愈，常常帮助，总是安慰”*。用自己的专业知识给病人尽可能多的安慰，才是医生最重要的责任。

在我们行动的时候，一本好书也是这样，一边给我们信心，一边陪我们把路走完。

哲学家齐泽克（Slavoj Žižek）写过一本小书，叫《事件》，里面有一句话让我眼睛一亮：

什么是事件？事件就是“某种超出了原因的结果”。

人类只要行动，就会制造一个事件。只要有了事件，就一定会产生结果。而这个结果，就一定会超出行动之前的预测和期待。世界就是这样在人类的行动中滚滚向前，不断产生出人意料的新事物。

我们原本寄望于书的，要么是帮我们制订一个好计划，要么是帮我们看清一套好战略。

所谓“计划”，就是从现实条件往未来演进；所谓“战略”，就是从未来目标向现在倒推。但除此之外，世界竟然还给那些既没有完备计划，也没有清晰战略的“莽撞人”留下了一个机会——

直接行动。先干了再说。

有很多书都在告诉我们：这样其实也行。行动本身就是力量。

---

* 特鲁多医生（Edward Trudeau）的墓志铭（To cure sometimes, to relieve often, to comfort always）。

书单 BOOKLIST

你会在这些书中感受到行动的巨大力量：

《如何让你爱的人爱上你》
〔美〕莉尔 · 朗兹，毛燕鸿译，新世界出版社 2011 年版

《向前一步》
〔美〕谢丽尔 · 桑德伯格，颜筝译，中信出版社 2013 年版

《八月炮火》
〔美〕巴巴拉 · 塔奇曼，张岱云等译，上海三联书店 2018 年版

《沟通的方法》
脱不花，新星出版社 2021 年版

《张艺谋的作业》
张艺谋图 / 述，方希文，北京大学出版社 2012 年版

迫不及待想看这几本书？
现在扫码，进入行动者的世界

MAGICAL INNOVATIONS

[第三部分
PART THREE]

奇妙的创新

我有一个梦想，终有一天，我能在自己的领域有所建树。

我知道，写书是一项非常考验创造力的工作；

写书人探索出来的创新方式，于我也有重要的启示。

我能否找到一个枢纽性的创作者，看他如何为知识**结网**？

我能否在各种体例的创新中，找到文明**建构**的更多可能性？

我能否看见“**怪谈**”映射出来的人性之幽深、文明之边界？

我能否基于一连串**设定**，推演出这个世界会变成何种样貌？

我能否打破学科、职业之间的知识壁垒，**迁移**高手心法，为我所用？

我能否跟随文字的**追光**，抚触真实社会的纹路？

[结 网 NETWORK]

千 门 万 户 次 第 开

一座山，还是一张网？

在“超链接”中冲浪

找到枢纽

不确定为什么要去，正是出发的理由。

——〔日〕村上春树

书籍的世界是什么形状的？

一个经典的比喻是："书山有路勤为径。"把书比喻成山，这既是在说书多，也是在说读书的顺序：你必须从低处爬到高处，从入门渐至精通，一步步攀登，一步步进阶。

接着还有下句："学海无涯苦作舟。"把知识比作一片海，把学习者比作一条船，海面无比辽阔，而又处处相同，除了奋力往前划，没有别的办法。

如果这样阅读，那么除了"勤"和"苦"，我们真的就什么也剩不下了。

一座山，还是一张网？

一百年前有这么一桩公案。

1923 年，清华大学的几个学生即将赴美留学，怕被中国的学问圈落下，请胡适先生给开一张国学书单。当时胡适在北京大学任教，很有名望。他给学生们列了“一个最低限度的国学书目”。

学生们拿到这张书单一看，好吓人，居然有 184 种书。其中，仅《正谊堂全书》就有 200 多册，加上《全上古三代秦汉三国六朝文》之类的大全集，总共得有上千册，怎么看得完？于是，《清华周刊》的记者给胡适写信，请他再拟一张书单，称得上“实在的最低限度的书目”。

胡适勉强又圈出了 39 种，说：“真是不可少的了。”即便这样，书单里还是有《全唐诗》《九种纪事本末》这样的大书。其中，《全唐诗》900 卷，《九种纪事本末》也有 600 多卷。

梁启超比胡适年长 18 岁，看到这张书单，他毫不留情地批评说，这是“把应读书和应备书混为一谈”。这“不是个人读书最低限度，却是私人及公共机关小图书馆之最低限度”。更何况，书那么贵，“私人购书，谈何容易，结果还不是一句空话吗？”[1]

我想，这或许不是胡适在炫耀自己的学问，而是他的知识观念：要以海量地读书作为基础，再步步攀登。类似的“知识观念”还有很多：要读经典，不要读热闹的畅销书；要读原典，不要读二手转述；等等。

这样说的人，自有他们的道理。但他们恐怕忘了，《红楼梦》《水浒传》也曾经是畅销书；《理想国》《论语》也是二手转述。他们甚至忘了自己在功成名就之前，是怎么爱上阅读的，又是怎么走上学术道路的。

> 大权威指导中小学教育，实际效果是添乱。
>
> 天资超卓的才智之士容易有一个毛病，普通孩子要苦思冥想、上下求索才能理解的东西，他随随便便就懂了，有时反而不知道该怎么讲解，和孩子之间也缺少共情。
>
> 学问精深的专家对“常识”的定义，和普通人往往大不相同，容易把自己研究领域中相当专门的知识，当作常识要求孩子必须掌握，“怎么可以这都不懂？”于是专家的“常识”一粒灰，压到普通孩子头上就是一座山。
>
> 进入到研究层次，表述务求严谨，一个判断前面必须加大量限定，有所疏漏便视为罪大恶极，忘掉初学者难免要经历这个阶段——先有个大差不差、凑合能用就行。
>
> ——刘勃：《知道几句三字经》

人的阅读兴趣，都是被一个偶然的机缘激发起来的。

就拿胡适来说，小时候，他偶然翻到一本残破的《水浒传》，迅速读完，不解渴，于是去借其他部分，结果《水浒传》没借到，反而借到了一套《三国演义》，从此就读了很多小说。然后偶然又碰到一本日本的政治小说《经国美谈》，这又打开了他读外国书的门。你看，他也没有按照自己的“实在的最低限度的书目”去阅读，反而是一通横冲直撞，一路撞成了位大学问家。

在“超链接”中冲浪

我请教过很多在学术上有成就的人，无一例外，他们都曾经是书籍世界的“闯入者”。

在还没有找到特定学术方向的时候，他们总是抓到什么就读什么，不管它是经典著作还是通俗读物。有兴趣了，就读下去；乏味了，就丢下来。

更有趣的是，每一本书，总是会通向很多别的书。它们既是目的，也是道路；既是道路，也是路标。

这就像偶然看见一道门，走进去是一个大房间。这个房间里又有很多门，你完全凭着感觉，随意推开其中一扇，又走进下一个有很多门的房间。境境相通，永无尽头，“长安回望绣成堆，山顶千门次第开”。

我自己的阅读经验，也可以印证这个过程。

记得初中二年级，我找语文老师推荐一本书，好在暑假里看。他随手在书架上抽了一本刘再复的《性格组合论》塞给我。这是一本专业的文学理论书，其深度完全超出了我当时的接受能力。

但是有什么关系呢？重要的是，这本书里引用了大量我闻所未闻的小说里的内容，还让我看到了其中一些很有意思的段落。很多世界文学名著，像《复活》《红与黑》《浮士德》，原来只是书架上吓人的大部头，现在袒胸露腹，为我亮出了大量的细节。

作者像大型收割机一样，按照逻辑理路向前推进。而一个初二学生，不关心那些道理，只是兴致勃勃地跟在后面“拾麦穗”，一样也是满载而归。

通过《性格组合论》，我知道了《七侠五义》，一路追过去，看了大量公案小说。

通过《性格组合论》，我知道了金圣叹，从《金圣叹批评本水浒传》《金圣叹批评本西厢记》追到了《金圣叹选批杜诗》，然后还顺便一转弯，读了《毛宗岗批评本三国演义》。

通过《性格组合论》，我还知道了《野叟曝言》。

更为畸形化本质化的是《野叟曝言》。这部小说的主人公文素臣，正是封建时代“高大完美”的典范。关于文素臣，聂绀弩先生把他描述得极为清楚，他说：

“旧礼教那东西，要建筑在像文素臣那样的英雄的铁腕上。既有豪杰肝胆，又有圣贤心肠，有伊吕之志，孔孟之学，孙吴之略，武穆文山之至忠至正，而又才高子建，勇迈孟贲，貌胜潘安，功压韩信，天文地理，医卜星相，三教九流，诸子百家，十八般武艺无一不精，连生殖器也与众不同，只有嫪毐薛敖曹之流可比。这真把古今中外的伟大人物冶于一炉，也造不出这样一个大英雄。”

这种极端的英雄化导致作品的荒唐化，正是中国传奇小说写作的教训。

——刘再复：《性格组合论》

在《性格组合论》中，《野叟曝言》被说成了一本典型的烂书。但是看了上面那段“批判”，你不觉得兴趣陡增吗？多年后，我在一个旧书摊上偶然买到了一套《野叟曝言》，喜滋滋地捧回去，一口气读完。

在学术世界，《性格组合论》是一套理论，而在我的世界，它只是一张书单。在作者的世界，它早竟全功，而在我的世界，它只不过打响了起跑的发令枪。后来的整个中学时代，我的课余阅读，就是踩着这块板，在文学世界里撒欢冲浪。

上大学后，我终于有了可用的大图书馆。

我从图书馆借出来的第一本书，叫《明史海瑞传校注》。这不是因为我对明史感兴趣，而是因为这本书太奇怪了。《明史 · 海瑞传》全文也就短短 3000 字，什么人那么大本事，给 3000 字做注解，居然写出了近 20 万字的一本书？这勾起了我的好奇心。

把书借出来一看，哈哈，原来是作者偷懒，懒得自己搭结构，借一个现成的结构，然后通过写注解，把自己对海瑞的研究穿插进去。居然非常好看。

为什么能写那么多字呢？举个例子。《明史 · 海瑞传》第一句："海瑞，字汝贤，琼山人。"仅仅这 8 个字，能做多少文章？"海"这个姓是怎么来的？海瑞祖上是怎么到海南琼山县的？琼山县的风物水土如何？等等。

这本书现在在市场上已经找不着了，我也不认为它是什么了不得的著作，但它给我开了一个脑洞——

原来知识世界不是一座由低到高的山峰，也不存在什么登山的唯一道路。就像我在序言提到的，知识世界是一张网。从一个节点可以随时跳到另一个节点，每一本书都和无数的书相关联。在此地碰上的，在别处仍可重逢；在此时错过的，在彼时仍可偶遇。

> 关于书籍的未来，传统观点认为书仍将会是孤立存在的物品，每本之间相互独立，就像它们摆在公共图书馆书架上的样子一样。在这种情形下，每本书都不会意识到相邻的那本。一旦作者完成一部作品，这本书就是一成不变，已经完成的了。只有读者拾起这本书，用他/她的想象力让它变得生动起来时，这本书才会变得动态起来。
>
> 在这种传统的观点里，未来的数字化图书馆，其主要优势是具有移动性——将一本书的全部文本转译成为比特，从而使人们可以通过屏幕在任何地方进行阅读。
>
> 但这种观点忽视了由扫描书籍催生出的重大变革：在万能的图书馆里，任何一本书都不会成为一座孤岛，它们全部都是相互关联的。
>
> 密布在书籍中的超链接，会把所有书籍变成一个网络化的事件。
>
> ——〔美〕凯文·凯利：《必然》

很多人都想在此生读一遍《史记》。如果你按部就班地翻开，从《五帝本纪》《夏本纪》《殷本纪》《周本纪》开始，逐字逐句往下读，过不了三篇，你应该就会兴致全无，掩卷长叹。

其实完全可以换一种读法，从最热闹的鸿门宴进入。

进而，你可能会对《项羽本纪》全篇产生兴趣。从这里，还可以通往刘邦的《高祖本纪》、张良的《留侯世家》和樊哙的《樊郦滕灌列传》。《史记》本身就是一个超链接结构，你可以在里面蹿蹦跳跃，随着自己的兴趣指向和问题意识的生长自由行走。

读书这件事，关键在入门。入门之后，还有门，穿堂过院，任何一扇门都通向人类文明的所有地方。

找到枢纽

当然，冲浪也有方法。

书籍既然是一个“超链接结构”，那什么才是这个结构里的“超级节点”呢？是所谓的“名著”吗？

很多人主张读名著、读原典。但是坦率地说，大多数原典对我们普通人并不友好。像《理想国》《纯粹理性批判》这样的书，门槛高得足以让一个入门者望而却步。

我自己的方法是：找到那些枢纽性人物的枢纽性的书。

比如，史学界的唐德刚，我的安徽老乡，他本人在历史学术界的地位并不是顶尖的，但是因为一个特别的机缘，他和民国史上很多重要人物有了交集。

1948 年，唐德刚到哥伦比亚大学留学。那个阶段，正好是中国大陆风云突变，大量民国要人涌入纽约的时候。

正是这一年，历史学家阿兰·内文斯（Allan Nevins）成立了美国首个口述史的专门学术机构——哥伦比亚大学口述历史研究室。这个研究室的主要任务是利用当时先进的录音技术，采访各个领域中对美国历史有重要影响的人物，将其口述回忆整理成文，然后将相关资料存档。李宗仁、胡适、蒋廷黻、李汉魂、李璜、左舜生、顾维钧、孔祥熙、陈光甫、陈立夫、张发奎、吴国桢等都在被访问者之列。

1958—1980年间，在读博士唐德刚得以访问这些风云人物，写下了《胡适口述自传》《顾维钧回忆录》《李宗仁回忆录》三部足以传世的作品。

> 胡适正在纽约81街做寓公，那是他一生中最清闲而又最寂寞的时候。胡适有三大好：安徽、北大、哥伦比亚。唐德刚既是安徽老乡，又是哥伦比亚大学的学弟，自然让胡适倍感亲切。
>
> 我问唐先生："当年胡适在纽约的生活如何？"唐先生道："胡适在美国是'难民'，我们比胡适强多了，我们年轻力壮，什么事都可以做，还有免费医疗。胡适那时在这里做'寓公'，他也没有钱。"
>
> 有时候唐家请客，唐德刚给胡适打电话："胡先生，今晚我们家里请客，菜很多，您有没有空？"胡适说："有空！有空！"唐先生觉得："胡适跟我在一起像家常父子一样，我对我爸爸不敢那样，对胡适可以。"
>
> ——李怀宇：《家国万里：访问旅美十二学人》

这些昔日呼风唤雨的人物，在纽约的身份是难民，其心境之落寞，可想而知。他们待在家里没什么事干，唯一能追求的就是历史定位了。所以在唐德刚登门拜访的时候，他们往往接待得非常热情，回溯往事时，也是尽可能坦诚相告。比如李宗仁，那可是当过"代总统"的人，每次唐德刚上门采访，都要谈十几个小时，而且他夫人郭德洁还会亲自下厨做饭。《李宗仁回忆录》就是这么前前后后168顿饭吃出来的。

这样的书里面，记录的就不仅是史实了，还有非常珍贵的个人视角的内容。

> 我照例遣随员请侍从室转向蒋先生请示关于就职典礼时的服装问题。蒋先生说应穿西装大礼服。我听了颇为怀疑，因为西式大礼服在我国民政府庆典中并不常用，蒋先生尤其是喜欢提倡民族精神的人，何以这次决定用西服呢？但他既已决定了，我也只有照办。乃夤夜找上海有名的西服店赶制一套高冠硬领的燕尾服。
>
> 孰知就职前夕，侍从室又传出蒋先生的手谕说，用军常服。我当然只有遵照。
>
> 5 月 20 日，总统府内尤其金碧辉煌。参加典礼的文武官员数百人皆着礼服，鲜明整齐。各国使节及其眷属也均着最华贵庄严的大礼服，钗光鬓影与燕尾高冠相互辉映。这是国民政府成立后第一任正副总统的就职典礼，也确是全民欢庆，气象万千。在这种气氛中，我深感到穿军便服与环境有欠调和。
>
> 孰知当礼炮二十一响，赞礼官恭请正副总统就位时，我忽然发现蒋先生并未穿军常服，而是长袍马褂，旁若无人地站在台上。我穿一身军便服伫立其后，相形之下，颇欠庄严。我当时心头一怔，感觉到蒋先生是有意使我难堪。
>
> ——唐德刚：《李宗仁回忆录》

所以，当我们看到那张南京国民政府总统就职典礼的照片时，会觉得穿军装的副总统李宗仁像极了穿长衫的蒋介石的侍卫。如果没有这段口述记录，我们又怎么能看懂它背后的政治权谋和人物心境？

在《李宗仁回忆录》里，我还收获了一项受益终身的心法：“李先生说故事时虽亦手舞足蹈，有声有色，但本质上是心平气和的，极少谩骂和愤激之辞。他对他的老政敌蒋公的批评是淋漓尽致的，但是每提到蒋公他总用‘蒋先生’或‘委员长’而不直呼其名，或其他恶言恶语的称谓。”[2]

后来，唐德刚的书，我一本一本地找来全部读完，就因为他是一位通向很多枢纽人物的枢纽性人物。

西方世界里也有这样的枢纽性人物，比如房龙。

房龙出生在荷兰，小时候就博览群书。据说他的音乐造诣高得离谱：不必去听音乐会，自己跑到阁楼上，翻看一部交响乐的总谱，就能和在现场听音乐一样，享受得如醉如痴。

20世纪初，房龙移民美国，穷得只能卖文为生。他一生写了大量的书，《宽容》《人类的故事》《圣经的故事》，等等。它们是经典吗？严格地说，不能算。其中很多书，其实只是出版商出的命题作文，甚至只是写给孩子看的儿童读物。为了便于阅读，房龙还亲自为这些书画了插画。

但是，有这么一个聪明人，为我们守望西方文明史，拣选其中最有意思的部分，用有趣的文笔介绍给我们，他不也是通向枢纽的枢纽吗？

至少我自己，当年就从《宽容》这本书里，找到了大量的阅读跳板：我第一次知道了伊拉斯谟、蒙田和加尔文；我寻踪找到了《蒙田随笔》和茨威格的《异端的权利》；我对伏尔泰的兴趣，也是被《宽容》点燃的。

> 这个思想奇特的人——伏尔泰，有一天忽然觉得自己很了不起，他说："没有权杖又有什么关系？我还有一支笔呢。"
>
> 事实上，他可不是只有一支笔，他有很多很多支笔，简直可以说是天鹅的死敌。他用过的鹅毛笔的数量几乎是一个普通作家的 20 倍。
>
> 他曾在肮脏的乡下客栈里伏案疾书，也曾窝进遗世独立的乡村小屋，在那冰冷的客房里写下无数六韵步诗句。他在格林威治寄宿时，身边的手稿能铺满整栋公寓的地板；被投入巴士底监狱关押时，为了写作，甚至连印有巴士底典狱长名字的私人信纸都用上了。
>
> ——〔美〕房龙：《宽容》

除了唐德刚、房龙，我还有很多这样的阅读"前进基地"：不管我的视野前锋抵达何处，我其实都是从几个有限的基地出发的。这些人的书，我是出一本看一本，务必穷尽。这些人都有谁？比如：吴军、万维钢、郭建龙、刀尔登、刘勃、熊逸、杨照、贾雷德 · 戴蒙德、理查德 · 道金斯（Richard Dawkins）、马尔科姆 · 格拉德威尔（Malcolm Gladwell）、艾瑞克 · 霍布斯鲍姆（Eric Hobsbawm）、威尔 · 杜兰特（Will Durant）、阿兰 · 德波顿……

相信我，每一个爱阅读的人，心里都有这么一张"私家清单"。

追踪这些人的好处有两点。

第一，是像何帆老师说的那样："一般情况下，一流作家的三流作品也比三流作家的一流作品更好。"[3] 他们的写作水平在"金线"以上，不会辜负你的期待、浪费你的时间。

第二，不要把他们的书仅仅看成读物，它们还是我们通向前沿和经典的瞭望台。

他们每个人替我们守望一个领域，拣选那些优秀的东西，放进我们的视野。一旦缘分到了，我们自然会追源溯始，和原典相逢。看起来，我们是他们的粉丝。实际上，我们是自己精神世界的君王，他们只是替我们戍守边关的将军。

有一次，我请教清华大学的郑路老师，这种读书方法如何？

他说，这种方法在网络科学中叫“特征向量中心度”。意思是：一个节点的价值，不仅取决于它连接的节点数量，还取决于这些节点的分量和价值。正如职场上的那句话：首先要你自己行，然后要有人说你行，最后说你行的人要行。

另一个疑问是：任由那些枢纽性人物影响自己的阅读节奏，我们会不会步调大乱、迷失自我？

作家余华对这个问题有一番精彩的回答：

“一个作家对另一个作家的影响，就好比是阳光对树木的影响。是一样的，但重要的是，树木在接受阳光的营养，它是以树木的方式在成长，而不是以阳光的方式成长。不要害怕影响，所有的影响，只会让你越来越像你自己，而不是像别人。”[4]

是的。让精彩的人物充分影响自己，我们只会越来越像自己，而不会像别人。

书单 BOOKLIST

你可以在这些写书人编织的网络中穿行：

《引爆点》

〔加〕马尔科姆·格拉德威尔，钱清、覃爱冬译，中信出版集团 2020 年版

《光荣与梦想》

〔美〕威廉·曼彻斯特，四川外国语大学翻译学院翻译组译，中信出版社 2015 年版

《不必读书目》

刀尔登，山西人民出版社 2012 年版

《故事照亮未来》

杨照，广西师范大学出版社 2011 年版

《你有你的计划，世界另有计划》

万维钢，电子工业出版社 2019 年版

[建 构 CONSTRUCTION]

一 本 好 书 就 是 一 次 展 览

作为“策展人”的司马迁

以“人”为线索

以特定“时空”为线索

体例创新的无穷空间

写作之难，在于把网状的思考，用树状结构，体现在线性展开的语句里。

——〔美〕史蒂芬·平克

上一章，我们讲了枢纽性人物的创新。他们的创新作用是向外的：替读者登山一望、披沙拣金，从此天下有福。

这一章，我们来看另一种创新：在文本内部所做的结构创新。

写书其实是一件很难的事。正如本章题记中史蒂芬·平克（Steven Pinker）讲的那样：“（难在）把网状的思考，用树状结构，体现在线性展开的语句里。”[1] 我们平时对别人说一件自己的事，尚且要感慨一句：“哎，从哪儿说起呢？”更何况世界千头万绪，每个点都和其他点纠结在一起，每个因素都牵扯着无数因素，要将其写在纸上，变成一个有前后次序的线性过程，谈何容易？

作为“策展人”的司马迁

早期的写作，都是发生一件事就写一件事，大人物说一句就记录一句。这是把“时间”当成了唯一的写作线索。《理想国》《春秋》都是这样写成的书。但问题在于：这样的书，只能是记录之书，很难是创作之书。

在公元前2世纪，中国出现了一次伟大的文本体例创新：司马迁写的《史记》。

公元前110年，汉朝的太史令司马谈跟随汉武帝封禅泰山，但是半路抱病，他自知来日无多，就召来儿子司马迁见了最后一面。临终时，他给了司马迁两个巨大的压力。

“且夫孝始于事亲，中于事君，终于立身。扬名于后世，以显父母，此孝之大者。”

所谓孝道，从侍奉双亲开始，进而忠于君主，但终究是要成就你自己。你如果能扬名于后世，父母也会因此获得荣耀，这才是最重要的孝。

“自获麟以来四百有余岁，而诸侯相兼，史记放绝。今汉兴，海内一统，明主贤君忠臣死义之士，余为太史而弗论载，废天下之史文，余甚惧焉，汝其念哉！”

孔子作《春秋》，写到鲁国的西郊出现一只麒麟为止，到现在，又有四百年了，再也不曾有一部那样的史书。

——刘勃：《司马迁的记忆之野》

简单说，就是两句话：第一，为了我，也为了成全你的孝道，你必须把这书写成。这是你的责任。第二，已经四百多年没有人认真写史书了。这是你的机会。

话说得很重。回到司马迁的视角看，他面对的是多么艰巨的一个任务啊：从三皇五帝到此时，数千年的历史，无数的人物、事件、兴亡、沉浮，怎么能在一本书里写尽呢？

司马迁最终创造出了“纪传体”的写法，也就是以人物为主要线索来创作。

在那个时代，人还不是觉醒的个体，只是国家、君主、宗族的附属物。从人的角度来看世界，这是一个极大的脑洞。相隔两千多年，我们对这种写法已经太熟悉了，以至于很难体会到这种创新带来的震撼。

一个不尽恰当的类比是：我曾经买到过一本德国传记作家埃米尔·路德维希（Emil Ludwig）的书，叫《尼罗河传》。路德维希可是给歌德、拿破仑写传记的人，居然会为一条河流写传记？这本书给我带来的新鲜感，也许和当年的汉朝人第一次看到《史记》的感觉类似。

当然，司马迁的这次创新要伟大得多，也深刻得多。

一般我们认为，所谓“纪传体”，“本纪”部分写的是帝王传记，“世家”部分写的是诸侯传记，“列传”部分写的是个人传记。之所以名称不同，是因为这些人的身份不同。

但是有一次，战略学者王鼎杰跟我聊起《史记》，他说，这是对司马迁本意的窄化理解。他认为——

“本纪”主要负责记录文明秩序的溯源和变迁。只要是主导了某个时期天下秩序的人物，都可以写入“本纪”。这才可以解释，为什么项羽、吕雉没有当皇帝，但也被写进了“本纪”。“本纪”是中华文明演化的主干。

“世家”记录的是地域的开拓与家国的绵延。所以，无论是周朝分封的诸侯，还是汉朝分封的世家大族，都被写进了“世家”。有趣的是，孔子和陈涉这两个人，并不是受封的诸侯，为什么也进入了“世家”呢？因为他们是重要文明支脉的开拓者。所以，“世家”是中华文明伸展出去的枝条。

“列传”记录的则是个体的觉醒与人性的光辉。为什么《伯夷列传》是“列传”的第一篇？不仅是因为他们品德高尚，更重要的是，这两兄弟本来是孤竹国的王子，因为不愿意卷入继承人纠纷，所以主动离开了自己的家族，浪迹天涯，也就成了最早彻底挣脱家族和地域束缚，实现个性觉醒的代表人物。七十篇“列传”，每一篇都是中华文明结出的人性果实。

三种篇目合起来，就是中华文明主干、枝条和果实的一张全景图。

“纪传体”体现出来的创新力是惊人的。此后两千多年，二十四史的作者，再也没能跳出这个体例。用清代史学家赵翼的话说，“自此例一定，历代作史者，遂不能出其范围，信史家之极则也”[2]。

优秀的书籍体例创新有两重作用：一是封死了一部分想象力，二是打开了一部分创新空间。有了《史记》，官修正史，只能沿着司马迁开创的道路往前走。但是，有雄心的史学家还可以另辟蹊径，于是就有了《资治通鉴》对编年体的复活，以及南宋袁枢首创的“纪事本末体”。

为什么书籍的体例创新这么难？因为它和人类的信息本能正好相反。

人的本能是搜集尽可能多的信息。在上古时代，多提升一点对环境的感知能力，人的生存概率就大一点。早年写书，也是在这种本能的驱动下，要尽可能在有限的篇幅内塞进更多的信息。比如，《春秋》是编年体史书，只记载了史实的大略。后人就往里填补更多的内容，于是就有了《春秋左氏传》《春秋公羊传》《春秋穀梁传》。

这和我们今天的媒体是一样的。一件事，会衍生出快讯、现场直播、综述、评论等新闻形态。受众也会追着看，生怕自己错过了什么。当然，这也造成了巨大的信息噪音。

而这个世界上，还有另外一种内容形态，我们称之为“展览”。

和“媒体”相比，“展览”的努力方向正好相反。展览不要全部，它“要在充斥着信息噪音的洪流当中，挑选出一小部分可以感知的东西，赋予它意义，创造出一个小世界”[3]。

> 大英博物馆曾经也是一团或多或少有些条理的杂乱物资，储藏在一座岩块剥落的伦敦别墅里那空旷阔大的潮湿密室之中，等待一货车一货车的物资添砖加瓦。
>
> 历任馆长从一开始就对管理各式各样的藏品有着强烈的责任心：从杂乱无章中创造井然有序，从井然有序里诞育知识见闻，从知识见闻里获取对世界的理解，领悟人文、人性在大千世界的位置。
>
> 各式各样的博物馆乃是高水准文明的标志，是公民良善的公开宣示。它认定，“关于过去”的知识、对人类愿景和人类成就的

> 理解，都是良善政府的先决条件。一旦我们开始损蚀博物馆，就是在损蚀我们的文明基点。
>
> ——〔英〕詹姆斯·汉密尔顿：《大英博物馆》

泰戈尔在《流萤集》里说过一句话：“美懂得说‘够了’，野蛮吵着闹着还要更多。”[4]

“展览”就是一种很“美”的内容创新方式。它不要更多，而是在有边界的时空里，选择很少的几件展品，为每一个展品赋予意义，在展品之间构建观赏的动线，借此来表达一个宏大的主题。

大英博物馆是“展览”，奥运会是“展览”，《史记》也是“展览”。

西晋的张辅曾经比较过司马迁的《史记》和班固的《汉书》，前者水平明显高过后者：“迁之著述，辞约而事举，叙三千年事唯五十万言；班固叙二百年事乃八十万言，烦省不同，不如迁一也。”[5]司马迁用更少的字呈现了更长时段的史实，所以水平高。这是用“策展人”的标准来评价历史作家了。

司马迁，其实是中国第一代“历史策展人”。

以“人”为线索

“策展”是一种用少数个体，在有限时空中呈现意义的艺术。先接受约束，然后顺势就能打开一个巨大的自由空间。

写书也是一样。不同的约束条件，通向不同的体例创新。

比如说，游记类的作品，像约翰·斯坦贝克（John Steinbeck）的《横越美国》这样的名著，历史上有很多。这类书很难写，因为一趟旅行见闻太多，选取什么材料，呈现何种感受，都是大难题。

所以就出现了一种创新的写法：作者先去锚定一个历史名人，最好是著作丰富的人，然后把这个人曾经走过的路再走一遍。这样写出来的书，就会出现多重张力：既有书本知识和实地见闻之间的张力，也有不同时代之间物是人非的张力，还有两个不同观念、背景的人感受之间的张力。

比如，法国思想家贝尔纳-亨利·莱维（Bernard-Henri Lévy），就按这个方法写了一本《美国的迷惘：重寻托克维尔的足迹》。托克维尔也是法国人。1831 年，他去美国考察监狱改革，一路参访了很多地方，回到法国后写出了名著《论美国的民主》。时隔近 200 年，2004 年，莱维又沿着托克维尔走过的路线，开始了一趟深度考察美国的旅行，并写成了这本书。

我不是推荐这本书本身，而是请你回想一下：1831 年是什么时代？拿破仑战争结束不久，法国还高踞在世界的中心。而彼时的美国还是个农业国，只是西方文明在新大陆开辟的一块制度试验田。而在今天，欧洲和美国的位置发生了一次大颠倒。所以，无论什么时候，一位法国思想家都可以重走一遍托克维尔的路，借美国这面镜子，来思考今天法国的命运。莱维的这次“体例创新”，可以被今后的法国人反复使用。

中国作家杨潇的《重走：在公路、河流和驿道上寻找西南联大》，视野更为开阔。他锚定的历史人物，是一组群像：抗日战争时期，奔赴昆明西南联大求学的师生。

> 想象西南地区一条穿越群山的道路，路上先是走过了徐霞客，然后走过了林则徐，还有作为背景而存在的无名的商旅，赴任的官僚，以及迎面而来的缅甸进贡大象的队伍。让它进入文化史的，则是由西南联大的近300名男生和11位教授及助教组成的湘黔滇旅行团，为了躲避战火和求学，徒步1600公里的旅程。
>
> 往后的历史映衬得越久，西南联大就越在视野深处迸射着理想主义的微光，也把人们的好奇心，吸引到这条路上来。
>
> 杨潇好像的确是享受着这段旅程，尽量以当年的学生们的方式流连于山川与风俗之间。在这部分当中，我喜欢他有所见闻，思及当年旧事，脑中出现的沉思。作为一个旅行者，他携带的知识也令人受惠。
>
> ——李海鹏：《重走》（序一）

这类书，我还可以推荐一本：马伯庸写的《文化不苦旅》。2014年，马伯庸和三位好友开始了一趟自驾游，路线正是当年诸葛亮六出祁山的北伐之路。

对于多年前的那场战事，我们留下了“出师未捷身先死，长使英雄泪满襟”这么强烈的情感，但诸葛亮到底是怎么想的？他又是怎么走的？他当年面对的挑战到底有多大？为什么最终惜败？“说传奇则失之轻薄，说悲壮则失之滥情，讲忠义过于迂腐，谈军略又太细碎。”[6]只有重走一遍当年的道路，才会获得切实的体感。

> 围绕北伐的种种分析和疑问，在你真正置身其中时，说不定便可迎刃而解。即使解不了，也没关系。正所谓“人生代代无穷已，江月年年只相似”。站在秦岭之中，想象着诸葛丞相和蜀军在千年之前，就在我身立之处默默开过，朝着长安的方向坚定地前进。我们同样闻着山林的味道，感受着陇西吹来的风，这是何等让人激动的体验。
>
> ——马伯庸：《文化不苦旅》

以特定“时空”为线索

还有一种创新的写法，是把笔触约束在一个特定的时间和空间里。

其中最著名的应该要算黄仁宇的《万历十五年》了。这本书英文版的书名是 *1587: A Year of No Significance*（1587：一个无关紧要的年份）。有意思的地方恰恰在于这个“无关紧要”：万历皇帝、张居正、海瑞、戚继光、李贽这些人物的截面，正是在这个平平无奇的年份才闪耀出独特的光芒。

20 世纪 80 年代初，这本书经中华书局出版之后，立即在中国掀起了一股热潮。我不止一次看见学术界的人对它的批评，什么“脚注不完整”“以论代史”，等等。但是，这都掩盖不了《万历十五年》在体例上的创新价值。很多人说，他们喜欢历史书，就是从《万历十五年》开始的。

我自己也是。自从看了这本书，我对这种体例的书就产生了独特的兴趣。比如，吴十洲的历史作品《乾隆一日》，刘和平的小说

《大明王朝 1566》。

不仅时间可以当作一本书的约束条件，空间也可以。

这方面的代表作品是比尔 · 布莱森（Bill Bryson）的《趣味生活简史》。它号称是“穿着睡衣和拖鞋写出来的居家生活简史”。

有一天，布莱森环视了一下自己住的房子，突然发现他对房间里最熟悉的陈设和日用品竟然一无所知。于是，他站起来，像个外星人一样，带着完全陌生的眼光，从门厅走到厨房，走到客厅，走到餐厅，再走到书房、卧室、卫生间、地下室，最后再来到门外的花园，他意识到，房间里每个寻常事物背后，其实都隐藏着人类几千年的历史。

他把这个想法写成了这本书。我们跟着他的视角走一遍，会发现，“卫生间是一部个人卫生的历史，厨房是一部烹调的历史，卧室则成了一部爱情、死亡和睡觉交叉的历史”[7]。在写这本书的过程中，他“还梳理了从建筑学到电力学，从考古学到园艺学，从食物贮藏到流行病，从香料贸易到埃菲尔铁塔，从女性时装到室内装潢等方面的演变脉络，”[8] 这么多学科包罗万象的知识，竟然被他在一栋房子里都打通了。

住宅是个极其复杂的博物馆。我发现，无论世界上发生了什么——不管人们发现了什么，创造了什么，或激烈争夺了什么——最终都以这种或那种方式落实到你的家里，这大大出乎我的意料。战争、饥荒、工业革命、启蒙运动等，它们都在你的沙发里和五斗橱里，在你窗帘的皱褶里，在你松软的枕头里，在你家墙上的

油漆里，在你家的自来水里。因此，家庭生活的历史，不仅是床、沙发和厨房炉灶的历史，就像我起初无知地以为的那样，而且是坏血病和鸟粪的历史、埃菲尔铁塔的历史、臭虫的历史、盗尸的历史，一切其他已经发生过的事的历史。住宅不是躲避历史的避难所，它们是历史的最终归宿。

——〔英〕比尔·布莱森：《趣味生活简史》

把那么多的史料，集中放到一个特定时间、特定空间的“火药桶”里，加压、点燃、爆炸，升空的一定是绚烂的烟火，给我们带来的也一定是畅快的阅读体验。

这就牵涉到一个话题：对于一个写作者来说，“约束条件”到底意味着什么？是对创新力的毁灭吗？

其实不是。正如西方古典戏剧的“三一律”规定：一出戏，必须发生在同一个地点、同一天之内，讲述同一个主题。为什么会有这个规则？说到底还是因为当时剧场简陋，不太方便换舞台布景。久而久之，就变成了剧作家都要遵循的约束条件。

但是，像莫里哀的《伪君子》、曹禺的《雷雨》，都是按照“三一律”的规范创作出来的。如果事先不知道“三一律”的存在，看到在如此精巧的结构之下居然能有这么大的剧情容量，我们更加会为之喝彩。

体例创新的无穷空间

书籍体例的创新空间是无限的。

这种创新，不仅带来了形式上的变革，更重要的是，它往往也是对内容的重塑。

有些经典著作，因为时代背景的变化，已经不适合今天的人阅读了。比如克劳塞维茨（Karl von Clausewitz）的《战争论》，虽然是西方军事理论史上的经典，但写作风格晦涩难懂，当年的战争技术也早就过时了。更何况，这还是一本没有写完的书。今天我们看到的《战争论》，其实是1831年克劳塞维茨去世之后，他的妻子根据其遗稿整理出来的，结构难免凌乱。这样的书，让今天的人再去读，实在有些为难。

但是有一本奇书，叫《21世纪战争论》，作者是英国人克里斯托弗·科克尔（Christopher Coker）。这本书完全丢开了《战争论》原书里的篇章结构、技术背景和具体措辞，只揪出了作者克劳塞维茨本人，为他设想了几个发生在当代的虚拟场景：如果一所军事院校的学生正在上课，克劳塞维茨一推门进来了，他会怎样参加今天的军事理论讨论？

> 11月某个周三的晚上。秋已深，15名军校学员正在参加一个军事理论考试。
>
> **老师：** 女士们、先生们，今天，我们很荣幸地请来校史上最重要著作的作者来到这里。这是我们教学大纲中10门军事学课程

之一。你们都知道他是作家，实际上他还是优秀的士兵、足智多谋的参谋军官、战争理论的奠基人。

克劳塞维茨：我发现所有机场书店里孙子的书都比我的书畅销。我第一次到达这里的机场时，看到一本叫作《约会的战争艺术：赢得女性芳心的孙子兵法》。我的书无法帮你做到那样的事情。

老师：好了，同学们，将军非常幽默。我同意他说的。

下面转入实质性的讨论。大家可以看一下 PPT，我们的讨论分为 4 部分。

——〔英〕克里斯托弗·科克尔：《21 世纪战争论》

是不是很有看下去的欲望？

这本书还假设了其他场景：如果“下个美国世纪研究中心”智库正在举行一场关于反恐战争的研讨会，克劳塞维茨在座，他会说什么？如果克劳塞维茨是英国皇家国防学院的一名客座教授，他会发表什么样的演讲？如果克劳塞维茨没有在 1831 年因为霍乱去世，而是活到了达尔文发表《物种起源》之后，他的观点会发生什么变化？

做这样的体例创新，需要作者有非常的胆略。

他既得真的读懂了《战争论》原著，还得把其中的观点做原则抽象，还得对当前最新的军事前沿问题有起码的了解，还得把 200 年前的旧理论应用到这些新问题当中。

这是一个很高的境界。学习一个人，不仅要知道他是怎么说的，更要知道他如果处在我当前的情境下会怎么选择。鲍鹏山老师有句话说得好：“读孔子，问题不是孔子是怎么说的，怎么想的，孔子他老人家不在了。而是在我们面对的一切公共事务里面，我们要有能力判断孔子如果在这个处境下，他会站在哪儿，然后我们走过去，和他站在一起。”[9]

类似这样的书还有一些，比如著名的哲学入门书《苏菲的世界》，社会学入门书《米拉的猜想》，介绍心理学、社会学当代成果的《社会动物》。它们都是在虚构写作的壳里装进了严肃学术的内核，用来自专业知识的解决方案帮助人们应对日常生活的挑战。

这就不仅是写作方法的创新了。大道不离日用。这本身就是知识的创新。

这一章，我们看了书籍体例创新的一些案例。

这些创新每发生一次，就让后人看到了文化建构的更多可能性。如果想写一本书，何妨直接借用这些智慧？

我们可以大胆设想：未来会不会有人借用《趣味生活简史》的写法，把故宫、苏州园林、张作霖大帅府、长安城写一遍？未来会不会有人借用《万历十五年》的写法，把1279年、1642年、1912年写一遍？未来会不会有人借用《重走》的写法，沿着杜甫、王阳明、徐霞客的足迹重走一遍中国，然后捧出一本书？未来会不会有人借用《21世纪战争论》的写法，写出一本孔子、老子在今天大学课堂上的讲座记录稿？

建构无穷，以待来者。

书 单 BOOKLIST

你会在这些做出重大创新的书籍中感受到建构的价值：

《趣味生活简史》

〔英〕比尔·布莱森，严维明译，接力出版社 2017 年版

《魔鬼辞典》

〔美〕安布罗斯·比尔斯，李静怡译，北京联合出版公司 2018 年版

《米拉的猜想》

〔英〕安格斯·班克罗夫特、〔英〕拉尔夫·费弗尔，余芳旭译，上海文化出版社 2021 年版

《福楼拜的鹦鹉》

〔英〕朱利安·巴恩斯，但汉松译，译林出版社 2016 年版

《重走：在公路、河流和驿道上寻找西南联大》

杨潇，上海文艺出版社 2021 年版

[怪 谈 NOVELTY]

意 料 之 外 ， 都 在 情 理 之 中

想象力竞赛

人性的镜子

文明的边界

常识：你用来说服别人，自己却该不时质疑的“理所当然的事物”。

——喻颖正

想象力竞赛

书籍的世界里，还有一个隐秘的所在。

那里没有我们熟悉的世间万物，没有常理常情，既不设目的，也不给工具，甚至看起来干脆就像是一个精神错乱的梦境。那是“怪谈”的世界。

《聊斋》里的狐鬼神仙、《爱丽丝漫游奇境》里的兔子洞，都算“怪谈”。不过，在这个角落里，作家只比拼天马行空的想象力，所以，没有最怪，只有更怪。

比如，意大利建筑师塞拉菲尼的《塞拉菲尼抄本》。

很遗憾，直到本书临出版前，我们也没能申请到《塞拉菲尼抄本》的图片授权。你如果好奇，可以到网上去搜搜它典型图片的样子。

这些图，粗看起来似曾相识，旁边的文字也排布整齐，我们甚至能模糊地猜出它要表达什么。但细看局部，你会发现，图是生造的，字是生造的，图文关系也是生造的。它们没有任何意义。

像这样的图片，《塞拉菲尼抄本》里有1000多幅，小到动物、植物、服饰、食物，大到机械、桥梁、楼宇、城市。每幅图片都煞有介事地配上了塞拉菲尼独创的文字。

> 正是存在于这个宇宙中的事物，激发出了艺术家的语言。这些事物，正如我们在这本百科全书的插图中看到的那样，几乎都是不可思议的。但它们和我们生存的世界中的事物之间，存在着意想不到的联系，这会带给我们某种心理上的不安。
>
> 其关键之处在于，塞拉菲尼的语言被赋予了一种权力，它将要唤醒的是一个其内在语法完全颠覆的世界，因此，它必须将这种更为深刻动人的语言和思想的内在逻辑，隐藏在其表面的神秘难解之下。
>
> ——〔意〕卡尔维诺：《塞拉菲尼抄本》推荐序

《塞拉菲尼抄本》被列为“世界十大神秘天书”之首。我细细翻过一遍，那种阅读体验很难准确描述。

刚开始是疑惑：世上为什么会有这么认真的恶作剧？进而又是心惊：这仿佛是从某个平行世界传递过来的信息。它故意把我们熟悉的文明的表皮揭掉，露出下面的底层真相。让我们看到：在人类文明现有的样子之外，还默然存在着无数种可能。

有意思的是，《塞拉菲尼抄本》的内容不在我们的经验体系之内，但又与我们的经验有着某种若合符节的默契。它已经尽力作怪了，但作为一个中国人，我还是能一眼看出来，那是西方式的想象力的产物。文字模型是西方的，图片风格也是西方的。它不但没能脱离人类文明的范围，甚至连西方文明的范围也没能突破。

所以，《塞拉菲尼抄本》暴露了所有“怪谈”书籍的困境：越是离奇的想象，就越是暴露了想象力的边界；越是想脱离地面，反而越是显现出地心引力的强大。

中国历史上，也有这样的“怪谈”之书。

对唐朝人来说，《虬髯客传》是“怪谈”；对明朝人来说，《封神演义》是“怪谈”；对清朝人来说，《镜花缘》是“怪谈”；对民国时候的人来说，《蜀山剑侠传》是“怪谈”；对我们这批生于 20 世纪 70 年代的人来说，金庸的小说就是“怪谈”；而对今天的年轻读者来说，网络小说才是“怪谈”。

每一代人都会觉得上一代人想象力贫乏。但新一代人觉得最奇诡的想象，也总会被下一代人视为平常。

所以，“怪谈”之书的价值不仅在于创造一个新世界，更在于竖起了一面镜子，照见旧世界的可能边界和真实样子。

人性的镜子

网络小说，算是当代“怪谈”中最显赫的存在了。

有一位这个行业内的朋友跟我讲，真正最让人上瘾的内容产品，其实不是电子游戏，而是网络小说。电子游戏带来的快感很短暂，而网络小说可以让人很长时间不眠不休地追更。而且，大量网络小说动辄上百万字，几百万字的也很常见，所耗时间可想而知。

不仅是中文世界的读者这样“上瘾”。据说，有些外国人追中文网络小说的翻译版，也是如醉如痴，甚至有人因此戒掉了毒瘾；还有人因为等不及翻译，直接学会了中文。

传闻不知真假。但万维钢老师确实说过一句话：“网络小说是这一代中国人的重大文化成就，我们很可能已经找到了给读者制造爽感的终极公式。”[1]

那这个公式是什么呢？我自己也曾是网络小说的资深读者，觉得这个公式应该可以写成：

爽感 = 明确的目标 + 清晰的成长路径 + 金手指作弊。

首先，网络小说在一开始，就会快速交代清楚小说主人公的终极目标是什么。网络小说有各种各样的流派，什么“废材退婚流”“洪荒流”“无限流”，等等，但是所有流派都会严守这个规矩。否则，读者就跟不住。

比如，网络小说《斗破苍穹》是典型的废材退婚流小说。开篇就说主角因为实力很弱，被原来有婚约的大家族退婚了。这是他人生的奇耻大辱。那么这部小说的一个目标就是，主角快速成长，最后成功，给对方一记响亮的耳光。当年你对我爱答不理，现在我让你高攀不起。读者从一开始，就是知道这个情节终点的。这和传统小说技法——隐藏情节终点——是不是正好相反？

其次，小说主人公还需要有清晰的成长路径，也就是这个玄幻世界要有一个能力进阶体系。比如，有的修仙小说将成长路径分成四层大的境界：炼精化气、炼气化神、炼神还虚和炼虚合道。然后每个阶段再细分。每部小说的设定可能不一样，通常很繁复。主人公沿着这道漫长的台阶，一级一级地往上走，这也是网络小说一开篇往往就要交代的。

更重要的是第三点：一定要有“金手指”。“金手指”这个词，最开始来自游戏圈，是游戏作弊器的意思。网络小说里的金手指当然也是用来作弊的，要么是主角无意中找到了什么宝物，要么是主角有什么奇遇，每当遇到困难时，金手指都会帮他解决问题。比如，《斗破苍穹》里的金手指，就是主角在开篇捡了个戒指，里面有一个高人的灵魂，每当主角遇到困难的时候，高人都会出面指导，帮助主角渡过难关。还有常见的穿越、重生类的小说，主角通常是从现代穿越回古代的，所以他们脑子里有现代人的知识。这也是一种“金手指”。

我看过的网络小说，基本都是这个套路。

在狂读网络小说的那几年里，我既得到了巨大的爽感，也进行了沉痛的反省。它们像一面面镜子，让我们窥见了自己人性中的缺陷。

对照上面的“爽感公式”，可知：

第一，我隐隐然在贪图一个确切的目标，而懒于自己去设定人生的议程；

第二，我隐隐然在希望按照公认的台阶向上攀登，而懒于自己去探索更好的方法；

第三，我隐隐然在期待捷径。

知道了自己最容易被什么蛊惑，也就知道了如何去补上bug（漏洞）。

> 大脑是生物学的奇迹。但就像我们其他部位一样，它喜欢偷懒，在可能的情况下会选择阻力最小的道路。为此，大脑会给某些进程降格，甚至索性跳过某些进程，以节省精力。这意味着大脑总喜欢走捷径，免得考虑每一个细节。在现实生活中，大脑会敷衍塞责，导致我们每天犯错误。
>
> ——〔美〕彼得·霍林斯：《思维模型》

所有的“怪谈”，其实都是“镜像之书”。它们通过对现实的切割，通过把某个点放大到荒诞的程度，让我们反过来看清自己。

还记得少年时读《聊斋志异》，因为故事非常奇诡，所以我就有了一种虚幻的安全感，可以放心大胆地把自己代入情节中，想象自己在那些极端情境下的反应。

夜宿荒斋，遇到投怀送抱的鬼狐怎么办？天人永隔，遇到生离死别怎么办？天降奇遇，面对巨大的诱惑怎么办？暗夜沉沉，面对残虐不公怎么办？

《聊斋志异》不是纯粹的消遣读物，它还是一个人性的试炼场，自有其冷峻的一面。

> 无论任何流派的文学，在各种奇巧变幻、怪诞荒唐等对现实的变形的描写背后，是社会生活的原形，是历史和时代的脉搏在跳动，是人性的强烈表现。文学的本质归根到底是现实主义的。

文学的根本目的在于反映人类对世界、对社会、对人性的认知，书写人类的恐惧和希望。

为了“尽可能完美”地反映现实，作家需要借助“幻想”。世界上最虚幻、最富有幻想的事情，往往是真实的事情，而看起来虚幻的道理，往往是至真的道理。

——莫言：《幻想与现实》，载《散文海外版》2021 年第 12 期

在我的阅读经验中，最让我冷汗直流的“怪谈”之作，是余华的小说《现实一种》。

这篇小说写了一家人，莫名其妙地开始互相残杀。用余华自己的话说：“记录了我曾经有过的疯狂，暴力和血腥在字里行间如波涛般涌动着，这是从噩梦出发抵达梦魇的叙述。为此，当时有人认为我的血管里流淌的不是血，而是冰碴子。”[2]

山岗将山峰的袜子脱掉后，就揭开锅盖，往山峰脚心上涂烧烂了的肉骨头。

那条小狗此刻闻到香味马上跑了过来。

小狗贪婪地用舌头舔着山峰赤裸的脚底。

他脖子拉直了哈哈乱笑。狗舔脚底的奇痒使他笑得连呼吸的空隙都快没有了。

山岗一直亲切地看着他，现在山岗这样问他：“什么事这么高兴？”

山峰回答他的是笑声，现在山峰的笑声里出现了打嗝。所以那笑声像一口一口从嘴中抖出来似的，每抖一口他都微微吸进一点氧气。那打嗝的声音有点像在操场里发出的哨子声，节奏鲜明嘹亮。

山岗继续说："你高兴得连呼吸都不需要了。"

于是山岗又走到那只锅子旁，揭开盖子往里抓了一把，又涂在了山峰的脚底。那条狗立刻扑了上去继续舔了。

山峰这次不再哈哈大笑，他耷拉着脑袋"呜呜"地笑着，那声音像是深更半夜刮进胡同里来的风声。声音越拉越长，都快没有间隙了。然而不久之后山峰的脑袋突然昂起，那笑声像是爆炸似的疯狂地响了起来。这笑声持续了近一分钟，随后戛然而止。山峰的脑袋猛然摔了下去，摔在胸前像是挂在了那里。

——余华：《现实一种》

这种亲人之间的残杀，没有逻辑，不符合常识。我读完之后甚至觉得，这不是什么残杀，这就是被剥离了人性的纯粹的恨的样子。

在正常的观念中，家人之间应该只有融洽的亲情。但那只是"应该"，不是全部现实。余华的这篇小说，就是把人性中掩藏得最深、最不堪的一面，突然用血淋淋的手术刀剜了出来。这一面，人人都敢说自己绝不会那么做，但不是人人都敢说自己心里没有。

"怪谈"之书，既不是人间实相，又和人间形成了一种奇妙的呼应关系。

文明的边界

"怪谈"之书，不仅在探查人性的幽深之处，也在探索整个人类文明的边界。

典型的例子是中国的《山海经》。在古人看来，《山海经》就是一本“海外奇谈”。《四库全书》干脆就把它分到了神怪小说一类。

翻开《山海经》，里面是一行一行的条目，写的都是真实世界里没有的东西。比如，“某个地方有座什么山，有个什么方国，那里有哪些奇怪的人和动物，也夹杂了一些神话和占卜内容”[3]。既没有信息来源，似乎也懒得去求证，看起来就是古人胡思乱想、痛快吹牛的一部书。

共工之臣曰相柳氏，九首，以食于九山。相柳之所抵，厥为泽谿。禹杀相柳，其血腥，不可以树五谷种。禹厥之，三仞三沮，乃以为众帝之台。在昆仑之北，柔利之东。相柳者，九首人面，蛇身而青。不敢北射，畏共工之台。台在其东。台四方，隅有一蛇，虎色，首冲南方。

——佚名：《山海经 · 海外北经》

从古至今，很多学者都想厘清那些地方和奇怪生物的原型到底是什么。但是这种“求实”的研究，总是越研究越茫然。

后来叶舒宪教授提出了一个有意思的观点：《山海经》的世界观本质恰恰不是混沌，而是秩序和理性。治水神话中的主角大禹“命山川、类草木”，“内别五方之山，外分八方之海”，[4]给九州大地奠定了万古空间秩序。

第一，《山海经》的内容分类很有秩序。今天通行的《山海经》共18卷，分5卷《山经》和13卷《海经》。“《山经》谈的是山川万物，讲动植物和草木，类似博物学。《海经》分海内、海外和大荒三部分，说的是时间和空间问题，属于天文地理范畴，反映的是上古时代的世界观。”[5] 从这种分类思维就能看出，在《山海经》成书的战国时代，人们已经开始用秩序意识来组织世界了。

第二，《山海经》写“山川河流，是按照方位距离、植被、物产、鸟兽这个固定顺序来讲的。写动物也是先写头、身体和皮毛，再写习性和叫声。这个写作目标很明确：作者既是在建立地理旅行手册，也是在建立分类学目录，要为外部世界建立一个系统”。[6]

初民们睁眼看世界，总是想为世界立法，为万物命名。这种冲动明显体现在《山海经》中。也许，这种带有秩序感的胡思乱想，反倒是一个文明更为真确的样子。

马尔克斯的《百年孤独》，也是写了一个超级魔幻的世界，但它反而比任何一篇新闻报道、任何一部非虚构作品，都更能呈现那个时代拉美世界的面貌。

加西亚·马尔克斯虚构了一个家族的命运，来代表拉丁美洲整个大陆的命运。小说中描绘了大量神奇和带有魔幻色彩的细节和故事情节：一个被杀的人的血会流好几公里；一个姑娘会坐毯子飞上天空；有人死后能够复活，有的人死了却阴魂不散地继续纠缠着活人。小说中，死亡和生命、时间和历史成了混沌一片。

但是，在加西亚·马尔克斯看来，他仅仅是把外祖母给他讲的故事和哥伦比亚的日常生活、民间故事与历史事件综合在一起，一股脑地写了出来，于是，就有了这么一个“魔幻现实主义”。所以，他从来都认为他写的是真正的现实主义小说，因为，拉丁美洲到处都是这样的神奇和充满了魔幻色彩的现实：“在拉丁美洲的河流上，可以看到像人一样吃奶的海牛，雨有时候一下就是一个

> 月，在热带雨林中，几天之后，草木就将所有大地上的痕迹覆盖成原始洪荒的状态……”
>
> ——邱华栋：《大师创造的世界》

你有没有发现一个现象，越是晚近的严肃文学创作，就越脱离现实，越带有“怪谈”的特征？即使说的是人间事，也往往会使用一种人间难懂的语言？

普鲁斯特的《追忆似水年华》、托马斯·曼的《魔山》、卡夫卡的《城堡》、乔伊斯的《尤利西斯》。本本如雷贯耳，但又有多少人从头到尾读过呢？还有福克纳的《喧哗与骚动》里，长长一段描写，没有一个标点，叫人怎么读？

> 即便是想象一下那树丛我就觉得我能听到那低语声神秘的涌动还有气味不再神秘的狂野肉体之下热血奔腾着红着眼眶看着绳子松脱的猪成双成对奔跑着交媾着冲进大海于是他说我们得保持清醒看到恶会一时得势但不会长久于是我说甚至不用多久就会看到它的失势尤其对一个勇敢的人来说然后他说这个你也叫做勇敢吗于是我说是的先生你不觉得吗于是他说每个人都是自己品德的评判者你自己觉得自己是否勇敢比行动本身更重要比任何行动都更重要不然的话你不会当真这么想吧于是我说你不相信我当真于是他说我想你就是太当真了叫我担心都担心不起来不然你也不会用这种权宜之计跟我来讲你犯下了乱伦罪不然的话于是我说我没有撒谎我没有撒谎于是他说你是想把率性而为的小小蠢行升华为滔天大罪然后用真相去拷问它于是我说这是为了将她从那喧闹的

世界分离出来这样这事自然会离我们而去接着它的声音就仿佛从未存在过一般

——〔美〕威廉·福克纳：《喧哗与骚动》

再比如，普鲁斯特的《追忆似水年华》，译林出版社出版的中文版共7卷，200多万字。虽说是小说，但其实没有什么情节，就是没完没了地描写自己的感受。英国作家毛姆说过："我宁愿读普鲁斯特读得厌烦，也不愿读其他作家的作品来解闷。"[7] 这明显话里有话，毛姆虽然正面评价了它，但毕竟也很厌烦。

我看过一家英国图书俱乐部的调查，40%的英国人承认，他们把文学作品摆在书架上纯粹是做做样子，为了面子上好看；有71%的英国人承认，为了显得更有文化，他们会吹嘘自己读过某些名著。[8]

那问题来了：经典严肃文学为什么名声那么大，却越来越难读？

答案可能是：因为经典严肃文学正在把娱乐大众的责任交给其他内容形态，比如网络小说、短视频、电子游戏，而自己则去孤独地探索人类文明的新疆界。

这些经典严肃文学的任务，是要从原有的、习惯的、熟悉的文学表达中走出来，进入一个更广阔，但是很陌生的新世界，要么是在语言方式上，要么是在叙事结构上，要么是在问题意识上，多少得有些突破。

所以，它们看起来是"怪谈"，不过是因为它们走得远了一些。

仰望它们所在的位置，不是为了欣赏，而是为了看到人类精神世界的新轮廓。

书单 BOOKLIST

你可以在这些书中不断突破想象力的边界：

《聊斋志异全译》

〔清〕蒲松龄，丁如明等译，上海古籍出版社 2019 年版

《李贺诗集》

〔唐〕李贺，上海古籍出版社 2015 年版

《何典》

〔清〕张南庄，学林出版社 2000 年版

《夜晚的潜水艇》

陈春成，上海三联书店 2020 年版

《夜谭十记》

马识途，人民文学出版社 2021 年版

迫不及待想看这几本书？
现在扫码，进入怪谈的世界

[设 定 SETTING]

我们来假设一下

世界假设如此……

世界何以如此……

世界竟然如此……

谨记，你是在寻找最好的答案，

而不是你自己能得出的最好答案。

——〔美〕瑞·达利欧

世界假设如此……

上一章我们提到了“怪谈”之书。它们叩问的是：世界将会怎样变化？

还有一类书，会更进一步追问：假设世界变化成那样，人类又会怎样变化？这样的书，魅力当然又增一重。我称之为“设定”之书。

很多科幻小说，在讲到高科技的时候，想象力爆棚，可是一旦触及未来人类社会的状态，想象力就会显得非常贫乏。当年我看田中芳树的科幻名著《银河英雄传说》，就是这个感觉：在那么发达的技术条件下，人类的政治体制居然还是“帝国”“共和”那么几种形态，怎么可能？这种科幻小说，剥开技术想象的外壳，呈现的还是一个欧洲中世纪故事的内核。

还有一类科幻小说就精彩多了。它们设定一种未来的情境，不是去遥想星辰大海，而是像玩多米诺骨牌那样，推倒第一块，然后把它丢到人类社会内部的链条中，看看究竟会演化出一个怎样的局面。

刘慈欣的科幻小说，就具有这样的特质。

我读刘慈欣的小说，当然是从《三体》开始的，然后一路追了他出版的几乎所有作品。最强烈的感受就是：比起关注未来和科技，刘慈欣更关心人类的可能性。不妨从《流浪地球》说起。

《流浪地球》的设定是：太阳即将毁灭，人类只好给地球装上行星发动机，逃离太阳系，去寻找新的家园。这一路上，当然是九死一生。根据《流浪地球》改编的电影曾经大火。可惜的是，刘慈欣对人类社会的很多深刻反思，电影没有很好地传达出来。那么，在如此巨大的压力下，人类社会会如何演化呢？

先来看“爱情”的变化。

> 爸爸突然想起了一件事，“呵，忘了告诉你们，我爱上了黎星，我要离开你们和她在一起。”
>
> “这是谁？”妈妈平静地问。
>
> “我的小学老师。”我替爸爸回答。我升入中学已两年，不知道爸爸和小星老师是怎么认识的，也许是在两年前那个毕业仪式上？
>
> “那你去吧。”妈妈说。
>
> “过一阵我肯定会厌倦，那时我就回来，你看呢？”
>
> “你要愿意当然行。”妈妈的声音像冰冻的海面一样平稳，但很快激动起来：“啊，这一颗真漂亮，里面一定有全息散射体！”

她指着刚在空中开放的一朵焰火，真诚地赞美着。

过了两个月，爸爸真从小星老师那儿回来了，妈妈没有高兴，也没有不高兴。

爸爸对我说："黎星对你印象很好，她说你是一个有创造力的学生。"

妈妈一脸茫然："她是谁？"

"小星老师嘛，我的小学老师，爸爸这两个月就是同她在一起的！"

"哦，想起来了！"妈妈摇头笑了："我还不到四十，记忆力就成了这个样子。"她抬头看看天花板上的全息星空，又看看四壁的全息森林，"你回来挺好，把这些图像换换吧，我和孩子都看腻了，但我们都不会调整这玩意儿。"

——刘慈欣：《流浪地球》

老公出轨，老婆竟然如此平静。老公回来，老婆依然如此平静。当整个人类文明陷入朝不保夕的危险处境时，爱情在社会中的位置居然被如此边缘化了。

用刘慈欣的话来说，"在这个时代，死亡的威胁和逃生的欲望压倒了一切。除了当前太阳的状态和地球的位置，没有什么能真正引起他们的注意并打动他们了。这种注意力高度集中的关注，渐渐从本质上改变了人类的心理状态和精神生活。对于爱情这类东西，他们只是用余光瞥一下而已，就像赌徒在盯着轮盘的间隙抓住几秒钟喝口水一样"[1]。

再来看人类伦理的变化。

> 警报响起，我听到市政厅的广播：“岩浆渗入！全体市民到中心广场集合，通过升降向地面撤离。注意，撤离时按危急法第五条行事！”
>
> 我知道现在的危险。升降梯的载运量很小，要把这座城市36万人运出去需要很长时间。但也没有必要去争夺生存的机会，联合政府的危急法把一切都安排好了。
>
> 古代曾有过一个伦理学问题：当洪水到来时，一个只能救走一个人的男人，是去救他的父亲呢，还是去救他的儿子？在这个时代的人看来，提出这个问题很不可理解。
>
> 当我到达中心广场时，看到人们已按年龄排起了长长的队。最靠近电梯口的是由机器人保育员抱着的婴儿，然后是幼儿园的孩子，再往后是小学生……我排在队伍中间靠前的部分。我现在看不到妈妈。我知道她在最后一段，因为这个城市主要是学校集中地，家庭很少，她已经算年纪大的那批人了。
>
> 我到地面两个半小时后，岩浆就在500米深的地下吞没了整座城市。我心如刀绞地想象着妈妈最后的时刻：她同没能撤出的一万八千人一起，看着岩浆涌进市中心广场。
>
> ——刘慈欣：《流浪地球》

在我们农耕民族的历史上，经常有这样的记载：当灾荒袭来的时候，老人先去赴死，把活命的机会留给年轻的儿孙。但那毕竟是非常时代的伦理悲剧。而当整个人类面对生存危机时，老人先死，竟然被如此制度化地安排了。

看过这个段落的人，内心应该都受到了巨大的冲击。

2014年，刘慈欣曾经在一场演讲里提到一个概念：“历史微积分”。迄今为止所有的政治家、思想家，都是像微积分那样，只从现状出发考虑很短时间段的变化，他们设定的文明目标很近。“但是科幻文学不一样。科幻文学是唯一一个考虑人类终极目标的文学，这是它的价值所在。这也是科幻文学当中政治观丰富多彩，社会图像丰富多彩，而且它对社会图像又采取很宽容的态度的原因。”[2]

如果能跳过当下，直接一眼看到文明的尽头，彼时的社会景观会不会吓我们一跳？在很多篇小说里，刘慈欣都在做这样的设定和推演。

如果地球上所有的大人都将在一年内死去，整个世界都交给13岁以下的孩子，这个世界会变成什么样？这是刘慈欣的《超新星纪元》要讲的故事。

如果人类有了一个超级计算机，用它可以查出人类社会的所有真相，从此，任何犯罪，甚至每个人的每个小过失，都能被追查到底，人类社会会变得更美好吗？这是刘慈欣的《镜子》要讲的故事。

如果当年郑和没有停下，而是继续沿非洲海岸向西航行，历史会怎样改写？这是刘慈欣的《西洋》要讲的故事。

如果你是一个科学家，现在有个机会摆在你面前，你可以向更高等的文明询问你最关心的宇宙真理，但代价是你的生命，你会问吗？这是刘慈欣的《朝闻道》要讲的故事。

如果任由贫富分化发展到极端，全世界99%的财富都集中到一个人手中，世界会变成什么样子？这是刘慈欣的《赡养人类》要讲的故事。

如果一个人被困在地心，船舱的生命保障系统可以维持几十年，但他就是没有任何被救援的可能，这个人会怎样度过余生？这是刘慈欣的《带上她的眼睛》要讲的故事。

在这些小说中，离奇的技术想象并不是重点。刘慈欣先是问："假设果真如此，我们究竟会怎样？"然后就用一种冷峻至极的眼神盯住我们，等着听我们的回答。

世界何以如此……

还有一种反向操作的"设定"之书：已经在现实中看到了某种"结果"，倒回去追问，原因是什么呢？

这种追问往往并不"科学"，因为任何一种社会现象的成因都非常复杂，很难找到那第一只鸡或者第一只蛋。但这个思想游戏的过程非常有趣。

比如，在中国历史上，秦灭六国，一统天下，这是一个重要的"结果"。那为什么秦国能做到，而其他诸侯国则不能？关于这个问题，你一定听过很多答案。有从人物出发的，比如归因于商鞅、秦始皇；有从制度出发的，比如归因于秦国的变法；也有从地理条件出发的，比如归因于关中和蜀地的独特区位优势。

不过，我在张笑宇的《技术与文明》里看到了一个"弩机猜想"，很开脑洞。

> 当"弩机"这种军事技术在一国内大范围普及时，它会给这个国家的统治者提供一种战略优势，那便是用技术的力量将原先无法有效动员的平民百姓充分动员起来，变成（在特定作战环境中）可以驱策的部队，以适应战国时代的大规模冲突。

> **而统治者可以这样做，又是以能够彻底变革封建时代的治理结构，摆脱“小圈子”和“血缘家族”的桎梏，建立一种“科层化”的现代管理体系为前提条件的。**
>
> **——张笑宇：《技术与文明》**

弓、弩经常被并称。但你有没有意识到，弓和弩对人的要求完全不一样？

拉弓是非常需要体力的。古代军队评价一个人的武力，往往就是看他能拉开多少石的弓。当然，只是拉开弓还不够，做过平板支撑的人都知道，拉开、停住、等待发射时机，都是非常需要力气的。所以，如果弓箭是一支军队的主要远程武器，那么能去当兵的人就很少，而且能去的人也得经过长期的训练才能上战场。

而弩呢？它有一个扳机，可以先用腿部或腰部的力量上弦，力气小的人也很容易就能掌握；也可以先上好弦，等上了战场再用。关于弩的学习，有一个说法叫“朝学而暮成”。普遍用弩的结果，是可以动员大量的平民上战场了。

还有更深一层的影响：当弓箭是战场上的主要武器时，只有少数的精英、贵族集团能把持武力。而到了弩的时代，国君就可以绕过原来的武装集团、贵族集团，直接向最普通的民众征兵了。平民上了战场，为了保持士气和战斗力，就要对他们进行激励。一个人立了战功，国家就要给他从金钱到荣誉的全面奖赏。当时，赢得战争是一个国家的最高任务。只要是有利于战争的制度安排，都会被快速推行。既然要大规模使用弩，就必须大规模动员平民；既然要大规模动员平民，就必须从制度上摧毁贵族制。于是，商鞅变法就是历史的必然了。

从这个角度来说，商鞅变法之所以能在秦国推行开来，和秦国要大规模使用弩有很大关系。

更早的时候，也有人用类似的逻辑来解释火枪对于西方近代史的影响。

火枪刚出现的时候，技术并不成熟：装弹慢，火绳容易受潮，杀伤力还不行。而当时普遍使用的长弓，优势则很明显：射程远，力度强，性能更稳定。但为什么欧洲军队最后还是普遍配备了火枪呢？

道理是一样的：火枪使用起来太简单、太便捷了。训练一个弓箭手可能要几年乃至十几年，但训练一个火枪手只需要几星期，这使得当时欧洲各国政府有条件在短时期内把平民组织训练为一支可以作战的军队。而大规模动员平民，又会触发其他制度变革。美国社会学家查尔斯·蒂利（Charles Tilly）就说过，“从15世纪到16世纪，对一个国家的胜败而言，是否具有动员和部署大规模军队的能力变得越来越重要，而这也是税收体系越来越现代化的最强大动力”[3]。

从历史意义来说，火药时代敲响了骑士制度和骑士精神的丧钟。

如果说匈奴人给欧洲带来的马镫导致了骑士制度的诞生，那么蒙古人给欧洲带来的火药却使骑士制度走向消亡。就连托克维尔也不得不承认，枪炮的发明，使平民和贵族在战场上处于平等的地位。

> **封建骑士虽然穿着精致闪亮的盔甲，却无法抵挡平民一颗滑膛枪的铅弹。**
>
> **——杜君立：《历史的细节（卷四）：火药、枪炮与革命》**

那么问题来了：弩、火枪真的是这段历史发展的第一推动力吗？

别忘了本章的主题：设定。它仅仅是一套思考的设定，帮我们在一丛丛纷乱的历史元素中看到一根可能存在的因果链条。

学术洞察的魅力就在这里。

比如，德国社会学家马克斯·韦伯在《新教伦理与资本主义精神》里提出了一个设定：和天主教相比，新教的伦理让人更愿意勤奋工作，努力赚钱，更有利于资本主义经济的发展。这个设定太有名了，以至于到今天还不断有人引用。

这个设定“正确”吗？

其实，西方主流历史学家一直对此存疑。放眼全世界，也不乏一些反驳的证据：日本这样的东亚国家经济崛起，和新教伦理肯定没什么关系。爱尔兰这些年也发展得很好，那可是地地道道的天主教国家。

那么是韦伯“错”了吗？

也不能这么说。在韦伯那个年代，“基本上不存在大规模的民意调查、完整的宏观经济和社会数据、科学上严谨的统计技术”，他的学术研究只能是“从概念到概念，从推断到推断，从灵感到灵感”。[4]

但是，韦伯提出新教伦理和资本主义精神之间的关系，仍然是一个极高明的洞察。他第一次把思想观念和经济成就之间的关系问题摆到了桌面上。仅仅是提出这个问题，就已大大拓宽了人类的认知边界。

世界每增加一个可以自圆其说的“设定”，都是人类认知能力的自我提升。

世界竟然如此……

每一个人、每一个组织，都生活在一系列基本设定中。

秦始皇的设定是，只要措施得当，帝位传承就可以万世不绝；一个中国古代举子的设定是，只要窗前苦读，就能金榜题名；资本的设定是，只要投资正确，财富就可以永远增值。

而阅读的好处就在于，通过更多人的故事，知道那些看起来理所当然的东西，并没有那么牢固。

在我的阅读经历中，最让我觉得齿冷的，是有关当年日本发动侵华战争的故事。这是一个典型的“设定”已变，而当事者惘然无知的故事。

日本人原先的设定是：一个新型工业国打一个落后的农业国，是可以轻易取胜的。而取胜之后，是可以予取予求的。先在战场上赢一次，然后在谈判桌上再收割一次。

不能说这个设定没有道理。实际上，在第二次世界大战之前，全世界的战争都是这么打的。欧洲的君主们打仗，非常看重决战。把所有赌注一次性押上去，败者割地赔款，胜者赢家通吃。中国早期的战争也是这样的。比如“输赢”的这个“输”字，左边是车，右边是船，是“运输”的意思。为什么“输”后来又衍生出“败”的意思呢？因为打仗打败了的后果，就是把财货、子女给对方运送过去。所以，败家也就是输家。

日本人此前的经验也是支持这个“设定”的。1894 年的甲午战争，日本在决战中战胜了清朝，于是清朝割地赔款。10 年后，1904—1905 年的日俄战争，日本人又赢了，俄国把在中国的权益转让给了日本。

抗日战争之前的日本人，就是想照着这个剧本再来一回。

很多人可能都听说过一个说法，抗战之前，日本高层有人说要“三个月灭亡中国”。后来有学者考证，原话实际上是“一个月内解决中国事变”。[5] 这两种措辞之间有什么区别呢？“灭亡”，是指彻底征服中国的每一寸土地。日本人明知做不到，做到了也统治不了。那什么是“解决”呢？就是和中国决战，战胜之后，中国政府按照惯例，投降，签订丧权辱国的条约，日本把在战场上收获的利益落袋为安。

但是，日本人的想法落空了。

南京陷落后，东京又拿出一个更苛刻的“和平方案”。

中国何以答应？

但日本人在等消息，而且很认真地等。他们给出的最后期限是 1938 年 1 月 15 日。

1 月 15 日到了，中国没理睬日本。

当天上午 9 点半，东京召开紧急会议。

军部则认为：还可以再等等。

总长载仁亲王则在没话找话，问：“我们的方案有很多条，能不能保证一条条传达到中国那边呢？”

多田继而问陆军大臣杉山：“‘膺惩’到底要达到一个什么目

标？仅仅叫中国屈服吗？如果中国不屈服，怎么办？当时有没有人想过？把战争一直打下去吗？一直打到中国屈服吗？这次战争的目的就是要中国屈服吗？”

多田几乎快说上绕口令了。

开会的人互相观望，没人能回答出来。

——魏风华：《抗日战争的细节》

不仅南京陷落之后中国没有屈服，武汉陷落、华北陷落之后，乃至国民政府准备从重庆迁都西康之时，中国都没有屈服。

为什么？

国家和人一样，历史上的成功会严重地缩小他们的视野，以为只要前提重演，结果就会重演。他们往往忘了，历史的基本“设定”也是会变的。

为什么在甲午战争、日俄战争中，日本取得了满意的结果？其中一个原因是，它当时面对的是两个君主国。君主把国家看成自己的私产，一场仗打输了，止损认赔就是了。

而到了抗日战争爆发的20世纪30年代，中国已经具备了现代民族国家的基本雏形。所谓“现代民族国家”，就是一个“想象的共同体”，而不是任何人的私产。无论是蒋介石还是汪精卫，谁都不能替中国人做主，把土地和主权拱手让人。这就注定，日本和那时的中国打仗，只能是一场不死不休的死斗。

很久以前，我就看到过民国著名军事家蒋百里的一句话——“胜也罢，败也罢，就是不要同他讲和！”当时只知道这是一句豪言，并不理解这句话背后的战略意义。

> 蒋百里生前遗留的话也在振聋发聩：“中国对日本，打不了，亦要打；打败了，就退；退了还是打。五年、八年、十年总坚持打下去；不论打到什么天地，穷尽输光不要紧，千千万万就是不要向日寇妥协，最后胜利定是我们的。你不相信，可以睁眼看着。”
>
> ——曹聚仁：《将将之将：蒋百里评传》

后来读的书多了才知道，蒋百里的这句话，讲出的是一个全新的战争逻辑。在这个逻辑里，出现了一个全新的设定：

可以败，但是不认输。

后面的事情我们都知道了。中国一败再败，但是绝不认输，也绝不和谈，导致日本在战略上陷入绝境，随后发动了珍珠港事变。日本侵华的故事，既是一个血泪悲剧，也是一个抱着过时的设定，自寻死路的闹剧。

有很长一段时间，我非常热衷于阅读战争史方面的书。读得越多，我就越知道——

人世间的竞争，往往并不是力量和智慧的决胜。博弈双方虽然在下同一盘棋，但是各自脑子里的“设定”并不相通。最后决定胜负的，其实是谁的“设定”更符合时代潮流。

书籍的世界里，有最丰富的人类文明图景。

有的图景，给出一个设定，要我们求解出结果。

有的图景，呈现一个结果，要我们逆推出设定。

还有的图景，则让我们看到，设定如果错了，会导致多大的悲剧。

书单 BOOKLIST

你可以在这些书中预见小设定带来的大改变：

“太空漫游”四部曲

〔英〕阿瑟·克拉克，郝明义等译，上海文艺出版社 2019 年版

《呼吸》

〔美〕特德·姜，耿辉等译，译林出版社 2019 年版

《蝇王》

〔英〕戈尔丁，龚志成译，上海译文出版社 2018 年版

《光明王》

〔美〕罗杰·泽拉兹尼，胡纾译，北京联合出版公司 2015 年版

《超新星纪元》

刘慈欣，重庆出版社 2019 年版

[迁 移 TRANSFERENCE]

我找到了！Eureka！

知识大融通

行业的 B 面

高手早有答案

一切美好的事物都是曲折地接近自己的目标，一切笔直都是骗人的。

——〔德〕尼采

知识大融通

现代社会是分工社会。

而分工越精细，不同行业的知识就越无法共享。比如，同样是外科医生，眼科医生和骨科医生的知识交集就很少。而像我这样的文科生，看到《Java 性能权威指南》或者《中国外科年鉴》这样的书，通常也会视而不见。

但是知识世界里也有这样的努力：试图打通不同学科、不同职业之间的知识壁垒。

爱因斯坦在写给朋友的信中提到："能从直接观测时看似不相干的事件中，体认到这些复杂现象之间具有统一性，真是令人欣慰。"爱因斯坦在这里所指的，是自己能成功地把毛细血管的微观物理现象，和举世通用的重力的宏观物理现象相配合。

> **他在生命后期的目标是，企图把所有的其他事件结合成一个精简的系统，包括把空间与时间、物理运动相结合，以及把重力与电磁场、宇宙论相结合。他努力地追求这个“圣杯”，但从来没有达到目标。**
>
> **——〔美〕爱德华·威尔逊：《知识大融通》**

知识为什么能够融通？我听到过两个理由。

第一个理由是一个信念：上帝创造世界，一定不会用复杂的规则。如果各个学科分头发现的规律不一样，那说明我们还没有看到上帝兜里真正的底牌。

第二个理由则是一个很妙的洞察。

请问，一个行业为什么有别于其他行业？不仅仅是因为它的工作对象不同，更是因为它经常会处理某一类极端情况，并积累起相关的经验和知识。这些极端情况，其他行业也会偶然遇到，所以这些经验和知识也就必然会迁移到其他行业。

一个行业，不仅要对它的产品和客户负责，还要对整个人类的知识积累负责。

比如说，医生的日常工作对象是病人，但是他们经常要接待情况不明的急诊病人。可以想象一个场景：一个大出血的病人被路人火急火燎地送到医院急诊部，事发突然，他既没有家属陪同，也无法说清既往病史供医生参考，但医生还是要出手救人。此时，医生面对的挑战是：如何在信息不完备的情况下，做出攸关生死的决定？这份经验，是不是对其他行业也有用？

再比如，火箭科学家的工作主要是发射火箭，但在人类所有职业中，这个职业的特殊性还在于，经常要面对“耗资巨大，事先无法彩排，还不允许失败”的极端情况。这份经验，是不是对其他行业也有用？

又比如，天文学家研究的是宇宙，但他们承担的独特挑战是：如何在信息极少且不能做实验的情况下，得出有价值的结论？这份经验，是不是对其他行业也有用？

当然，这么讲，可能还是有点抽象。我们展开来说说。就以与我们日常工作交集很少的军工业为例。

军工业里有一个词，叫“军工六性”，也就是一个军工产品应该具备的六个方面的性能：可靠性、环境适应性、安全性、保障性、维修性和测试性。这套标准对军工之外的领域有什么用呢？

就拿其中的“测试性”来说。简单讲，它是指产品不用等到去修，我拿起来马上就知道它是不是性能完备、状态良好。有点像手机，拿起来一看便知电量还剩多少。

其实日常工作中也有“测试性”一说，它体现在你不仅能干活，能把活干成，还能保持一定的透明度，让你的同事，甚至社会上所有的人看见、评估你干的活。比如，在日常工作群、日报、周报中，或者在开会以及公开发言时，同步一下你在干什么，就可能会让公司内外，甚至不在你视野里的资源主动找上门来跟你合作。

你看，这样两个相隔甚远的领域里创造出来的知识，也完全有融通的可能。

现代社会每分化出一个行业，它都肩负着两项使命：第一，处理特定对象；第二，积累特定情境下的知识。而这些知识，将成为人类共有的财产。

通常，我们管这种现象叫“启发”。

行业的 B 面

我看过的最有启发性的书来自医学界——美国著名外科医生、白宫曾经最年轻的健康政策顾问阿图·葛文德（Atul Gawande）写的《清单革命》。

葛文德发现，医生有一个非常独特的挑战：要用到的工具太多了。

他写这本书的时候，一位医生手边可用的药物有 6000 多种，还有 4000 多种可供选择的治疗手段。在重症监护状态下，医生平均每 24 小时要对患者进行 178 项护理操作。现在，随着医学的迅猛发展，这些数字应该变得更庞大了。可想而知，这么复杂的操作一不小心就会带来可怕的失误。葛文德说，人类的错误分两种：“无知之错”和“无能之错”。前者是我们没有掌握正确知识而犯下的错误；后者是我们掌握了正确知识，却没有正确使用知识而犯下的错误。后者是不可原谅的。[1]

于是，医生们就摸索出了一个办法：凡事列出清单，逐步执行。

列清单带来的效果非常惊人。有一家医院把防止插入中心静脉置管引发感染的 5 个步骤制成了清单，并授权护士，一旦发现医生跳过清单上所列步骤，就叫停操作。这个举措，让“原本经常发生的中心静脉置管感染比例从 11% 下降到了 0；更避免了 43 起感染和

8 起死亡事故，为医院节省了 200 万美元的成本”[2]。

清单之所以有效，是因为它把医生在记忆和经验中的工作流程“可视化”了，从而确保在任何情况下，重要的操作步骤都不会被遗漏。更重要的是，当医生把这部分记忆的工作“外包”出去以后，他们自身也可以更专注于具体的操作。

这套方法能不能为其他行业所用？当然能。航空、救灾这些领域，很快就借鉴了医学界的这项操作。

在《清单革命》中，我看到的最有意思的应用，居然发生在商业演出行业。

为了呈现出最佳的视觉效果，一场商业演出对舞台装置的要求极高。但现实中往往会有疏漏。有时候聚光灯和丝绒幕布挨得过近，可能造成火灾；有时候舞台的门搭得不够高，线阵音响就没办法过；等等。

为了防止出现这些问题，摇滚乐手大卫 · 李 · 罗斯（David Lee Roth）就在巡演合同里加上了一条“M&M's 巧克力豆款项”。它本质上就是“清单”方法的一种体现：某个特定环节没有准备好，往往预示着其他准备环节也会出问题。

著名摇滚乐手大卫 · 李 · 罗斯，每次签订巡演合同的时候，都会坚持在合同中包含这样一个条款：后台化妆间里必须摆放一碗 M&M's 巧克力豆，而且里面不能有一粒棕色巧克力豆，如果主办方没有做到的话，演唱会将被取消，而且主办方还要对乐队进行全额赔偿。

> 至少有那么一次，乐队因为上述原因霸道地取消了科罗拉多的一场演唱会，因为罗斯在化妆间里找到了棕色的巧克力豆。
>
> 有人或许会认为大明星总是喜欢摆谱，提出不近人情的苛刻要求。但其实不然，这是罗斯用来保障演唱会安全的一块试金石。
>
> “如果在后台放置巧克力的碗里发现了棕色巧克力豆，我们就会对各项装配工作逐一进行检查。我保证会发现技术错误，会碰到各种各样的问题。”
>
> ——〔美〕阿图·葛文德：《清单革命》

在一个复杂系统里，某个地方出了问题，大概率其他地方也出了问题——这是一个多有力度的洞察？

据说，查理·芒格读完《清单革命》之后欣喜若狂，马上给葛文德寄了一张两万美元的支票。因为他意识到：清单作为一种抓取关键、规避风险的工具，也可以为投资行业所用。

每一个行业里，都迟早会出现葛文德医生这样的人。他们会把同行习以为常的做法提取出来，变成所有人都用得上的思维模型和解决方案。

如果你的行业里还没有这样的人，也许这就是你的机会。

不过，要做这样的人，仅仅有洞察还不够，还需要一点点勇气。因为每一个行业，不仅有应对挑战的技巧，还有回避麻烦的智慧。而后者，同行们往往是达成默契、避而不谈的。

比如，法律行业。在公众眼里，法律是正义和规则的化身，形象非常正面。但是，法律行业从业者也有非常独特的难题：责任太大。

法官的一份判决书，可能会影响数额庞大的财产的归属，甚至还可能会决人生死。判决做出后，还要被放到公众舆论下讨论，甚至被千秋万代审视。设想一下，如果你是一名法官，马上要在一张死刑判决/复核书上签字，即使犯人罪大恶极，这样的压力是不是也很难承受？

所以，法律行业就有一个天大的两难困境：既要让法律有权威，又不能让具体的个人独自面对那么大的责任，怎么办？

法律行业的办法是——“甩锅”，也就是推卸责任。当然，“法律不是简单地推卸责任，而是把它制度化，把决定推给公认的、无可辩驳的权威力量”，比如神秘力量、程序或者集体人格。[3]

清华大学法学院的刘晗老师就说，在人类历史上，这是一个通行的办法。比如，商周时期用龟甲占卜，欧洲中世纪用“神判法”，都是为了获得神意的支持。

到了后来，法律非常讲究程序，也是有这个考虑在内。比如：一个刑事案件，“警察先侦查，搜集证据。检察院再检查证据，提起公诉。被告人还会找律师，提交有利于自己的证据，甚至还有可能找专家证人。最后才是法官依据两边提交的证据以及相互的辩论作判断”[4]。

设置“这些程序当然是为了公平。但你细想一下就会发现，程序其实是把法官作决策要承担的责任，甩给了制度。因为如果程序完全正义，最后结果错了，那也不是法官个人的责任，而是整个司法体系的责任”[5]。

> 有一次，王烁老师的两个孩子吵架，二宝跑来告状，说大宝弄坏了他的气球，让爸爸罚大宝 100 元。王烁老师没有直接表态，而是把两个孩子都叫过来，模仿法庭程序，爸爸充当“法官”，让他们依次陈述事实。同时规定，没有被“法官”叫到的不能乱发言。
>
> 首先是二宝发言，他说自己打了大宝，所以大宝把他的气球弄破了。然后大宝发言，他有两点补充：第一，二宝动手前，两宝各自夸自己的气球最美，二宝说不过大宝，就急了；第二，二宝的气球是自己（大宝）不小心弄破的。爸爸转头问二宝，是不是这样？二宝点头。
>
> 结果经过几轮“交叉询问”，“法庭辩论环节”结束，两个孩子对事实没有了争议。最后，“法官”爸爸的判决结果是，两人都有错，相互抵销。但两人都违反了家规，因此各自被罚 5 元。于是问题就这么和平地解决了，两个孩子都对判决结果心服口服。
>
> 在冲突面前，爸爸变成了中立裁判者。不偏向谁，也不针对谁，居中裁判。轮到谁谁才能发言，保证年龄较小的二宝也有充分发言的机会。这就是限制强势一方，帮助弱势一方。正因为如此，在整个过程中，两个孩子的想法和情绪才能得到充分表达。
>
> ——刘晗：《想点大事》

我自己曾经做过电视台法律栏目的制片人，对法律这一行也不算太陌生，但我从来没有从这个角度考虑过“程序”问题。

原来，程序不仅是对司法人员的约束，也是对他们的保护。用刘晗的话说，“甩锅是有正面价值的。那就是，它让普通人也敢去替公众作出重大决策，同时让这样的决策能够获得权威”[6]。

理解了法律行业的这个“B面”，如果你是一个组织体系里的管理者，再次面对烦琐且效率低下的“程序”时，是不是也能多一份体谅呢？

高手早有答案

刚才讲的，是一个行业对其他行业的启发。

对个人来说，启发更是无处不在。可以说，我们日常面对的绝大部分挑战，在某个行业的顶尖高手那里，都早已准备好了解决方案。只不过，我们需要通过阅读，花点时间把它找出来。

比如，如何提升自己的职场竞争力？这可能是当代都市生活中最重要的问题之一。

2020年，我偶然看到了王潇的新书《五种时间》，里面讲到了运动员是如何提升自己的竞争力的，我大受启发。运动员这个职业有两个特殊性：一方面，与普通人相比，他们面对的竞争要惨烈得多；另一方面，运动员的职业生涯很短，他们必须尽早让自己的竞技水平达到最高。

在书中，王潇专门对顶尖运动员的竞争模型进行了分析。根据她的总结，运动员只做五件事：

1. 运动员了解自己，包括自己的天赋、身体素质和在专业领域所处的位置。

2. 运动员一定要找到一个好的教练、榜样、指导者。

3. 运动员都有艰苦卓绝的训练计划。

4. 运动员永远对标对手，观察对手，寻求超越。

5. 运动员永远筹备下一次比赛，永远争取下一个赛点。[7]

看起来很简单，但是如果对标到职场中，又有几个人全都能做到呢？就拿“了解自己”这一点来说：

> 运动员对个人天赋、技术和身体能力的了解，是极其细致的。
>
> 在深入这个项目之前，他早已全方位地发掘过自己：是协调力好还是核心强？更擅长耐力还是爆发力？个人能力突出还是擅长团队合作？体能极限在哪里？每天早晨醒来，运动员都要重新了解自己当日的身体状况，做基本测试。当然，每天早上醒来后，他都要再次明确自己在整个运动项目中的排名，他需要知道全世界这个项目最强的人有多强，在亚洲最强的有多强，在中国最强的有多强。最重要的是他必须知道，自己，到底想要有多强。
>
> 那么，当你要向运动员学习如何应对和逾越生存时间时，你要问的第一个问题是：我了解自己吗？
>
> 当你感觉自己被困住，毫无头绪时，你应该做什么呢？你至少应该先分析一下自己的优劣势：
>
> · 我处在行业或领域中的什么位置？
>
> · 我的天赋是什么？核心能力是什么？如何发挥？
>
> · 我与同领域的顶尖选手相比，短板在哪里？如何弥补？
>
> · 我的能力和热爱是否与行业匹配？
>
> · 我是否获得了这个阶段的正面评价？
>
> 对自身水准了解得越透彻，你对自己才会越苛刻。
>
> ——王潇：《五种时间》

竞争中，最容易犯的错误，就是紧盯对手、忽略自己。所以有一句话说："竞争意识损害竞争力。"

但是，即使是在"紧盯对手"这件事上，我们普通人做得也远远不够。和运动员相比，我们往往是盯住身边的人，忘记了远方的人；盯住这一局，忘记了整个江湖的大局。

> 普通人和职业运动员的思考方式存在一个巨大的区别。
>
> 普通人每天早晨醒来，拉开窗帘看向远方，会先想到早饭吃什么，出门穿哪件衣服。
>
> 运动员在清晨睁开眼的第一刻就知道，有一个或很多个和他处于同等水平的运动员也在这时候睁开眼，甚至 2 小时前就已经在训练了。
>
> 运动员的水平越高，他的对手画像就会越清晰，他会知道对手姓甚名谁，有什么必杀绝技，在用什么方式训练，未来哪一天会和他交手。运动员早已习惯了这一切，而我们普通人远远没有。
>
> ——王潇：《五种时间》

对标运动员，还有一个重要的启发——

运动员天然生活在"赛点"中，永远在为下一场比赛做准备。而普通的职场人，常常对"赛点"毫无觉察。其实，每一次交工作成果，每一次写日报、周报，每一次开会，每一次公开发言，只要能够在我和他人之间形成公开对比的场合，都是职场中的"赛点"。

想想身边那些在开会的时候一言不发，在发言的时候不做准备的同事吧，不需要什么有形的失败，他们正在输掉一个个"赛点"。

这就是运动员行业给我们带来的一幅“职场竞争要素全景图”。我们可以不追求那样的赢，但是至少应该从中知道为什么有人会输。

再看一眼我们身边的各行各业吧——政治家在教我们如何在复杂矛盾中凝聚共识；科学家在教我们如何换个角度看同一个事实，以得到令人兴奋的新结论；艺术家在教我们如何用新的技法表达古老的感受；器乐家在教我们如何通过“刻意练习”攀爬技能的峰顶；产品经理在教我们如何放下自我，站到用户的角度审视自己；程序员在教我们如何用简洁的代码实现复杂的功能；工程师在教我们如何在资源不足的前提下达成目标；媒体人在教我们如何把事实讲成故事；广告人在教我们如何用简短的字句直击人心……

在这样的视角下，现代分工社会是不是显得可爱了一些？

一个爱阅读的人知道，各行各业的高手，并非渐行渐远，他们不过是在为我们分头探路。

书单 BOOKLIST

你可以在这些书中捧走行业高手的心法：

《像火箭科学家一样思考》

〔美〕奥赞 · 瓦罗尔，李文远译，北京联合出版公司 2020 年版

《天真的人类学家》

〔英〕奈吉尔 · 巴利，何颖怡译，广西师范大学出版社 2020 年版

《清单革命》

〔美〕阿图 · 葛文德，王佳艺译，浙江人民出版社 2012 年版

《警察：街角政治家》

〔美〕小威廉 · 克尔 · 缪尔，曹志建、徐婧译，社会科学文献出版社 2019 年版

《五种时间》

王潇，中信出版集团 2020 年版

[追 光]

SPOTLIGHT

闪电划过夜空

那些“名场面”

那些被光照过的地方

在你读这几行字的短短数秒间：

地球同时诞生了 40 位新生儿以及 7 亿只蚂蚁。

——〔法〕贝尔纳 · 韦尔贝尔

看见别人看不见的东西，是一种特殊的能力。

我在北京广播学院 * 大学电视系读研究生的时候，听过一则传说：

有个学生平时特别懒，所有作业都会拖到最后一天晚上再熬夜去赶。有一次该他倒霉，老师布置的作业是做一条片子。通常，做一条片子需要很长的准备时间，不可能当天完成。但这位仁兄依然气定神闲，最后一天才开始准备。到系里领摄影机的时候，老师说，现在才想起来拍？你拍了也没空编。

这个学生说，我这片子不用编。说完，他就拎着摄影机，弯着腰，在校园的核桃林里跑了一圈。第二天，他把这个片子交上去，命名为《狗眼看世界》，居然得了当年的作业大奖。

---

* 即今天的中国传媒大学。

虽然大家对校园都很熟，但毕竟没人从一只狗的视角看见过它。

所以，当年老师经常问我们一个问题：电视摄像机的发明，到底给人类的视觉经验带来了什么？答案是：不仅让人看到了远方的事物，更重要的是，让人看到了前所未见的景观。

比如，特写镜头——日常生活中，很少有人能让你那么贴近观察；又比如，慢动作——日常生活中，你看不到那样纤毫毕现的刹那。

> 怎样才能拍摄出打斗场面中那狠狠的一拳？教你最简单的一招，效果相当好。电影《搏击俱乐部》中，爱德华打出的第一拳就采用了这种简单的技法。
>
> 拍摄的时候，摄影机的位置要摆好，以保证拳头的落点藏在受害者的脑袋后面。但是，摄影机必须紧跟演员的出拳动作一起移动，这样才能表现出这一拳的速度和力度。
>
> 当主角朝着挨打者走来时，他可能会跑，可能会一个箭步扑上来，也可能会坚定地迈步过来，不管怎样，在这个时候，摄影机必须稍稍地向后退一点，仿佛被主角的英气震慑了一样。
>
> 当这一拳挥过来的时候，摄影机要定住，要有摄影机也被打中了的感觉，并随着那力度摆向一边。要拍摄类似的出拳镜头，摄像师需要有很好的时间感，但只要拍好了，现实中毫无力量的一拳就会变得帅气十足，英勇无比。
>
> ——〔澳〕克里斯托弗·肯沃斯：《大师镜头（第一卷）》

其实在电视摄像机发明之前，有一些书就已经做到了这一点。

它们像镜头一样对准了那些精彩的瞬间。通过对刹那的捕捉，很多珍贵的历史细节就能像拳头一样，打在我们的头脑中，成为记忆的烙印。

那些“名场面”

怎么才能用文字捕捉到刹那间的宝贵细节呢？用画面感来呈现是一个极好的办法。

喜欢阅读的人可能会忽略一个事实：人类用文字来记录和表达，才不过几千年的时间；人类普遍具备这种能力，更是近几十年才发生的事情。画面和声音是人类大脑更适应的交流介质。

即使是在文字时代，一幅画面的说服力仍然极强。

一个典型的例子，是宋代的“流民图”事件。话说王安石变法时，从封疆大吏到朝廷重臣，再到深宫后院，都不乏激烈反对的人，但宋神宗始终不为所动。直到熙宁七年（1074 年），一位名叫郑侠的小官，把当时老百姓流离失所的惨状绘成了一幅《流民图》，偷偷进献给皇帝。宋神宗看到之后，方寸大乱，把这幅图带回宫中反复观看，甚至到了夜不能寐的程度。他支持变法的决心终于动摇，不久之后，王安石罢相。

这件事蹊跷的地方在于：第一，民间灾情惨状，并非没有大臣通过文字上奏。第二，绘图并非摄影，郑侠的《流民图》也可能是恶意攻击变法。那为什么宋神宗的心态一下子就逆转了呢？

只能解释为“画面感”的超强力量。

很多优秀的书，其实并非胜在文字，而是胜在善于用文字描述画面，画面则让一个个珍贵的瞬间定格在那里，就像特写镜头那样。

比如，写罗马历史的书很多，为什么日本作家盐野七生写的《罗马人的故事》被公认是最好看的？就是因为她的书里面充满了各种“名场面”。比如，80 岁高龄的老加图（Marcus Porcius Cato）是怎么说服罗马人攻打迦太基的。

> 加图从迦太基带回非常漂亮的迦太基产无花果，拿到元老院展示给大家看，说能生产如此丰饶果实的敌人就在相距三日海路的地方。
>
> 经济获得重生的迦太基，其经济实力还不至于引起罗马的担心。但是，迦太基毕竟有过引发“汉尼拔战争”的“前科”。
>
> 一个国家有了经济实力，招募雇佣兵不是难事。谁又敢断言迦太基不会再出现第二个“汉尼拔”呢？
>
> 加图依然健在，尽管已经 80 岁高龄。加图反迦太基的态度异常执着。无论谈论什么事情，最后，他总是不忘加上这样一句话：“但是，我认为迦太基应该被消灭！”
>
> 布匿战争时代的罗马人，看到从迦太基运来的新鲜无花果都会有一种不寒而栗的感觉。
>
> ——〔日〕盐野七生：《罗马人的故事》

老加图用无花果的“画面”说服罗马元老院，而盐野七生用老加图的“画面”来说服我们：迦太基人是如此富庶；迦太基距离罗马是如此近；老加图的说服术是如此精湛。

我选书阅读的时候，有一个很武断的方法：先拿起书来大致翻翻，看看其中的“专有名词”和“直接引语”的含量。如果含量高，就应该很有画面感，书也应该很好看。所谓“专有名词”，就是特定的人名、地名等。所谓“直接引语”，就是人物对话。

道理很简单。只有用特定的人名、地名、动植物名等，才能将具体的“情景”还原。读到这样的内容，我们头脑中自然会浮现出对应的画面，甚至不需要调用大脑皮层就可以理解。“直接引语”也是同样的道理。读到这样的文字，人说话的声音以及两人对话的场面就会在头脑中出现。

美国作家威廉·曼彻斯特（William Manchester）的《光荣与梦想》，写了1932—1972年这40年的美国现代史。它之所以是不朽的名著，就是因为画面感呈现得好。

比如，写20世纪30年代胡佛总统当政时大萧条的贫民窟，书中并没有用多少数字，而是有这么一段。

> 用锡铁罐、纸板和麻袋搭建的破旧寒酸的棚户村被称为“胡佛村”。曼哈顿有两大胡佛村，分别在河滨大道旁和中央公园的方尖碑附近。
>
> 失业一族扛着的装废品的麻袋叫作“胡佛袋”。
>
> 在北卡罗来纳州，贫困的农民将抛锚的廉价汽车的前脸锯下，安到骨瘦如柴的骡子身上，称之为“胡佛马车”（政府曾试图将其改名为“‘大萧条’时期战车”，但无人理会）。
>
> “胡佛毯”是公园长椅睡客裹着取暖的旧报纸，“胡佛旗”就是被翻得底朝天的空口袋，“胡佛猪”是饥饿的农民抓来充饥的长

耳大野兔。

杂耍演员会大叫一声："什么？你说生意变好了？你的意思是胡佛死了吗？"

有的报道讽刺说：胡佛向财政部长梅隆要 5 美分给朋友打电话，梅隆说："最小的都是 10 美分，拿去打给两个人吧。"

——〔美〕威廉·曼彻斯特：《光荣与梦想》

有一次，我和一位读书很多的朋友聊天。他一直盛赞这本《光荣与梦想》。我问他，这书既然这么好，你还记得什么细节吗？他突然哈哈大笑，说就记得其中一个画面——杜鲁门第一次觉得自己像个总统之后，一位总统助手说："他回到白宫时，你能听到他两个睾丸碰撞的声音。"我也哈哈大笑，因为我记忆最深的居然也是这一段。

在营造画面感这方面，奥地利作家茨威格走得更远。他有一个信念："无比丰富的事件集中发生在极短的时间里，一如整个太空的电聚集于避雷针的尖端。"[1] 少数关键人物在短时间内的行为，会直接决定整个历史的走向。

他的名著《人类群星闪耀时》，选择了人类历史上 14 个决定性瞬间，用一种叫作"历史特写"的手法将它们给描绘出来。比如，他写滑铁卢战场的这一段。

格鲁希想了一秒钟，这一秒钟决定了他自己的命运，决定了拿破仑的命运和世界的命运。它，在滑铁卢附近的一家农舍里的这一秒钟，决定了整个 19 世纪，而这一秒钟却取决于一个相当勇敢却又相当平庸的人的嘴巴，掌握在一个神经质地揉着皇帝的一纸命令的人手中。

如果格鲁希现在能鼓起勇气，敢于相信自己和相信确实无误的迹象，违抗皇帝的命令，法兰西就获救了。但是这个唯唯诺诺的人，一向服从命令而不听从命运的呼唤。

他拒绝违背皇帝命令的行动。军官们闷闷不乐，不吭一声。他的周围出现一片静寂。而决定性的一秒钟就在这静寂中流逝，此后无论何种言辞和行动都永远无法再把握住这一秒钟。威灵顿胜利了。

一个微不足道的小人物的怯懦毁掉了最勇敢、最有远见的人在叱咤风云的二十年间建树的一切。

——〔奥〕斯蒂芬·茨威格：《人类群星闪耀时》

这就是茨威格在这本书里的文风：把复杂的历史因果，压缩在一个极小的瞬间。像一枚琥珀，让人能够从中听到上古某个瞬间的松涛和虫鸣。

这样的段落，如果落在严肃的历史学者眼里，也许会招致很严厉的批评：这也太戏剧化了吧？对，这种写法写的肯定不是历史的本来面目。但是必须承认：这样写，非常好看。这些瞬间经过作家的手，被凝固在那里，我们后来的人才有机会仔细端详。

这样的瞬间在这本书里还有很多，它们为我们认识世界新开了一扇窗。

我们知道哥伦布发现了新大陆，但有多少人知晓那个藏在行李箱里躲债的巴尔博亚，是第一个看到太平洋的欧洲人？我们知道拜占庭陨落的历史，但有多少人晓得梦想家穆罕默德二世组建了人类第一支翻山越岭的舰队？我们知道著名的《马赛曲》，但有谁知道那是年轻上尉鲁日的心血？我们都被陀思妥耶夫斯基的文采征服，但有谁能明白他在死刑刑场上被赦免的那个刹那的心境？

正如书名《人类群星闪耀时》，“人世间数百万个闲暇的小时流逝过去，方始出现一个真正的历史时刻……有如星辰放射光芒，而且永恒不变，照亮空幻的暗夜”[2]。

那些被光照过的地方

除了用画面感捕捉精彩的瞬间，还有一类追光，是我特别喜欢的——作者用自己的笔触照亮了一个被忽视的领域。

这类书在“社会学”领域非常常见。作者深入实地，近距离地进行了“社会调查”，在他们的描写、分析和研究下，很多以前未曾见过的真实景象，进入了我们的视野。

这样的书，常常会对我们的观念造成极大的冲击。

比如，我很早就从媒体上知道了深圳有一群“三和大神”。他们不去工厂上班，只愿意做“日结”的工作，有钱了就去网吧打游戏，没钱了就去睡大街。在我原本的认知里，这样的生活方式就是“混吃等死”，这样的人就是“没出息”。

直到看了田丰、林凯玄写的《岂不怀归》，我才知道这种认知是多么没有同理心。

“三和大神”们确实过着那样的生活。但问题是：这既不是他们的主动选择，也不是他们在谁逼迫下做出的选择，而是多种社会因素组成了一张网，他们只不过身陷其中，无力挣脱而已。

> 即便收入很低，三和青年使用手机购物和支付也是普遍现象，但手机并没有帮助他们联入世界，反而更像是帮助他们脱离了这个世界和时代。
>
> 他们在手机上自娱自乐，在手机上消磨时间，在手机上完成工资结算等。手机的存在让三和青年对外部世界的依赖程度下降了很多，工作以及吃穿住行的大部分行为都可以用手机实现。
>
> 而手机最初的功能——联通世界、联系家人、联络感情，反而被忽略了，大概是因为三和青年连接外部世界的需求已经下降。他们有时主动逃避外面的世界，甚至躲避家人，其原因可能是感到羞愧，或害怕家人担心。
>
> ——田丰、林凯玄：《岂不怀归》

除了手机之外，让“三和大神”过上这种生活的，还有很多因素。

比如，深圳天气暖和，让他们露宿街头成为可能；比如，工厂的生活枯燥，让他们视为畏途；比如，这个时代物资丰沛，让他们可以用 40 元的生活成本过上一天，吃两顿面，喝一瓶水，加上一个 15 元的床位，还能有几块闲钱用来买彩票；比如，物流发达，让他们可以获得很多物流行业的临时工作；比如，围绕他们形成了一个完整的服务链条，过这样的生活并没有明显的不便；又比如，他们扎堆生活，身边全是处境类似的人，比上不足比下有余，足可自安。

这是一张何等绵密、温柔又残酷的网啊。

设身处地地想，如果我处在这样的环境下，如果没有外部因素介入，我又有多少力量能破局而出？这本书的名字叫“岂不怀归”——“难道我不想回家吗？”——简直就是对我原先看法的质问。

这时候，我脑子里冒出来的是《了不起的盖茨比》开篇的那句话：“每逢你想要批评任何人的时候，你就记住，这个世界上所有的人，并不是个个都有过你那些优越条件。”[3]

再比如，我们都知道，一个良好的社会应该帮助穷人。穷人不被金钱困扰，就能过上体面的生活。

但是，我偶然看到了德国人瓦尔特·伍伦韦伯（Walter Wüllenweber）写的《反社会的人》。其中一个段落让我大跌眼镜。

> 年轻人在纽克尔恩这个德国最著名的贫民居住区的运河上划皮划艇已有超过百年的历史。
>
> 俱乐部为此会定期去纽克尔恩区（贫民区）的各所学校做宣传。让 11 到 13 岁的孩子观摩影片，还在训练机上测试他们的力量。但其中的大部分都会在一个星期后打退堂鼓离开。而坚持下来的少数几个也会在一两个月之后被送回家去。这又是为什么呢？因为他们交不起俱乐部会费？
>
> “原因不是这个。”这位负责人变得吞吞吐吐，显然他对自己接下来要说的话感觉有些尴尬，“我越来越觉得，如今的下层阶级不适合参加皮划艇运动。”
>
> 在皮划艇运动中绝不允许有人任性而为。八个人中只要是有

> **一人扰乱了全队的节奏，整船人都得掉进水里。一个队员缺席训练，其他的人就只能在岸上无所事事。赫尔曼说：“让人寒心的是，这些孩子虽然有意愿，但他们确实没法做到。”**
>
> **——〔德〕瓦尔特·伍伦韦伯：《反社会的人》**

穷人的孩子没有办法参加皮划艇运动，居然不是因为缺钱，而是因为不能守纪律，甚至是因为不能按时起床。至少在这本书说到的场景里，贫富差距问题靠简单给钱已经无法解决了。

在《反社会的人》里，我还看到了一个更加残酷的现实：德国经济一旦好转，穷人街区的状况就会变得更差。这是为什么呢？

因为穷人区到处都是垃圾、人尿、狗屎、破旧的啤酒瓶，环境恶劣到了极点。一旦经济好转，那些暂时因为经济形势不好而找不到工作的人就有工作了。一旦挣到钱，他们干的第一件事就是搬家，彻底离开这个地方。而这些人也是贫民区中最有上进心的人：他们可能是耐心的足球教练，是邻里当中的热心人，或者是大家闹矛盾时可以去找来评理的人。他们一旦走了，这个街区的状况就会进一步恶化。

要是没有《反社会的人》这样的作品，我们可能永远也没有机会看到德国穷人街区的真实图景。钱似乎不是唯一的原因。事情远比我们认为的复杂得多。

费孝通先生有一本《江村经济》。这是老先生的成名作，也是国际上社会学界、人类学界的里程碑。很多年内，我都没有真的翻开过它。

事后反思，可能有两个原因：第一，我觉得这是一本学术作品，或许很枯燥。第二，费孝通的社会学理论，最知名的不就是“差序格局”吗？我已经粗知其大略了，为什么还要去读原著呢？

但是后来真的翻开它，我才知道自己错过了什么。

> 村庄店铺不能满足农民全部日常的需求。例如村里没有地方卖盐和糖这样的重要物品。这些东西必须由航船去买。
>
> 航船的一个重要特点是作为消费者的代购人，是不赚钱的。同样，乘客也不付船费。城镇店铺给航船主的礼物远远不足以维持他们的生活。他们只有在充当生产者的销售代理人时才得到报酬。
>
> 销售货物需要更多的技巧和有关市场的知识，农民不一定具备，因此他们出售产品时需要依靠航船主。后者经常与城镇里的收购商品的行家保持联系。他了解各个行家的情况。行家与不同的商人或纺织厂相联系，他们收购货物是有挑选的。生产者为了出售他们的某种产品应该知道与那些有关的收购人保持联系，这是很重要的。
>
> 此外，在收购生丝的时候，有一种已经被收购者接受了的习惯做法，即允许生产者在丝里加一定量的棉花和水以加重份量。但如果超过惯常的限量，收购者便要扣钱，扣的数量比外加份量的钱更多。因此，生产者需要就这方面的业务与内行的代理人商量。
>
> ——费孝通：《江村经济》

上述这段话，记录了那个时候中国乡村一种奇特的“航船”制度。它迥异于我们熟悉的那种“市场经济”：交易多方之间没有清晰的权责边界，但是居然能正常运行在约定俗成的习惯中。

百年之后的今天，这个场景早已消失。如果不是专门做经济史研究的学者，似乎也不必深究这段材料。

但看在我眼里，还是有一番深自警醒的感触：真实的民间经济网络，原来不像经济学教科书上写得那么黑白分明。它们古怪、复杂，但又自有其合理性。

这种社会调查类的书在阅读市场上非常吃亏。即使名气很大，也很少有人认真去看。因为它往往给不了清晰的认知、简洁的结论，甚至无法被人兴致勃勃地转述。它们只是把真实社会的原生复杂性摊开给读者看。看多了之后，对现实的敬畏感会一点点地在我们心里滋生出来，从此，我们对不了解的事物不再敢妄下断言。也许，这样的书才是人格养成最好的养分。

读书是为了明理。

但是读了太多“道理分明”的书，反而容易把自己的头脑格式化为黑白两色。

乔恩·威特（Jon Witt）在《社会学的邀请》这本书里说，社会学有两个根本问题：第一，为什么我们会照自己做的那样去做？第二，为什么我们会照自己想的那样去想？[4]

看来，我们的所思、所行，并非尽合天理。

幸好还有这样的书，像闪电划过夜空，帮我们照亮真实社会的纹理，帮我们疗愈因知识而导致的无知。

书单 BOOKLIST

你可以在这些书的追光下，抚触社会的真实纹理：

《下沉年代》

〔美〕乔治·帕克，刘冉译，文汇出版社 2021 年版

《礼物的流动：一个中国村庄中的互惠原则与社会网络》

阎云翔，李放春、刘瑜译，上海人民出版社 2017 年版

《跨越边界的社区：北京“浙江村”的生活史》

项飙，生活·读书·新知三联书店 2018 版

《我的二本学生》

黄灯，人民文学出版社 2020 年版

《中国在梁庄》

梁鸿，台海出版社 2016 年版

EXTREME EXPERIENCES

[第四部分
PART FOUR]

极致的体验

我还有一个梦想，终有一天，我可以遍历人世间极致的体验。

我知道，与现实世界相比，那些从书中获得的体验，总是别有一番滋味。

我能否从自身的渺小中脱身出来，体验全人类共通的**情感**？

我能否快速进入心流状态，一脸神往地走近一种**趣味**？

我能否将现实中积累的情绪释放出来，**快意**地高呼一声“过瘾”？

我能否通过体味先贤在**苦痛**中的感受与行动，重塑个体的尊严？

我能否把各种**角色**请进头脑，以丰富自己的人格？

我能否分辨**文心**造境的幽微妙处，创建属于自己的小世界？

[情感 AFFECTION]

今晚月色真美

悲欢可以相通吗

冰山下的汹涌

消失的灞桥和月台

有些人能感受雨，而其他人只是被淋湿。

——〔美〕罗杰·米勒

前面的三部分，无论是强劲的大脑、遥远的地方，还是奇妙的创新，我们更多的是在探讨如何通过阅读完善我们的理性，最后一部分，我们就来看看阅读是如何丰沛我们的感性和体验的。

与理性相比，感性之于人更像是底层的操作系统。就像心理学家乔纳森·海特（Jonathan Haidt）所说的那样，“人类的理性其实非常依赖复杂的情感，因为只有当充满情绪的大脑运作顺畅时，理性才得以运转”[1]。

悲欢可以相通吗

说到情感，大多数人都认为这是个人的事情，除了至亲至近之人，别人的喜怒哀乐与我们都不相关。正如鲁迅所说，“人类的悲欢并不相通”。

> 楼下一个男人病得要死，那间隔壁的一家唱着留声机；对面是弄孩子。楼上有两人狂笑；还有打牌声。河中的船上有女人哭着她死去的母亲。
>
> 人类的悲欢并不相通，我只觉得他们吵闹。
>
> ——鲁迅：《而已集》

作为一个情感没那么细腻的人，我一直也是这么认为的，直到上大学时，偶然读到了蒲松龄的一首诗。

在蒲松龄生命的最后几年，与他恩爱了一辈子的妻子刘氏先他而去。有一次，他来到亡妻的墓前，写下了一首诗。

> 野有霜枯草，谷有长流川；
> 草枯春复生，川流逝不还。
> 朱光如石火，桃杏忽已残；
> 登垅见殡宫，丛柏翳新阡。
> 欲唤墓中人，班荆诉烦冤；
> 百扣不一应，泪下如流泉。
> 汝坟即我坟，胡乃着先鞭！
> 只此眼前别，沉痛摧心肝。
>
> ——〔清〕蒲松龄：《过墓作》

我还记得，读到这首诗的时候，是一个傍晚。我一个人在宿舍里反复吟味诗意，哭得不能自持。尤其是这句：“欲唤墓中人，班荆诉烦冤；百扣不一应，泪下如流泉。”

这是我人生中第一次体会到，什么是天人永隔带来的巨大悲伤；也是我第一次知道，一个人向已逝的挚爱亲人发出的呼喊，这么微弱，但又这么有力量。

事后回想，当时我连女朋友都没有，怎么会被亡妻之痛勾出这么大的悲情呢？答案只能是：这实在是人之常情，是每个人都最容易被触动的情感软肋。

年龄不同，经历不同，处境不同，都没有妨碍到这份悲痛在几百年之后瞬间击中我。

人的悲欢何止是能相通！

1823 年，74 岁的德国大文豪歌德爱上了 19 岁的乌尔莉克。仿佛枯木逢春，老头儿歌德突然像男孩一样陷入了爱情的狂热。他请求一位公爵代自己向乌尔莉克求婚，然而得到的回答只是“拖延和推诿”。歌德非常痛苦，写下了他晚年最负盛名的爱情诗篇《玛里恩巴德哀歌》。

在这花期已过的今天，
我如何期望和她再见？
天堂和地狱都张开大口，
我心潮翻涌左右为难！

纯洁的心里鼓涌着追求，
人带着感激甘心俯首
向那陌生的至上至洁，

要把那未知的永恒参透：
这就是信仰！站在她跟前，
我也有这种至幸的感受。

——〔德〕歌德：《玛里恩巴德哀歌》，
转引自《人类群星闪耀时》

茨威格在《人类群星闪耀时》中记下了这个文学史上闪闪发光的时刻。

从德文翻译过来的诗，我其实也看不出什么好。但是我知道，“花期已过”“天堂”“地狱”“纯洁”“永恒”这类字眼，会打通所有读者的悲欢，让我们在感受这份爱情之炽烈的同时，忘记双方年龄的悬殊。这在一定程度上拯救了这场不伦之恋。

我有一个慈悲的想法：这首诗的价值，不在于文学性，而在于自此以后，世间每一个爱上少女的老头儿，只要知道这首诗，内心就不会觉得自己那么不堪了。

好文字不仅能创造情感表达的新形式，还能让人从自身的渺小中脱身出来，让读到它的人，都能感同身受。

冰山下的汹涌

我曾经问过作家周晓枫，你见过的最好的情感表达文字是什么？她说，文无第一，哪有什么最好？不过，所有好的情感表达文字都有同一个特点——运用字词简单，表达感情克制，冰山下的汹涌，安静的绝望。说罢，她随手给我看了一段圣埃克絮佩里（又名圣埃克苏佩里）的《小王子》的内容。

当他最后一次给花儿浇水，准备给她盖上罩子的时候，他只觉得想哭。

“再见啦，”他对花儿说。

可是她没有回答。

“再见啦，”他又说了一遍。

花儿咳嗽起来。但不是由于感冒。

“我以前太傻了，”她终于开口了，“请你原谅我。但愿你能幸福。”

他感到吃惊的是，居然没有一声责备。他举着罩子，茫然不知所措地站在那儿。他不懂这般恬淡的柔情。

“是的，我爱你，”花儿对他说，“但由于我的过错，你一点儿也没领会。这没什么要紧。不过你也和我一样傻。但愿你能幸福……把这罩子放在一边吧，我用不着它了。”

“可是风……”

“我并不是那么容易感冒的……夜晚的新鲜空气对我有好处。我是一朵花儿。”

“可是那些虫子和野兽……”

“我既然想认识蝴蝶，就应该受得了两三条毛虫。我觉得这样挺好。要不然有谁来看我呢？你，你到时候已经走得远远的了。至于野兽，我根本不怕。我也有爪子。”

说着，她天真地让他看那四根刺。随后她又说：

“别磨磨蹭蹭的，让人心烦。你已经决定要走了。那就走吧。”

因为她不愿意让他看见自己流泪。她是一朵如此骄傲的花儿……

——〔法〕圣埃克絮佩里：《小王子》

这可能正是所有真实情感的本来面目。它从来不是简单直白的，而是一直在矛盾中翻滚，若隐若现、载浮载沉。只能等待作家用准确的、有节制的笔法把它捕捞上来，固化为一段文字。

这让我想起了我的同事、语言学者李倩作出的一段评价。她说，在描写夫妻之间的思念上，中国文学的巅峰之作，其实是极其简单的两句话。

> **陌上花开，可缓缓归矣。**
>
> **——转引自周勋初主编：《唐人轶事汇编》**

写下这两句话的钱镠，是五代十国时期吴越国的国王。一个春意盎然的日子，他想念回娘家的王妃，写下了这封书信。他很思念夫人，说田间小路上的花都开了，你也该回家了吧？同时，他又强忍着思念，说你别着急，可以一路看着路边的花，慢慢回来和我相聚。

这个钱镠，并不是李煜式的君王，而是个南征北战的武人。换作其他武人出身的君王，想夫人了，要么派个士兵把她接回来，要么就写“速归！”但他不是。找到这种既热烈又含蓄的表达方式，不容易。

这是在说男女之间的感情和思念，在克制的笔法下，情绪尽现。而即便是在被很多读书人视为禁区的性描写方面，也有直白和节制两种全然不同的写法。

《西厢记》应该是中国古典文学中描写情爱的顶峰之作了，但它最脍炙人口的句子，不过就是："饿眼望将穿，馋口涎空咽，空著我透骨髓相思病染，怎当他临去秋波那一转。"词句典雅谈不上，还把爱情和更原始的食欲比拟在了一起。

更著名的一段，出现在《西厢记》第四本第一折，写到张生和莺莺的云雨幽会，用词异常胆大，被人斥为"浓盐赤酱"。

> 我这里软玉温香抱满怀，
> 呀！阮肇到天台。
> 春至人间花弄色，
> 将柳腰款摆，花心轻拆，露滴牡丹开。
> 但蘸著些儿麻上来，
> 鱼水得和谐，
> 嫩蕊娇香蝶恣采。
> 半推半就，又惊又爱，
> 檀口揾香腮。
>
> ——〔元〕王实甫：《西厢记》

当然，中国古典文学中，很干净地描写情爱的文字也不是没有，但往往还是关起门来的闺房之乐。那么再来看看老舍先生的《骆驼祥子》中，关于虎妞和祥子的一段。

> 屋内灭了灯。天上很黑。不时有一两个星刺入了银河，或划进黑暗中，带着发红或发白的光尾，轻飘的或硬挺的，直坠或横扫着，有时也点动着，颤抖着，给天上一些光热的动荡，给黑暗

一些闪烁的爆裂。有时一两个星，有时好几个星，同时飞落，使静寂的秋空微颤，使万星一时迷乱起来。有时一个单独的巨星横刺入天角，光尾极长，放射着星花；红，渐黄；在最后的挺进，忽然狂悦似的把天角照白了一条，好像刺开万重的黑暗，透进并逗留一些乳白的光。余光散尽，黑暗似晃动了几下，又包合起来，静静懒懒的群星又复了原位，在秋风上微笑。

——老舍：《骆驼祥子》

我第一次读《骆驼祥子》的时候，竟然都没有发现这段是性描写，重读时才恍然大悟。

这样的描写，没有半遮半掩，也没有故意冲撞，把“雪夜闭门读禁书”变成了“推窗见景境自来”，写得坦然、节制而又绚烂。

阅读之所以能提升人的心性，不就是因为那些好文字能把心底事写成人间事，把人间事写成宇宙洪荒中发生的普普通通的事吗？

作家贾行家讲过汪曾祺晚年的一个变化。

汪曾祺在去世前的几年，大概1990年以后，写了很多篇题材“尴尬”的小说。比如，“1992年的《尴尬》写的是中年农业科学家奇怪的出轨，1993年的《小姨娘》写的是未成年人的性行为，1994年的《辜家豆腐店的女儿》、1995年的《鹿井丹泉》《窥浴》《薛大娘》《钓鱼巷》以及1996年的《小孃孃》，写了包括拉皮条、乱伦在内的各种各样的禁忌的性话题”[2]。这些篇目很少被选入汪曾祺的文集。“不知道他当年的编辑会不会无所适从：这位老先生怎么老了老了，倒开始写这些了？”[3]

贾行家的理解是：“因为这是人性中的东西，它们当然也要构成生命的事件，而且是最底层的事件，这些事件总是被掩盖、被压抑、被无视，最后就用最变态的方式爆发，也就构成了更大的悲剧。而他写的这些性问题，在道德和伦理上很模糊，可是写出来了一种美，一种有生命力的挣扎感，所以这些故事是值得写的。可能正是因为他老了，德高望重，也觉得自己来日无多，才迫切地想要去做这件事：至少在故事里，把人性解放出来。”[4] 因此，汪曾祺才自称是“中国式的抒情的人道主义者”。

把私人情感从个体的肉身中抽离出来，让它曝光，让它脱敏，让它被精准地表达，进而成为公共认知的正常部分，这是很多代作家努力的方向。

有一个很著名的故事：日本作家夏目漱石还是英语老师的时候，曾问学生，I love you 该如何翻译。有学生翻译为“我爱你”。夏目漱石说，日本人是不会把“我爱你”挂在嘴边的，不如译成“今晚月色真美”。

“今晚月色真美”，这是文字进化的一个隐喻。爱在心头，不如月在树梢头。

因为天上一轮月，人人看得见。

消失的灞桥和月台

为什么要通过阅读来体验情感？

过去的人，是为了在书里找到更精确的情感表达方式。而我们这代人，又多了一个理由：有些情感，在现实中已经找不到载体了，必须到书里才能重寻旧梦。

比如离别之情。

在古人那里，离别是最伤情的场合，所以出现了大量的诗文："黯然销魂者，唯别而已矣""多情自古伤离别，更那堪冷落清秋节""扬子江头杨柳春，杨花愁杀渡江人。数声风笛离亭晚，君向潇湘我向秦"，等等。

但是，情感不能以虚浮的方式存在。每一种情感，往往都要附丽于特定的场景符号。

比如在唐朝，人们若是从长安城送别友人，通常会送到城郊的灞桥。灞桥旁边遍植柳树，"柳"谐音为"留"，所以，在灞桥边置酒送客，同时折柳相赠，就成了通行的送别仪式。李白说，"年年柳色，灞陵伤别"，就出典于此。

后来，送别改到了火车站，所以，19 世纪和 20 世纪的文学作品，又留下了大量关于"月台"的段落。比如朱自清的《背影》。

但是今天呢？因为互联网的存在，每个人都以账号的方式生存于虚拟空间，即便万里之遥，也可以瞬间面晤。柳枝不再代表不舍。坐高铁的时候，连站台票都买不着了；上了火车，若还是想念，就接着用微信聊。对我们这一代人来说，人不再分成"眼前的人"和"离别的人"，而是分成"通讯录里有的人"和"不认识的人"。

那离别之情会不会消失呢？不会。那是人类永远也不会愈合的伤口。

早上，我起来煮咖啡，她还没睡醒。我洗了澡，刮了胡子，穿上衣服。接着她起床。我们一起吃了早餐，我叫了一辆出租车，把她的过夜箱拎下台阶。

我们互道再见。我看着出租车驶离视线。我沿台阶而上，走进卧室，把床重新铺好。在一个枕头上有一根黑色长发，我的心窝沉着一大坨重铅。

法国人有句话形容那种感觉，这些混蛋在每件事情上都有句谚语，而且永远是对的。

告别，就是死去一点点。

——〔美〕雷蒙德 · 钱德勒：《漫长的告别》

没有了灞桥柳色，没有了月台送别，作家还能用文字再造一些全新的场景。比如席慕蓉的《渡口》。后来，这首诗被改编成了歌曲，最著名的版本是蔡琴唱的。每次前奏响起，我都会心口一紧，虽然并不知道在惜别何人。

让我与你握别
再轻轻抽出我的手
知道思念从此生根
浮云白日　山川庄严温柔
让我与你握别
再轻轻抽出我的手
华年从此停顿
热泪在心中汇成河流
是那样万般无奈的凝视

渡口旁找不到一朵可以相送的花
就把祝福别在襟上吧
而明日
明日又隔天涯

——席慕蓉：《渡口》

有这样一个故事。

1954 年，一位生物学家从美国康涅狄格的海边挖来一些牡蛎，养在了千里之外芝加哥的一个地下室。他是一个生物节律研究者，知道牡蛎会随着潮水的涨落而起居。

很快，他发现这批牡蛎的生活节律产生了变化。但奇怪的是，这种节律不符合科学所知的任何一个地方的潮汐表。经过反复计算，这位生物学家突然意识到：这就是芝加哥的潮汐表。

虽然芝加哥没有海，但是牡蛎有能力想象此地就是一片大海，并随着大海的节律生活。[5]

我看到这个故事之后，跟一位同事感慨：

一个人要是不能通过读书拥有想象力，要是不能让自己内心的节律随着整个人类共通的情感而律动，要是不能活成一个超越自己生命的存在，他就还不如一只牡蛎呢。

书单 BOOKLIST

你可以在这些书中体验人类相通的情感：

《孤独传：一种现代情感的历史》

〔英〕费伊·邦德·艾伯蒂，张畅译，译林出版社 2021 年版

《刀尖上的舞蹈》

〔俄〕玛丽娜·茨维塔耶娃，苏杭译，广西师范大学出版社 2013 年版

《沈从文经典名作》

沈从文，上海三联书店 2020 年版

《蒋勋说红楼梦》

蒋勋，中信出版集团 2017 年版

《春牧场》

李娟，中信出版集团 2017 年版

[趣 味]

趣味
INTEREST

兴致勃勃，严肃认真

什么是“爱好”

什么是“心流”

什么是“为世界立法”

你未看此花时，此花与汝心同归于寂。

你来看此花时，则此花颜色一时明白起来。

——〔明〕王阳明

什么是“爱好”

有一个问题，我们从小到大都在被追问：“你的兴趣爱好是什么？”

很多人填表的时候都会写：音乐、电影、旅游、读书、美食、运动。但我知道，对大部分人来说，那只是他们享受的方式，而不是兴趣和爱好。

二者之间的区别很简单：享受，是感官接受外来的刺激；而兴趣和爱好，是多了一种把握世界的方式，形成了“兴趣—能力”的循环。

爱音乐，可曾专攻过某项乐器？爱美食，可曾在烹饪技巧上有过精进？爱旅游，可曾深研过某地的历史和风物？爱电影，可曾试着拍摄、剪辑过一个视频？如果尝试过，那你就已经在“爱好”的路上了。如果没有尝试过，那你就还只是一名普通的娱乐消费者。

我当年去北京广播学院读研究生，第一次和同学吹牛，就被摁在地上摩擦。有人问，你爱好读金庸吗？我说爱好啊。他说，那我考你一道题，《天龙八部》里面，鸠摩智一共使了几次火焰刀？我张口结舌，虽然明知这个知识点没什么价值，但还是羞愧难当。

紧接着又发生了一次。有人问我，你爱好电影吗？我说爱好。他说，那哪天我介绍一位师兄跟你认识吧。他把《阿拉伯的劳伦斯》拉片子拉了六十多遍。你们应该有共同语言。我赶忙摆手告退。后来我才知道，一个真正的电影爱好者管看电影叫“拉片子”，一部片子要看上很多遍，分别看它的故事、角色、性格、对立关系、事件、衔接、创意点、语言、动作、选景、色彩、构图、景别、镜头调度、节奏、声音、对白、音乐、音效、剪辑、情绪，甚至还要看它的成本构成、演员人工费用、特效费用、预算、转场次数、选角标准等。

这两次经历，帮我改掉了一个毛病——从此不再轻易说“爱好”两个字。

我问过一位朋友，什么是爱好。他哈哈大笑说，“费劲、费时间、挣钱的事，叫上班；费劲、费时间，还花钱的事，叫爱好”。他这两句话的关键词，其实是“费劲”。

日本作家村上春树，在决定成为职业作家的那一年，也成了一个跑步爱好者。据说，他每天清晨 4 点起床，写作 4 小时，跑步 10 公里，已经坚持了 40 年。

> 毛姆写道：“任何一把剃刀都自有其哲学。”大约是说，无论何等微不足道的举动，只要日日坚持，从中总会产生出某些类似观念的东西来。
>
> ……
>
> “痛楚难以避免，而磨难可以选择。”我以为，这两句话简洁地归纳了马拉松比赛最为重要的部分。
>
> ……
>
> 跑上一个小时，就仿佛用水桶泼过水，身上的每一样东西都被淋漓的汗水打得透湿。因为日晒，皮肤火辣辣地痛。头脑变得朦胧恍惚，无法完整地考虑任何一件事情。可是当你不顾一切地坚持跑完，便觉得仿佛所有的东西都从躯体最深处挤榨了出来，一种类似自暴自弃的爽快感油然而生。
>
> ——〔日〕村上春树：《当我谈跑步时我谈些什么》

我见过很多这样的人。在爱好的领域里，他们并不是专业选手，但他们总是能够从中受到滋养。

微信的创始产品经理张小龙还有一个身份：高尔夫球锦标赛的冠军。据说，他曾经每天都去练习场，耐心而又缓慢地打掉 400 个球。我一度以为，这不过就是一个人突然撞到了一件擅长的事，表现突出也很正常。

后来有一次，我在微信上玩一个叫“跳一跳”的小游戏。游戏规则很简单，就是通过调整按压手机屏幕的时间，来控制一枚小跳棋的跳跃距离，只要跳棋不从高台上掉下来，就可以一直加分。可是，我不管怎么努力，得分也超不过 400，很快就放弃了。朋友圈里的顶尖大神也就得了 1000 多分。

而张小龙的分数记录是 6000 多分。

玩过这个游戏的人都知道 6000 多分是什么概念：这不仅意味着游戏者对自己身体的控制水平极佳，还意味着他进入了一种既不全神贯注，也不完全分心的近乎“禅定”的状态，否则，他不可能坚持那么长时间。张小龙后来也在一次演讲中说，玩这个游戏“让我平静”。

这时我才明白，对张小龙来说，做产品、打高尔夫球、玩“跳一跳”，本质上都是一回事。

要知道，“跳一跳”游戏在最高峰的时候，每天有一亿人玩。很多人，比如我，都只是用它“杀掉”了一点时间。而张小龙这样的人，却找到了一条不断逼近自己极限、塑造自己心性的道路。

同样是“玩”，就这样把人区别了开来。

什么是“心流”

我之所以要花这么多篇幅来说明什么是真正的兴趣爱好，是因为想提醒你一件事：不要上了那些“吃喝玩乐”的书的当。

在书店里，经常会遇到关于吃喝玩乐、花鸟鱼虫、古玩收藏、极限运动的书，它们总是把自己打扮成很有趣的样子。相信我，那是假象。所有“玩家”都经历过一个艰难的进阶过程。只不过在吸引外行的时候，他们还来不及讲述这段心路历程。

在中国文化里，“玩物丧志”是一个很强有力的观念。它把一切和终极目的无关的人生趣味都看成了懈怠。这很容易让我们忽略一个事实：所有大玩家都是狠角色。

相声演员于谦，专门写过一本书《玩儿》。郭德纲在给这本书写的序中说："我非常认同他的观点，又不是成吉思汗，攻城略地有什么意思？就算熬成了太上老君，也是给玉皇大帝烧锅炉的。人的一生几十年光景，乐一乐就过去了。"看上去，玩儿似乎就是图个乐。但你若真的翻开书一看，看到的是另一种肃然的光景。

> 九爷这时把话头儿接了过来："爷们儿！你可别小瞧这几块颜色，能让它匀匀实实地长在该长的地方你知道得费多大劲儿？这养鸽子就跟画画儿一样，你脑子里得有东西，得描这颜色。一堆母本摆在你面前，你得知道用哪两只搭配，它的基因传到下一代大概齐是什么样儿。就拿头顶这块白来说，歪了不行，大了不行，太小了也不好看。后背上这块黄，色深了，变浅咖啡色了，就老了；色浅了，真变成黄色了，那就嫩了，怎么能让它黄得这么恰到好处？这不单得是行家，还得有多少父本母本做基础，经过多少代的繁殖才能成！就这样，还告诉你吧，一半是定向繁殖，一半也靠蒙，哪儿就出落得这么规矩呀？"
>
> 听着这爷儿俩的一番讲述，我这心里凉了半截。我就是玩儿到死，还玩儿得出点儿名堂来吗？我感觉这玩儿和相声没什么两样。也可能所有事情都是这样，最初接触可能是喜欢、爱好，乍一入门觉得这东西不过如此，都有一个小马扎行嫌路窄，初生牛犊不怕虎的过程。可是你再往深钻，越钻越觉得深不可测，越学越觉得难，甚至难到可怕的程度。
>
> ——于谦：《玩儿》

人和所有动物一样，行为方式都遵循“趋利避害”的原则。既然这么难，为什么还有人要玩呢？

积极心理学家契克森米哈赖（Mihaly Csikszentmihalyi）揭开了谜底。

他发现，无论男女老幼，无论什么文化背景，人们对幸福体验的描述都是高度相似的：你沉浸地做一件事，忘记了自我，也忘记了时间流逝，几小时犹如几分钟，几分钟也可能变得像几小时那么漫长。契克森米哈赖把这种感觉命名为“心流”。

“心流”是过去30年最引人入胜的心理学概念之一。它揭示了人的幸福之源，还告诉了我们享乐和乐趣的不同：第一，“享乐无须耗费精神能量，但乐趣必须调用高度的注意力”。第二，享乐仅仅是需求和欲望得到满足，不能带动自我成长；而乐趣是“超越既有制约，完成了一些意料之外的事”，且“乐趣具有向前发展的特性，并蕴涵新鲜感和成就感”[1]。第三，享乐转瞬即逝，而乐趣回味无穷。

一般人认为，生命中最美好的时光莫过于心无牵挂、感受最敏锐、完全放松的时刻，其实不然。虽然这些时候我们也有可能体会到快乐，但最愉悦的时刻通常在一个人为了某项艰巨的任务而辛苦付出，把体能与智力都发挥到极致的时候。

游泳健将在最刻骨铭心的比赛中，可能会觉得肌肉酸疼，肺脏几乎要迸裂，说不定还疲倦得差点儿晕倒——但这可能是他一生中最美妙的一刻。掌控生命殊非易事，有时根本就是一种痛苦，但日积月累的最优体验会汇集成一种掌控感——说得更贴切些，是一种能自行决定生命内涵的参与感——这就是我们所能想象的最接

> 近所谓“幸福”的状态。
>
> ——〔美〕米哈里·契克森米哈赖:《心流》

按照这套理论,即便是感官之乐,也必须经过训练,才能产生“心流”。“不培养必需的技巧,就不可能在追求中找到真正的乐趣。”[2]

就拿人人都会的吃来说。很多人都羡慕美食家,因为觉得他们有大量的机会满足口腹之欲。但如果真的翻开美食书,你会发现,美食家一直在苛刻地挑战自己的味觉感受能力。跟我们理解的正好相反,他们是在主动放弃享受食物的机会。

比如,清代的袁枚是著名的美食家。他写过一本《随园食单》,里面有这么两段。

> 煎炒之物多,则火力不透,肉亦不松。故用肉不得过半斤,用鸡、鱼不得过六两。或问:食之不足,如何?曰:俟食毕后另炒可也。
>
> 必使水米融洽,柔腻如一,而后谓之粥。尹文端公曰:“宁人等粥,毋粥等人。”此真名言,防停顿而味变汤干故也。余尝食于某观察家,诸菜尚可,而饭粥粗粝,勉强咽下,归而大病。
>
> ——〔清〕袁枚:《随园食单》

第一段的意思是,煎炒肉食,用的肉不能超过半斤,怕火力不透。有人问了,要是不够吃怎么办?袁枚的回答是:吃完了再炒一份。

第二段说的是粥要怎么做，还描述了袁枚在某处做客，那户人家的粥做得不好，所以他回家之后大病了一场。

仅从这两段你就可以看出，美食家吃的东西不见得比我们吃的更好，他们只是通过食物这个载体，把自己的味觉感受力提升到了一个常人难以企及的高度。同样一盘食物，我们觉得还行，袁枚能吃出没洗干净的抹布味；同样两条鲫鱼，我们觉得味道都一样，袁枚觉得白色扁身子的才好，如果是黑脊背圆身子的，就简直不能下咽。

我倒要问，在吃上，袁枚是比我们更幸福，还是更不幸？真相可能是：我们普通人的食欲更容易被满足，因为碰到什么都可以大快朵颐；袁枚的食谱选择更少，但他收获了感官被磨砺进阶之后的“心流”。

很多美食家都是这样。比如近现代公认的“中华谈吃第一人”唐鲁孙，一向消瘦，不仅食量不大，而且不管遇到什么样的美味，都只吃一两口。因为太挑剔，他在食欲的满足上其实远不及常人。

> 早年家里雇用厨师，试工的时候，试厨子手艺，首先准是让他煨个鸡汤，火一大，汤就浑浊，腴而不爽，这表示厨子文火菜差劲。
>
> 再来个青椒炒肉丝，肉丝要能炒得嫩而入味，青椒要脆不泛生，这位大师傅武火菜就算及格啦。
>
> 最后再来碗鸡蛋炒饭，大手笔的厨师，要先瞧瞧冷饭身骨如何，然后再炒，炒好了要润而不腻，透不浮油，鸡蛋老嫩适中，葱花也得煸去生葱气味，才算全部通过。

> 虽然是一汤一菜一炒饭之微，可真能把三脚猫的厨师傅闹个手忙脚乱，“称练”短啦（“称练”两字北平话“考核”的意思）。
>
> ——唐鲁孙：《酸甜苦辣咸》

看这类“吃喝玩乐”的书，通常不会让我感觉到什么乐趣，反倒经常让我把一桩享乐之事视作畏途。美食、养宠物、打球、弹钢琴等，这些看起来很美好的事，在真正的玩家那里，都是对自己身体的极限挑战。

至于乐趣，那是登顶之后才有的风景。站在山脚的我们，是看不见的。

什么是“为世界立法”

说到这些“趣味之书”，有一个话题是绕不过去的：它们到底有什么用？

一个粗暴的回答是：不需要有什么指向外部的目的。所有美好事物，都自成目的。

如果我觉得滑雪这项运动很美好，那让自己的滑雪水平提高这件事本身就既是目的，又是手段。如果我觉得读书很美好，那翻开一本书阅读就既是目的，又是手段。这反过来也能解释一件事：为什么金钱总是名声不好？赚钱总是为了换点别的东西。一旦赚钱的目的就是赚钱，它自成目的了，钱就变得庸俗了。所以，钱很有用，但是不够美好。

不过话说回来，一个人在兴趣上的孜孜以求，也确实会帮他建功立业。他们攀爬爱好的天梯，如果能够抵达一个新的高度，抬升的就是整个人类的水位，甚至会开辟出一个新的价值领域。

这样的人，会成为一个新世界的“立法者”。

比如，《昆虫记》的作者，法国人让 - 亨利 · 法布尔。

在他之前的昆虫学家，只会搜集、分类，将昆虫做成标本，记录下一个个没有温度的数据。而法布尔则是用一种前所未有的趣味视角观察昆虫。他观察昆虫的进攻、捕食、打洞、交配、产卵，乃至装死，然后用文学化的笔法写下了厚达十卷的《昆虫记》。

蜗牛通常是全身藏于壳内，只有外套膜的软肉露出一点点在壳的外面。萤火虫见状，便立刻打开它的工具。这是两片呈钩状的颚，锋利无比，细若发丝。用显微镜观察之，可见弯钩上有一道细细的小槽沟。它用它的这种外科手术器械不停地轻轻击打蜗牛的外膜，其动作不像是在施以手术，而像是在与猎物亲吻。

顶多五六次，就足以把猎物给制服，使之动弹不得。蜗牛身体的前部也失去了如同天鹅脖颈那种优美的弯曲状，触角软软地耷拉下来，如同一只折断了的手杖。

萤火虫如何享用其猎物呢？萤火虫的所谓“吃”，并不是真正意义上的那种吃，而是吮吸，如同蛆虫那样，把猎物化为汁液，然后吸入肚里。

总会有宾客不请自来，两三位，四五位，甚至更多。众宾客来到餐桌前，与食物的真正主人并无纷争，毫不客气地尽情享用，不分彼此。

> 当萤火虫吃饱喝足之后，蜗牛就剩下一个空壳了，肉没有了，汤也没有了。但是，这只空壳虽然只用了少许黏液粘在玻璃上，却并未开胶，仍然牢牢地粘在那里，没有丝毫的移位。
>
> ——〔法〕让 - 亨利 · 法布尔：《昆虫记》

这既不是文学的写作方式，也不是科学的写作方式，法布尔追求独特的旨趣，主动把自己放逐到了一个边缘地带。所以，法布尔一生清贫。

但是随着《昆虫记》一卷接一卷地出版，他赢得了巨大的声誉。在他生命的最后几年，各种荣誉纷至沓来。小村子里树起了他的雕像，法国总统亲自前来探访，欧洲各国的科学院纷纷邀他做名誉院士，罗曼 · 罗兰、梅特林克（Maurice Maeterlinck）等文豪向他致敬，还有人给他提名诺贝尔文学奖。

1915 年 10 月 11 日，法布尔因病去世，享年 92 岁。这个时候的他，已不仅仅是一个趴在园子里观察昆虫的文风新奇的作家了。法布尔被称为“昆虫界的荷马”。他第一次让世人知道，原来动物也有史诗。

从玩虫子开始，法布尔最终把自己变成了人和自然相处的全新方式的示范者。

中国的文史大家王世襄，也是这样的人物。

王世襄一生都在玩，而且玩得五花八门：蟋蟀、鸽子、大鹰、獾狗、掼跤、烹饪、火绘、漆器、竹刻等。在一般人眼里，提笼、架鸟、斗蛐蛐是游手好闲的市井之徒所为，但是一经王世襄之手，这些东西马上升格成了文化。

其中最典型的，是明式家具。

在王世襄之前，明式家具并不算一个文物门类，甚至很多都会被拆成零碎木料当废品卖。而在 20 世纪 80 年代，王世襄研究明式家具的著作陆续出版。他认为，明式家具是中国古代文化精神的代表性器物，从艺术史的角度来看，地位应该等同于书法、绘画、瓷器和玉器。

这些书出版后，风行于全球收藏界。当然，文物贩子也几乎人手一册。不到 10 年的时间里，民间收藏的明式家具被贩子们搜刮一空，有部分甚至流失海外，以至于王世襄后来说："全世界的明式家具热，是我炒起来的。这些年，中国的好家具被倒卖出了国，国内出现了大量赝品。我写明式家具的书，也许是千古罪人。"[3]

这些"书中的术语、分类和辨识标准，成了行业标准，被称为是中国古典家具研究的圣经"[4]。也就是说，王世襄成了这个新领域的"立法者"。他以一己之力开辟了一个文物研究门类。

传统家具把大木梁架和壶门台座的式样和手法运用到家具上。由于成功地使用了"攒边装板"及各种各样的枨子、牙条、角牙、短柱、托泥等等，加强了结点的刚度，迫使角度不变、整体固定。

我国的榫卯工艺更可以毫不夸张地说是世界家具之最。由于使用了质地坚实细密的硬木，匠师们可以随心所欲地制造出互避互让但又相辅相成的各种各样、精巧绝伦的榫子来。构件之间，金属钉销完全不用，鳔胶也只是一种并不重要的辅佐材料，仅凭榫卯就可以做到上下左右，粗细斜直，连结合理，面面俱到，工艺精确，扣合严密，天衣无缝，间不容发，使人欢喜赞美，叹为观止。

> 对比之下，外国家具离不开螺丝钉销，金属构件。中国的榫卯，实非他们所能梦见。
>
> ——王世襄：《京华忆往》

启功先生盛赞王世襄是“玩物壮志”。一个人从玩开始，直到把一根高耸的标杆立在这里，引得无数后来者纷纷立志跟进，这本来就是人类扩展文明新领域的方式。

现代社会的很多职业，都是这么“玩”出来的。今天几乎所有的正式体育项目，源头都是一个娱乐项目。甚至连数学，早期在欧洲也只不过是贵族们的智力游戏。

比尔·布莱森的《趣味生活简史》里就说过一个现象：18、19世纪的英国，很多有创造性的人都是乡村牧师。比如，发明贝斯定理的托马斯·贝斯，发明动力织布机的埃蒙特·卡特赖特，写出《人口论》的托马斯·马尔萨斯，近代考古学的创始人威廉·格林韦尔，发明煤气灯的约翰·克莱顿，发明潜艇的乔治·加勒特，等等。

为什么乡村牧师这么有才华？

原因很简单：英国国教是一个独立的系统，不受罗马教会约束。乡村牧师既受过很好的教育，又有稳定的收入，还有大量的空闲时间，生活很无聊，所以只好兴致勃勃、严肃认真地玩，顺便就干出了点创新的事。

哲学家叔本华有一个了不起的洞察：人生就像钟摆一样，在痛苦与无聊之间摇摆。当欲望得不到满足时就会痛苦，当欲望得到满足时就会无聊。

从积极的角度来看，“痛苦”和“无聊”都不是坏事。它们都是老天爷给我们发来的信号——

如果痛苦了，就说明我们该赶紧去干点有用的事了，以获取资源、平息痛苦。

如果无聊了，就说明我们该赶紧去干点有趣的事了。

所以，无聊不是一段劳累生活的尾声，而是一段崭新旅途的序幕。

书单 BOOKLIST

你会看到这些作者把“爱好”玩得严肃认真：

《不去会死：环游世界九万五千公里的自行车单骑之旅》
〔日〕石田裕辅，刘惠卿译，上海译文出版社 2018 年版

《了不起的游戏：京剧究竟好在哪儿》
郭宝昌、陶庆梅，生活 · 读书 · 新知三联书店 2021 年版

《京华忆往》
王世襄，生活 · 读书 · 新知三联书店 2019 年版

《李诞脱口秀工作手册》
李诞，江苏凤凰文艺出版社 2021 年版

《玩儿》
于谦，湖南文艺出版社 2018 年版

[快 意 REFRESHING]

仰天大笑出门去

敢不敢痛快一下

毒舌之书

滔滔雄文

阅读是一座随身携带的避难所。

——〔英〕毛姆

敢不敢痛快一下

上一章“趣味”，讲的是我们怎么通过阅读，体验少数玩家才能达到的高度。这一章，让我们用阅读来唤醒每个人内心都渴望的一种东西：痛快的感觉。

记得当年在研究生课堂上，老师讲了这么一段话，我印象很深——

“音乐、电影这类时间性的艺术，都建立在人的生理基础上。主要是两个，一个是呼吸，一个是排泄。因为人有呼吸，所以人喜欢有规律的节奏。因为人有排泄，所以积累和释放就成了艺术快感的来源。”

玩过俄罗斯方块这个游戏的人，都体验过这种情形：方块一个一个往下掉，越堆越高，你越来越焦灼，突然掉下了一个四格长条，一下子消掉了四行。哇，真痛快！积累的紧张感得到了释放。看电影的时候，情绪不断积累，突然一个大爆发，往往就是华彩段落；听相声的时候，几乎所有笑料都必须经过“三翻四抖”的积累，最后包袱一抖，才会博得满堂喝彩。

“积累—释放”，是我迄今听过的关于“快意”最简洁的解释。

为什么有些书能让我们感到“快意”？

因为有些情绪，我们自己能积累，但是释放不出来，看见书中爽快人的做派，就会大呼过瘾。

记得在大学的文学评论课上，有一次老师问：中国古代文学作品中，最成功的男性形象是谁？这时候，我们满脑子想的都是贾宝玉、张生、武松、林冲之类的人物。

老师却说：“我觉得是孙悟空。”

此言一出，所有人大笑。对啊，虽然孙悟空不一定是男性，但是他力大无穷，还敢大闹天宫，神佛不惧，“金猴奋起千钧棒，玉宇澄清万里埃”[1]，做了所有人想做但是做不出的事情。阅读者于是收获了巨大的快感。

孙行者又把金箍棒钻一钻，望空又一指。慌得那：

雷公奋怒，电母生嗔。雷公奋怒，倒骑火兽下天关；电母生嗔，乱掣金蛇离斗府。唿喇喇施霹雳，振碎了铁叉山；淅沥沥闪红绡，飞出了东洋海。呼呼隐隐滚车声，烨烨煌煌飘稻米。万萌万物精神改，多少昆虫蛰已开。君臣楼上心惊骇，商贾闻声胆怯忙。

那沉雷护闪，乒乒乓乓，一似那地裂山崩之势。唬得那满城人，户户焚香，家家化纸。孙行者高呼：“老邓！仔细替我看那贪

> 赃坏法之官，忤逆不孝之子，多打死几个示众！”那雷越发振响起来。
>
> ——〔明〕吴承恩：《西游记》

其实，书中所有的“急性子”角色，都会勾起我们的爽快感。道理是一样的：书中的人物，替我们读者完成了某种情绪的释放。

> 史进看了，却认的他，原来是教史进开手的师父，叫做打虎将李忠。史进就人丛中叫道：“师父，多时不见。”李忠道：“贤弟如何到这里？”鲁提辖道：“既是史大郎的师父，同和俺去吃三杯。”李忠道：“待小子卖了膏药，讨了回钱，一同和提辖去。”
>
> 鲁达道：“谁奈烦等你，去便同去。”
>
> 李忠道：“小人的衣饭，无计奈何。提辖先行，小人便寻将来。贤弟，你和提辖先行一步。”
>
> 鲁达焦躁，把那看的人一推一跤，便骂道：“这厮们挟着屁眼撒开，不去的洒家便打！”众人见是鲁提辖，一哄都走了。李忠见鲁达凶猛，敢怒而不敢言，只得陪笑道：“好急性的人。”
>
> 当下收拾了行头药囊，寄顿了枪棒，三个人转湾抹角，来到州桥之下一个潘家有名的酒店。
>
> 酒保唱了喏，认得是鲁提辖，便道：“提辖官人，打多少酒？”鲁达道：“先打四角酒来。”一面铺下菜蔬果品案酒，又问道：“官人，吃甚下饭？”
>
> 鲁达道：“问甚么！但有，只顾卖来，一发算钱还你。这厮只顾来聒噪！”
>
> ——〔明〕施耐庵：《水浒传》

我们为什么会称一些人为“爽快人”?

他们的共同特点是：不纠结于当下的目标，能迅速扑向一个新目标。有的人是因为能力强，比如孙悟空；有的人是因为性子急，比如鲁达。

其实还有一种人，他们之所以“爽快”，是因为善于置身事外，能看到事物更多的价值。

比如，一个生意人不在讨价还价的事上过度扯皮——“好了好了，就按你说的办”——往往就是因为看到了这桩合作本身的价值，或者是因为很看重自己时间的价值。对这样的人，我们往往会伸出大拇指，赞一声：“爽快人！”要想当这种“爽快人”，需要更高超的感知力。

金圣叹在评点《西厢记》的时候，有一段很著名的“三十三不亦快哉”，摘录一部分在下面。

其一，子弟背诵书烂熟如瓶中泻水，不亦快哉！

其一，存得三四癞疮于私处，时呼热汤关门澡之，不亦快哉！

其一，箧中无意忽检得故人手迹，不亦快哉！

其一，夏日于朱红盘中，自拔快刀，切绿沉西瓜，不亦快哉！

其一，久客得归，望见郭门，两岸童妇皆作故乡之声，不亦快哉！

其一，佳磁既损，必无完理，反覆多看，徒乱人意。因宣付厨人作杂器充用，永不更令到眼，不亦快哉！

其一，看人作擘窠大书，不亦快哉！

其一，推纸窗，放蜂出去，不亦快哉！

其一，作县官，每日打鼓退堂时，不亦快哉！

> 其一，看人风筝断，不亦快哉！
> 其一，看野烧，不亦快哉！
> 其一，还债毕，不亦快哉！
> 其一，读《虬髯客传》，不亦快哉！
> ——〔元〕王实甫：《西厢记》（〔清〕金圣叹评点）

这些“不亦快哉”的段落是如何得来的？有一次金圣叹和朋友斫山先生一起在外地客居，遇上了十天的大雨，两个人没事可做，对床无聊，就玩了这么个游戏：分别回忆生活中那些快意之事，你说一条，我说一条。二十年后，金圣叹批阅《西厢记》时，便逐条回忆出来，放在了批文之中。

你看，“快意”之事，并不是什么成功、财富、良缘、美食，而是切开一个大西瓜，把一只野蜂赶出房间，凡此种种。只需要有情绪和身体全方位的感知能力，你就能随时发现生活中“积累—释放”的瞬间。

毒舌之书

年轻的时候，我特别爱看讽刺类的作品。原因很简单：它们帮我“释放”了对世界的攻击欲。

还记得在中学语文课本上读到马克·吐温《竞选州长》的段落，“有人教唆九个刚刚在学走路的小孩，包括各种不同的肤色，穿着各式各样的破烂衣服，冲到民众大会的讲台上来，抱住我的双腿，管我叫爸爸”[2]，全班同学乐了好几天。

后来，我就专门去找马克·吐温的小说看。印象最深的，不是他那些长篇名著，而是一些讽刺小短篇。比如，《田纳西的新闻界》，夸张地描写了一个不仅动口，而且动手的新闻界。

“老兄。我有一笔小小的账要和您算一算。您要是有空的话，我们就开始吧。”

“我在写一篇文章，谈谈‘美国道德和智慧发展中令人鼓舞的进步’这个问题，正想赶完，可是这倒不要紧。开始吧。”

两支手枪同时砰砰地打响了。主笔被打掉了一撮头发，上校的子弹在我的大腿上多肉的部分终结了它的旅程。上校的左肩稍微削掉了一点。

他们又开枪了，这次他们两人都没有射中目标，可是我却遭了殃，胳臂上中了一枪。放第三枪的时候，两位先生都受了一点轻伤，我的一块指节被打碎了。

然后他们一面再装上子弹，一面谈选举和收成的问题，而我则着手捆扎伤口。可是他们马上又开枪了，打得很起劲，每一枪都没有落空——不过我应该说明的是，六枪之中有五枪都光顾了我。

另外那一枪打中了上校的要害，他很幽默地说，现在他应该告辞了，因为他还有事情要进城去，于是他探听了殡仪馆的所在，随即就走了。

——〔美〕马克·吐温：《马克·吐温短篇小说选》

这些段落看得我乐不可支。

看这些书，最大的好处其实不是磨炼心智，而是让人的内在情绪有一个出口。这类书就像是给少年们举办的体育比赛，可以帮他们在激烈对抗的赛场上释放掉内在的攻击欲。其实写作也是一样的。据说作家毛姆讲过：“你首先应该了解的一点，就是我的一生和我的作品在很大程度上都与我的口吃的影响分不开。”

我一度还非常爱看各种“毒舌”的作品。比如，形容一个人长得丑的段落，在文学作品里俯拾皆是。

对于丑人，细看是一种残忍。——钱锺书：《围城》

中国人丑得像造物者偷工减料的结果，潦草塞责的丑；西洋人丑像造物者恶意的表现，存心跟脸上五官开玩笑，所以丑得有计划、有作用。——钱锺书：《围城》

五官平淡得像一把热毛巾擦脸就可以抹而去之的。——钱锺书：《围城》

有些人的脸 丑得像一桩冤案。——木心：《琼美卡随想录》

那副面相嘛，十九世纪没卖出去，二十世纪又赶上滞销。——〔日〕夏目漱石：《我是猫》

虎妞刚起来，头发髭髭着，眼泡儿浮肿着些，黑脸上起着一层小白的鸡皮疙瘩，像拔去毛的冻鸡。——老舍：《骆驼祥子》

她的脸红起来，黑红，加上半残的粉，与青亮的灯光，好像一块煮老了的猪肝，颜色复杂而难看。——老舍：《骆驼祥子》

在现实生活中，取笑一个人的外貌是不礼貌的。人有教养的标志之一，就是能够隐藏内心真实的想法，对别人的缺陷表现得若无其事。

但在文字的世界里，我们可以撕掉这层温柔的面纱，看作家尽情地表达挖苦。那些人性里原本阴暗的、难以启齿的、见不得人的角落，经作家之手放大，立刻有了展览的价值，甚至上升为一种普遍处境。突破禁忌，就产生快意。

我一度非常爱看鲁迅和李敖的杂文。坦率地说，并不是因为其中的思想性，而是因为那种刁钻刻薄的骂人腔调。读了那些书，我自己好像也变得牙尖嘴利，获得了一种虚妄的力量感。古话说："良言一句三冬暖，恶语伤人六月寒。"年长之后，再回望那段心路，我是有一丝愧疚的。这是我人生当中为数不多因为读书而后悔的事。

多年之后，我在王安忆的《小说六讲》里看到了一个主张：即使是把自己熟悉的人和事写进作品，作家也应当极为慎重，不能因文伤人，这是一种严肃的道德价值。

曾有人问我，写作者可否用认识的人作故事题材。

小说者虚构所用材料多是身边的人和事，问题是如何使用，又用于什么企图。写作和发表，可说是一项特权，即"公器"，因此必须谨慎出手，切忌"私用"。

李渔指出"后世刻薄之流，以此意倒行逆施，借此文报仇泄怨"是违背了词曲之道，用今天的话说，就是亵渎艺术的纯洁高尚。李渔说仓颉造字，是极其隆重的事，"天雨粟，鬼夜哭"，是上苍赐予人类的恩典，不能轻率地挥霍。

我的理解是，我们的写作，要对得起使用的文字，非是必须，不可随便动笔，这是创造的价值，也就是艺术的价值。为什么李渔是在词曲部"结构"一节中谈"戒讽刺"，大概是因为戏曲表现

> 的多是人事，与现实生活很相像，也就极容易影射和暗指，泄愤报复，他说：“谁无恩怨？谁乏牢骚？”但是将词曲用作于此，无疑是浪费社会公共资源，对人对己都不公正。
>
> 即便是词曲，大观园里不让沾染的俗物，在李渔看来，却也有严肃的道德价值。
>
> ——王安忆：《小说六讲》

慎用文字的力量，不仅是对他人的道德责任，也是对自己的心智负责。

讥讽、贬低他人，虽然能获得一时的快意，但也意味着从此对此人关上了心门，很少有机会再从他那里获得教益了。随便说出口的一句“蠢货”“坏蛋”，实际上伤害的是我们自己从外界获取智力资源的能力。

宋神宗在位时，有一次要杀一个人，大臣们劝阻。宋神宗说，那把他刺配到远恶之处吧。大臣们又劝阻，说“士可杀，不可辱”。宋神宗说：“快意事便一件做不得！”大臣说：“如此快意事，不做得也好。”[3]

是的，快意之事，大部分都做不得，从书中看看就好。

滔滔雄文

令人快意的阅读体验，还经常出现在各种滔滔雄文中。

这类文章，把丰富的意象汇集在极短的篇幅内，使其突然像烟火一样在读者眼前炸开。这是我们日常经验中所没有的，只有文采斐然的作家才铺陈得出来。

> 我出生的时候，长安城阴雨连绵。一连数月的大雨将大明宫浸泡得仿佛失去了根基，甚至连人们的表情也因为多日未见阳光而日显苍凉伤感。
>
> 绵绵细雨周密而仔细地覆盖住这座精致皇家小院中的每一个角落，通往紧闭着房门的主厅的砖红通道两侧，两排卫士纵向一字排开，雨水沿着他们铁灰色的冰冷头盔亮晶晶地滑下。透过雨雾，檐下横向站着一队神色黯淡的侍从，瞪着空洞木然的眼睛懒懒地注视着眼前铺天盖地的雨雾。风悄悄地鼓动着他们轻盈的麻制宫服，于是，那瑟瑟抖动的宽大衣袖，就成了此时死气沉沉的潮湿空气中惟的一线自由。
>
> ——郑重、王要：《大明宫词》

这样的意象大轰炸，具有超凡的说服力量。

还记得当年读莎士比亚的《威尼斯商人》，我印象最深的，倒不是几个“正面人物”的智慧，而是那个犹太奸商夏洛克的悲情。他那一大段台词，滔滔不绝地控诉对犹太人的压迫，即使拿到第二次世界大战之后，也不过时。莎士比亚文采驰骋，反倒削弱了他想表达的主旨。

> 他曾经羞辱过我，夺去我几十万块钱的生意，讥笑着我的亏蚀，挖苦着我的盈余，侮蔑我的民族，破坏我的买卖，离间我的朋友，煽动我的仇敌；他的理由是什么？只因为我是一个犹太人。

> 难道犹太人没有眼睛吗？难道犹太人没有五官四肢、没有知觉、没有感情、没有血气吗？他不是吃着同样的食物，同样的武器可以伤害他，同样的医药可以疗治他，冬天同样会冷，夏天同样会热，就像一个基督徒一样吗？你们要是用刀剑刺我们，我们不是也会出血的吗？你们要是搔我们的痒，我们不是也会笑起来的吗？你们要是用毒药谋害我们，我们不是也会死的吗？那么要是你们欺侮了我们，我们难道不会复仇吗？要是在别的地方我们都跟你们一样，那么在这一点上也是彼此相同的。
>
> 要是一个犹太人欺侮了一个基督徒，那基督徒怎样表现他的谦逊？报仇。
>
> 要是一个基督徒欺侮了一个犹太人，那么照着基督徒的榜样，那犹太人应该怎样表现他的宽容？报仇。
>
> 你们已经把残虐的手段教给我，我一定会照着你们的教训实行，而且还要加倍奉敬哩。
>
> ——〔英〕莎士比亚：《威尼斯商人》

看了这一段，有人说，简直怀疑莎士比亚是在借夏洛克之口默默为犹太人辩护。

这不是妄加猜测。作家经常会在这种排山倒海的气势中，把自己不太符合主流价值观的想法隐藏进来。

比如，法国文豪雨果，他毫无疑问是一个革命派、自由派。但是，我在读他最后一部长篇小说《九三年》的时候，却发现了一段演讲。

发表演讲的朗德纳克侯爵，是小说中保王党叛军的首领。在小说的前半部分，朗德纳克侯爵的形象一直是残酷、狡猾、疯狂的，但是在他被捕后，到了临刑之时，雨果却突然通过他的嘴发表了一次长篇演讲，通篇讲的都是法兰西民族的宝贵传统，这既是对王权和贵族的辩护，也是对革命党人的讥笑。

下文是其中的节选。

> 法兰西的特性，是由我们这个大陆的特性本身构成的，法兰西的每个省代表着欧洲的一种美德：
>
> 庇卡底显示出德意志的坦诚，香槟显示出瑞典的慷慨，勃艮第显示出荷兰的精明，朗格多克显示出波兰的活力，加斯科涅显示出西班牙的庄重，普罗旺斯显示出意大利的明智，诺曼底显示出希腊的机敏，多菲内显示出瑞士的忠诚。
>
> 这一切你们全然不知。你们一味地破坏、砸碎、砸烂、摧毁，心安理得地充当野兽。
>
> 哼！你们不再要贵族了！好啊，你们再也不会有贵族啦。你们就死了这条心吧。你们再也不会有骑士，再也不会有英雄。
>
> 永别啦，昔日的荣耀。
>
> 你们是一个没落的民族，你们将遭受外敌的入侵和占领。阿拉里克二世打进来，再也遇不到克洛维那样的对手；阿布德拉姆打进来，再也遇不到查理·马特那样的对手；萨克逊人再次来犯，不会有丕平那样的人奋起抵抗了。你们再也不会有阿尼亚代尔、洛克鲁瓦、朗斯、斯塔法德、内温德、斯坦克尔克、马赛、罗库、劳菲尔德、马翁等一类的战役。
>
> 行了！得啦！干你们的吧。成为新人吧，去做卑鄙小人吧！
>
> ——〔法〕雨果：《九三年》

看完之后，我目瞪口呆。

这还是那个自由派、革命派的作家雨果写出来的文字吗？法国大革命爆发在 1789 年，而雨果的《九三年》发表于 1874 年。将近一百年过去了，打倒王权和贵族，早已成为法兰西民族的共识，具有无可辩驳的正义性。如果雨果脑海的某个角落没有一套完整的保守主义，甚至是保王党的思想，怎么会写出这么雄辩的论述？

多年之后，我看到了一句话："一个人同时保有两种相反的观念，还能正常行事，这是第一流智慧的标志。"这句话，才让我真正理解了雨果。

所以，在阅读的时候，我们得留心那些汪洋恣肆的华美文字。在喷薄而出的情感中，可能藏有作者更完整的观念图谱。

快意之书，就是文字的烟花。既然是烟花，就不会是静止的，里面就会有无穷的因果。我们应该既可以想象它燃烧之前的样子，也可以想象它寂灭之后的归处。

书单 BOOKLIST

你可以在这些书中体会“仰天大笑出门去”的快意：

《毛姆短篇小说全集》

〔英〕毛姆，陈以侃译，广西师范大学出版社 2020 年版

《夜莺与玫瑰》

〔英〕奥斯卡 · 王尔德，张乐译，湖南文艺出版社 2019 年版

《水浒传（金圣叹批评本）》

〔明〕施耐庵著，〔清〕金圣叹评，上海古籍出版社 2015 年版

《鲁迅杂文集》

鲁迅，天津人民出版社 2019 年版

《梁启超传》

解玺璋，化学工业出版社 2018 年版

迫不及待想看这几本书？
现在扫码，进入快意淋漓的世界

[苦 痛 TORMENT]

总 有 人 为 我 们 负 重 前 行

惊人的无知

如果换作我们

为什么要写下来

如果你感受到痛苦，那么，你还活着。

如果你感受到他人的痛苦，那么，你才是人。

——〔俄〕列夫·托尔斯泰

惊人的无知

西方人有“天启四骑士”之说：瘟疫、战争、饥荒和死亡。人类自古以来共同面对的苦难，也就这四种。而今天，除了死亡仍旧无法避免，其他三者似乎都在渐渐隐去。

> 在过去几十年间，我们已经成功遏制了饥荒、瘟疫和战争。当然这些问题还算不上被完全解决，但已经从过去“不可理解、无法控制的自然力量”转化为“可应对的挑战”。我们不再需要祈求某位神或圣人来解救人类，而是已经相当了解怎样预防饥荒、瘟疫和战争，而且通常都能成功。
>
> 此类灾难发生的次数及频率确实都在下降。因营养过剩而死亡的人数超过因营养不良而死亡的人数，因年老而死亡的人数超

> 过因传染病死亡者，自杀身亡的人数甚至超过被士兵、恐怖分子和犯罪分子杀害的人数的总和，这些都是史无前例的。
>
> ——〔以〕尤瓦尔·赫拉利：《未来简史》

瘟疫、战争和饥荒在渐渐消失，这当然是好事。但是，人类在苦难中的感受，以及在其中产生的人性变量，从此也被遮蔽了。这不仅是一个遗憾，更是一种危险。

人性恒常。生活在繁荣、安全和进步中的一代人，是经受不了人性阴暗面的突然反噬的。

2007 年在成都的白夜酒吧，刘慈欣和科学史教授江晓原进行了一场著名的辩论。辩题是，如果世界末日到了，只剩下他们俩和现场的一位女主持人，“我们三人携带着人类文明的一切，而我们必须吃了她才能够生存下去，你吃吗？”

刘慈欣的选择是：吃。因为全部文明，包括莎士比亚、爱因斯坦、歌德等都在他们手里。“只有现在选择不人性，将来人性才有可能得到机会重新萌发。”

江晓原的选择是：不吃。他的话掷地有声：如果吃人，我们就丢失了人性。“一个丢失了人性的人类，就已经自绝于莎士比亚、爱因斯坦、歌德……还有什么拯救的必要？”[1]

这段辩论一直在我脑子里翻涌。站在今天看，江晓原教授的选择无疑是正确的。但是，如果真到了那种绝望的时刻，刘慈欣会怎么选？江晓原会怎么选？我们又会怎么选？谁能知道呢？

毕竟，那个选择并没有真实地摆在眼前。

这是我们要读书的一个理由。书籍中不仅记载了苦难本身，更重要的是，它们还保留了苦难下人性的状态。瘟疫、战争和饥荒，不难想象。但是那种情况下的人会变成什么样子，经常会大出我们所料。

陈忠实的《白鹿原》里有一段关于饥荒的描写。

> 一个过门一年的媳妇饿得半夜醒来，再也无法入睡，摸摸身旁已不见丈夫的踪影，怀疑丈夫和阿公阿婆在背过她偷吃，就蹑手蹑足溜到阿婆的窗根下偷听墙根儿，听见阿公阿婆和丈夫正商量着要杀她煮食。阿公说："你放心度过年馑爸再给你娶一房，要不咱爷儿们都得饿死，别说媳妇，连香火都断了。"新媳妇吓得软瘫，连夜逃回娘家告知父母。被母亲哄慰睡下，又从梦中惊醒，听见父亲和母亲正在说话："与其让人家杀了，不胜咱自家杀了吃！"这女人吓得从炕上跳下来就疯了……危言流语像乌鸦的叫声一样令人毛骨悚然。
>
> ——陈忠实：《白鹿原》

饥饿带来的苦难，不是人"没得吃、饿死了"这么简单。要不然，历史上也不会留下那么多"易子而食"的记载。在那样的处境下，人性的底线能变得多低，我们今天是无法想象的。

战争期间，人性的变形就更严重了。战争，可不是我们在电影里看到的枪林弹雨、血肉横飞那么简单。战争机器一旦开动起来，发起者就有了一项内在冲动：必须把杀人说成一件正当的事。在和平时期无法想象的观念，在战争期间反而会被广泛宣传。

张宏杰有一本书叫《大明王朝的七张面孔》，里面说到了明末的张献忠。张献忠未必是中国古代战争中杀人最多的，但他提出的“杀人观”确实是独一份的。

张献忠有一个奇怪的念头，他认为自己是老天爷派到人间来“收人”的，杀人是他的天职。他曾经修葺了湖北上津县的关帝庙，还撰写了一篇碑文，其中写道：“焚戮良民，非本心之所愿，实天意之所迫。亦知同居率土，开州开县，有干理法。无奈天意如此，实不我由。如黄巢往事劫数，固亦莫之为而为也。”[2] 在这样的观念下，他还有什么做不出来？

> 崇祯十七年（1644 年）六月二十一，重庆通远门外的空地上，三万七千名明军聚集。他们被编成百十个长队，鱼贯前进，到队伍前的木案处，伸出右手，放在案上。
>
> 站在木案前的士兵手起刀落，那只手应声而断，留在案上的手指还在抖动。血如喷泉一样从断臂上喷出。执刀士兵一脚踢开他，喊道：“下一个，快点！”
>
> 这是明末农民起义军张献忠部在处理被俘明军。六月二十，张献忠攻破重庆城。这是他入川之后的第一个大胜仗，全军上下，兴高采烈。张献忠特别指示，虽然明军曾经顽抗，但八大王此次宽大为怀，俘虏一个不杀，仅剁手为戒。
>
> 这些俘虏没有理由不庆幸，但还有人希图进一步的侥幸。农民军明令伸右手，有人却伸出了左手。一刀下去，左手掉了，然而又被刀刃拦住：“右手！”
>
> 于是两只手都废掉了。
>
> ——张宏杰：《大明王朝的七张面孔》

其实，张献忠这么想，也不是没有原因的。中国文化中确实有一个说法，那些乱世豪杰，都是“应劫而生”，是上天派到下界的魔头。比如在《水浒传》里，梁山好汉就被说成了洪太尉误放的妖魔。

当年我读这本书的时候，有好几个段落让我非常费解。

《水浒传》第三十一回“张都监血溅鸳鸯楼　武行者夜走蜈蚣岭”里，武松冲进都监府，从马夫开始，一路取走了女使、丫鬟、都监夫人等十九条人命。但这些人既跟武松没有前仇，也未参与迫害武松，更无法对他构成什么威胁。在我们今天的道德观念里，这是一种无意义、无节制的滥杀。

宋江劝霹雳火秦明上山时的做法，就更骇人听闻了——他先是滥杀平民，然后栽赃给秦明，害得秦明一家老小被处死。

> 宋江开话道：“总管休怪。昨日因留总管在山，坚意不肯，却是宋江定出这条计来：叫小卒似总管模样的，却穿了足下的衣甲、头盔，骑着那马，横着狼牙棒，直奔青州城下，点拨红头子杀人；燕顺、王矮虎带领五十馀人助战，只做总管去家中取老小。因此杀人放火，先绝了总管归路的念头。今日众人特地请罪！”
>
> 秦明见说了，怒气于心，欲待要和宋江等厮并，却又自肚里寻思。一则是上界星辰契合；二乃被他们软困，以礼待之；三则又怕斗他们不过，因此只得纳了这口气。便说道：“你们弟兄虽是好意要留秦明，只是害得我忒毒些个，断送了我妻小一家人口！”
>
> 宋江答道：“不恁地时，兄长如何肯死心塌地。虽然没了嫂嫂夫人，宋江恰知得花知寨有一妹，甚是贤慧，宋江情愿主婚，陪备财礼，与总管为室，若何？”
>
> ——〔明〕施耐庵：《水浒传》

今天隔着纸面，我们仍然能够感觉到宋江一伙儿得意扬扬的神态：死几个平民算什么？赚得好汉上山才是正经事。你的妻儿死了算什么？给你另娶一房就是。

别忘了，《水浒传》可是把梁山好汉当作正面角色来写的。这种观念差别，是不是仿佛两个世界？

如果不借助这些书，我们对战争和饥荒时代的人的想法，很可能会陷入惊人的无知。

如果换作我们

更大的无知，是对自己。如果有一天被迫陷入绝境，我们会变成什么样子？

苦难刚降临的时候，通常不太像灭顶之灾。它会一点点袭来，狡猾地让人看到一点点希望，然后再一点点把人性中最不堪的一面逼出来。

就像那个故事说的：一个劫匪上了一辆公共汽车，先宣布“我打劫有个规矩，第一个交钱的收一百，第二个收两百，以此类推”。于是，车上的人争先恐后地交钱。最后两个人还为谁先交钱而扭打在了一起。人类经常是先互相摧毁，然后才被苦难摧毁。

第二次世界大战期间，德国纳粹屠杀了大约 600 万犹太人。从集中营幸存的人写了很多书，比如维克多 · 弗兰克尔（Viktor Frankl）的《活出生命的意义》、普里莫 · 莱维（Primo Levi）的《被淹没与被拯救的》。它们有一个共同点：不仅控诉纳粹，还花了大量篇幅反思，在那些被迫害者身上到底发生了什么。

在集中营里，大家的注意力其实不在毒气室和焚尸炉上，而在活下来的机会上。比如，有一个狱友兴致勃勃地对弗兰克尔说了一段话。

> “别害怕！别害怕挑选！”
>
> “我只乞求你们一件事，”他继续说，“如果可能的话，每天刮脸，不论要用锋利的玻璃，还是用最后一块面包换刮脸用具。只有如此，你才能看起来更年轻，而且，刮脸还会使你脸色红润。想活下来，你唯一的办法是，看上去能干活。如果你脚后跟起了个水泡，走路瘸了，党卫军看见你这样，就会把你招到另一边。第二天，你就肯定要被送进毒气室。你知道‘Moslem’是什么意思吗？那些看起来可怜兮兮、落魄潦倒、体弱有病、不能干体力活的人就是‘Moslem’。或早或晚，一般会比你预计的时间要早，‘Moslem’就会被送进毒气室。要切记：刮脸，挺直腰板站立，精神抖擞地干活，你就不用怕毒气。所有站在这里的人，即使你刚到这里 24 个小时，做到这些你就不用怕毒气。”
>
> ——〔美〕维克多 · 弗兰克尔：《活出生命的意义》

在集中营里，很少有反抗。相反，那里有一批干活非常认真的人。这些“兼职囚犯”主动承担起了集中营里清洁员、洗壶人、值夜人、床铺整理员、虱子疥癣检查员的角色，还会积极防备身边的其他囚犯把这份工作抢走——因为这份工作让他们每天可以多获得半升汤。

在集中营里，也很少有对纳粹的仇恨。当被要求交出自己的手表时，弗兰克尔产生了一种非常奇怪的心理：“他们在看中我们的腕表并婉言说服我们交出来时，显得极其友好。难道我们不该向这些友好人士上交那些财产吗？难道这样的好人不该拥有这块手表吗？也许有一天他们会报答我们。”[3]

在集中营里，老囚犯对“新来的”迫害得非常积极。如果有人胆敢不守规矩，老囚犯们会“蜂拥而至，扑灭对秩序的威胁。他们会暴怒而巧妙地殴打‘罪犯’，直到他驯服或死亡。特权，当然，捍卫和保护特权”。[4]

莱维是奥斯维辛的幸存者，但是他一生都觉得，这是因为自己是“最糟糕的”的人之一。

> 我活着，代价也许是另一个人的死去；我活着，是取代了另一个人的位置；我活着，便篡夺了另一个人的生存权，换言之，杀死了另一个人。
>
> 那些最糟的人幸存下来：自私者、施暴者、麻木者、“灰色地带”的合作者和密探们。这并非一定之规，尽管如此，这仍然是一个规律。我感到无辜，没错，因为我也是“被拯救者”中的一员，所以通过我的眼睛永远寻觅一个为自己辩解的理由。
>
> 最糟的人，也就是说，那些最适应环境的人，幸存下来；而那些最优秀的人都死了。
>
> ——〔意〕普里莫·莱维：《被淹没与被拯救的》

当被从集中营里解放出来的时候，这批囚犯的反应也很奇怪。

晚上，我们又聚在一起，有人悄悄对另一个人说："告诉我，今天你高兴吗？"

另一个人回答："说实话，不！"他不知道，大家都是这个感觉。我们已经丧失了感受快乐的能力，要慢慢地重新培养这种能力。

从心理学的角度讲，得到解放的犯人最初的感觉叫"人格解体"。一切都显得不真实、不可能，像是在梦中一样。我们不能相信这是真的。

——〔美〕维克多·弗兰克尔：《活出生命的意义》

这种"人格解体"的痛苦，折磨着每一个幸存者。其中，埃利·威塞尔（Elie Wiesel）凭借一系列回忆录，获得了1986年的诺贝尔和平奖。但是很少有人知道，他曾经在长达10年的时间里，不知道怎么开口讲这段故事。

威塞尔解释说："我知道幸存者承担着证人的角色，但我不知道如何去做。我缺乏经验，也缺乏一个清晰的框架。我不相信技巧和套路。是和盘托出，还是缄口不言？是高喊，还是低语？是把重点放在那些逝去的人身上，还是他们的后代身上？如何描述那些不可描述的事？如何节制地再现人类的堕落和众神的黯然失色？最后，如何才能确认，把话说出口后，不会扭曲和背叛本想表达的意义？我的苦恼如此沉重，以至于我立下了一个宣言：至少十年不发声，不触及那些关键的内容。"

——〔美〕本·雅格达：《伪装的艺术》

就在埃利·威塞尔获得诺贝尔和平奖的第二年，莱维最终没有饶过自己——1987 年，莱维坠楼自杀。

当时的媒体说："40 年后，莱维先生死于奥斯维辛。"

曾经有一段时间，我读了很多本回忆犹太人大屠杀的书，一边读一边问自己：如果我也是其中的一名囚犯，这些人性扭曲的桩桩件件，我逃得过哪一样？

我很敬佩的出版人张立宪，写过一份《读库十八条》，其中有一条是这么说的：

"一部伟大的战争电影，首先，它一定是反战的；其次，它是告诉人们在生死之际，一个体面人会怎么做。我们在别人的故事中倾洒自己的笑与泪，就是要看看在某种极端情况下，体面人是怎么做的，以及警醒自己不体面的行为是什么。当面临类似情况时，内心可以调用一种行为模式或情感反应，或者说，人格养成就在其中。"[5]

阅读这些苦难回忆录的价值也类似。

据说陀思妥耶夫斯基有一句话："我只担心一件事，我怕我配不上自己所受的苦难。"

这也应该是全人类的担心：我们人格养成的成果，配得上那些人为我们所受的苦难吗？

为什么要写下来

那些苦难的亲历者，为什么要把它们写下来？

在阿兰·德波顿的《艺术的慰藉》里，有一段说法是迄今为止我看到的最精当的。

> 许多令人悲伤的事物，都因为我们认为自己独自承担了这样的苦难而更令人难受。
>
> 我们认为自己的烦忧是一种诅咒，或是揭露了我们邪恶卑鄙的本性。如此一来，我们的苦难就毫无尊严可言，而是我们恶劣的本质所应受的惩罚。
>
> 我们需要帮助，才能在自己最糟的经验里找到光荣，而艺术正能够为这些经验赋予社会性的表达。
>
> ——〔英〕阿兰·德波顿、〔澳〕约翰·阿姆斯特朗：《艺术的慰藉》

把悲伤上升到整个人类的经验中，使其成为公共品，个体的悲伤才能获得尊严。

所以，好的苦难记载，通常不是愤怒地谴责加害者，而是转过头去，直视生命本身。

以色列的犹太人大屠杀纪念馆，坐落在耶路撒冷城西的赫茨尔山上。这里有非常庞大的馆藏：1.3 亿页文件、10 万份幸存者证词、40 万张照片、1.5 万份国家档案文件以及 2.5 万件文物和 1.2 万件艺术品。

但是，纪念馆觉得这还不够。从 20 世纪 50 年代开始，他们一直在做一件事：向世界各地征集遇害者家人、朋友、熟人，以及幸存者的回忆和证词。哪怕只是查证到遇害者的一个姓氏也好。截至 2017 年 5 月，600 万大屠杀遇害者中，已经有 470 多万人有迹可循，但剩下的 130 多万人还是姓名不详。

虽然查证出来的希望已经很渺茫了，但是他们还在倔强地进行着这项工作。

所以，这个纪念馆的馆名只有简单的两个词“Yad Vashem”，意思是“有纪念、有名号”。这个说法来自《圣经》：“我必使他们在我殿中，在我墙内有纪念、有名号，比有儿女的更美。我必赐他们永远的名，不能剪除。”[6]

> 从尤赛尔的浮雕像再向里一转，我肯定，所有的人都会像钉子一样钉在地上动弹不得。因为在眼前一片漆黑的背景中，出现了各种各样的儿童笑容。男孩，女孩，微笑的，大笑的，装大人样的，撒娇的，调皮的都有。短发似乎在笑声中抖动，机灵全都在眼角中闪出。但他们，全被杀害了！
>
> 这些从遗物中找到的照片，不是用愤怒，不是用呼喊，而是用笑容面对你，你只能用泪眼凝视，一动不动，连拿手帕的动作都觉得是多余。
>
> 我不敢看周围，但已经感觉到，右边的老人已哽咽得喘不过气来，左边一个年轻的妻子一头扎在丈夫怀里，丈夫一只手擦着自己的眼泪，一只手慰抚着她的头发。
>
> ——余秋雨：《千年一叹》

通过阅读，我们不仅可以看见苦难，还可以考问自己在苦难中的人性，进而可以想见人类从苦难中穿越而出的庄严面貌。

阅读苦难的一个附带效果，是让我们不再幼稚。看到更有质感的现实图景，能惊醒各种粉色的梦。

比如，很多人怀想农耕时代的田园生活。马特 · 里德利（Matt Ridley）在《理性乐观派》这本书里，就替他们描述了一下："19 世纪西欧或者北美东部的某个地方，在木板搭成的简陋屋子里，一家人围坐在壁炉边。父亲大声地朗读《圣经》，母亲为大家准备好了牛肉炖洋葱。二姐照顾年幼的小弟弟，大儿子从瓦缸里舀水，倒进餐桌上每个人的杯子里，大姐在马厩里喂马。外面的世界没有汽车发出的噪声，没有毒贩子，牛奶里绝对找不到二噁英或者放射性坠尘。一切如此宁静安详，窗外鸟语花香。"

是这样吗？粗线条的轮廓当然没错。但紧接着，里德利就拿出了细节，当头棒喝。

拜托，少来了。

虽说这是村里家境最好的一户人家，正在读经的父亲仍会因为柴火冒出的烟使劲咳嗽个没完。这么咳嗽下去，他早晚会患上支气管炎，53 岁就没了命。（他都算幸运了，1800 年，就算是在英格兰，人的预期寿命也不到 40 岁。）

宝宝哭个不停，是因为他得了天花，隔不了多久就会死掉。

他的二姐，很快就要嫁一个酒鬼丈夫，成为那人的奴隶。大儿子倒出的水有一股子奶牛味，因为奶牛跟人在同一条小溪里取水。牙痛折磨着母亲。马厩里，邻居的房客让大姐怀了身孕，等一生下来，那孩子就会被送到孤儿院。

炖牛肉吃起来没滋没味，很难嚼得动，但除了牛肉，平常的伙食就只剩稀粥了，因为这个季节没有水果或者沙拉。全家人没有一个看过戏、画过画、听过钢琴演奏。所谓的学校教育，就是

> 让偏执的郊区牧师教上几年枯燥的拉丁语。父亲进过一次城，但旅费用了他一个星期的薪水，其他人从来没有离家超过 15 英里。
>
> 地上铺着草垫当床，孩子们两人合睡一张。至于窗户外面的鸟嘛，明天就会被男孩捉到并吃进肚子里。
>
> ——〔英〕马特 · 里德利：《理性乐观派》

今天我们看到的苦难，只是前人的日常。

记得有一次，我在艾瑞克 · 霍布斯鲍姆的《革命的年代》里，看到了一则刊登在 1801 年《莫斯科报》上的广告。

> 有三位马车夫和两位姑娘待售。马车夫训练有素，出类拔萃。姑娘的年纪分别为 18 岁和 15 岁，两人均容貌姣好，手工活样样精通。该家族尚有两位理发师可供出售，其中一人年纪 21 岁，能读会写，能演奏乐器，并能胜任马车夫。另一位适合帮女士和先生美发，也会弹钢琴和拉手风琴。
>
> ——〔英〕艾瑞克 · 霍布斯鲍姆：《革命的年代》

这是一则买卖农奴的广告。三个马车夫、两个姑娘、两个理发师，就这样像骡马一样被公开发售，文字中透露出生意人式的喜气洋洋。我们不知道这笔买卖后来成交没有，也不知道这几个人之后的命运。但是仅仅这几行字，已经足以让我们看到一座黑漆漆的苦难深渊。

这段文字在提醒我们：即使我们生活的这个时代，也没有什么好夸耀的。我们须谨言慎行，栽培善念，以免我们今天写下的一段得意扬扬的文字，让后世的人看见了，悚然心惊。

书单 BOOKLIST

你可以在这些书里体味个体在苦痛中的感受和行动：

《死屋手记》

〔俄〕陀思妥耶夫斯基，耿济之译，生活 · 读书 · 新知三联书店 2020 年版

《斯通纳》

〔美〕约翰 · 威廉斯，杨向荣译，上海人民出版社 2015 年版

《理性乐观派》

〔英〕马特 · 里德利，闾佳译，机械工业出版社 2015 年版

《我与地坛》

史铁生，人民文学出版社 2018 年版

《逍遥游》

班宇，春风文艺出版社 2020 年版

[角色 CHARACTER]

我的头脑特工队

会议室里的陌生人

他在，故他思

一个文明的最终成果是什么

虽不能至，然心乡往之。余读孔氏书，想见其为人。

——〔汉〕司马迁

会议室里的陌生人

人为什么要读书？经常有人说：是为了改变自己。

但问题是：改变是怎么发生的？人就像一只空桶，而知识像水一样注入其中吗？知识越多，桶就越满，人的能力就越强吗？

这个逻辑链条太粗糙了。

人的改变每天都会发生，改变的方向也未必符合自己的期待。不是经常有人说，“我终于变成了自己最不喜欢的样子”吗？

实际上，知识改变命运，常常是通过一个介质——人格——来实现的。

我们读过的书，大部分都会遗忘。但如果我们在书中遇到喜欢的人、尊敬的人、有趣的人，他们做事的方式就会留下来，变成清晰的烙印，深刻地影响着我们。

司马迁在《史记》中，两次写到了同一句话："想见其为人。"

一次是说孔子，"余读孔氏书，想见其为人"。还有一次是说屈原，"余读《离骚》《天问》《招魂》《哀郢》，悲其志。谪长沙，观屈原所自沈渊，未尝不垂涕，想见其为人"。意思是，我读了屈原写的文章，为他的志向不能实现而悲伤；贬职到长沙，经过屈原自沉的地方，也经常流下眼泪，追怀他的为人。

你看，读书的结果不是记住了什么信息，而是能够看到那些自己倾慕的人，感知他们的境遇，为他们欢喜，为他们赞叹，为他们流泪，从此把他们留驻在自己的世界中。生命中每多一个这样的人格，我们就向更好的自己迈进了一步。

这是人独有的能力。

一只猪看见另一只猪的遭遇，会无动于衷。而一个人看到另一个人的遭遇，无论悲喜，都会感同身受。这种能力是进化史上的奇迹。之所以拥有这样的能力，是因为我们的大脑中有一种叫"镜像神经元"的神经细胞。

> 关于共情，最引人注目的新发现并非来自社会心理学，而是来自神经科学。基于人类和其它灵长类动物的最近研究表明，当我们观察其他人做某个动作的时候，我们的与此动作相应的一部分运动神经元也活跃起来。这些所谓的"镜像神经元"可能是共情的解剖学基础。神经科学学家认为，在观察他人面部表情和身体动作时，镜像神经元为我们提供了自动的内在表征，这种表征进而被无意识地转化为我们边缘神经系统里关于感情的经验性反应。因而在神经层面，诚如休谟所说，我们的心灵

是“他人心灵的镜子”。

——〔美〕迈克尔·L. 弗雷泽：《同情的启蒙》

有了镜像神经元，我们就有能力在自己体内复制他人的感受。看体育比赛的时候，我们会为自己支持的一方紧张得发抖。看电影的时候，好人挨打，我们也会产生躲闪的冲动。

这不是靠理智和情感，这是本能。那些人格“活”在了我们体内。

可以把我们的头脑想象成一间会议室。最开始，我们孤零零地坐在里面，独自面对一切顺逆境遇。随着我们渐渐长大，有更多的人走进这间会议室，安坐下来。他们可能是我们的父母、师长、朋友，也可能是我们在书中读到的人。年纪越大，这间会议室里的人就越多。每当遇到艰难的选择，他们就会把意见放到桌上，供我们参考。

读书多的人，不见得知识更多，但他们的“头脑会议室”里坐满了厉害的角色。他们不是一个人在战斗。相反，他们最终会将一个人活得像一支队伍。

更神奇的是，我们不必真的认识这些人，也不必了解他们人生的全部细节。只需要一些非常简单的线索，我们大脑中的镜像神经元，就能启动对他们的感知。

据说，现在在迪士尼公司，一个人如果做了一件很棒的事，仍会得到一句表扬：“沃尔特·迪士尼先生会很高兴你这么做的。”

你不觉得奇怪吗？迪士尼先生在 1966 年就去世了。但是今天的人仍然能够清晰地知道，如果看到我当前的处境，他会建议我怎么做。

我自己年纪越大越喜欢读传记，就是因为知道了这个秘密。而且，我读传记的时候，往往也只重点读主人公在关键时刻的关键选择。一旦读懂这个选择，“永远活在我心中”就不是一句空话。

比如，我们得到 App 的北京总部，两间最大的会议室分别被命名为“蔡元培”和“张元济”，就是为了让同事们在做选择的时候能想一想：如果是蔡元培先生和张元济先生面临着我们今天的处境，他们会怎么做？

蔡元培先生是我国第一代现代教育家。关于他的书很多，比如《蔡元培传》《蔡元培自述》《蔡元培年谱》《蔡元培日记》《追忆蔡元培》，等等，我们不可能从头到尾逐字逐句地读完。但是没关系，在我们脑子里，只要有几个印象深刻的片段就足够了。

> 我素信学术上的派别是相对的，不是绝对的，所以每一种学科的教员，即使主张不同，若都是“言之成理，持之有故”的，就让他们并存，令学生有自由选择的余地。最明白的，是胡适之君与钱玄同君等，绝对的提倡白话文学，而刘申叔、黄季刚诸君，仍极端维护文言的文学；那时候就让他们并存。
>
> 我相信为应用起见，白话文必要盛行，我也常常作白话文，也替白话文鼓吹；然而我也声明：作美术文，用白话也好，用文言也好。例如我们写字，为应用起见，自然要写行楷，若如江艮庭君的用篆隶写药方，当然不可；若是为人写斗方或屏联作装饰

品，即写篆隶章草，有何不可？

那时候各科都有几个外国教员，都是托中国驻外使馆或外国驻华使馆介绍的。学问未必都好，而来校既久，看了中国教员的阑珊，也跟了阑珊起来。我们斟酌了一番，辞退几人，都按着合同上的条件办的。有一法国教员要控告我，有一英国教员竟要求英国驻华公使朱尔典来同我谈判，我不答应。朱尔典出去后，说：“蔡元培是不要再做校长的了。”我也一笑置之。

——蔡元培：《蔡元培自述 · 我在北京大学的经历》

从这段文字里，我们至少可以读到蔡元培的两个重要原则。第一，在学术上，不拘一格，兼容并包。第二，在选择老师的时候，坚守标准。如遇外界压力，一身当之。

有一次，我问一位著名的中学校长：“那么多人托关系找你，什么是一定要守的底线？什么是可以妥协的空间？”他说：“可以降低标准收学生，但是绝不能降低标准招老师。在招老师这件事上，谁说话也没用。这是一名好校长的底线。”他还说，他是跟蔡元培先生学的。

估计他和我一样，也读过《蔡元培自述》中的这一段。

再说说张元济先生。他的名字悬挂在我们另一间大会议室的门头上。

张元济比蔡元培大一岁，跟蔡元培一样，也是光绪壬辰科（1892 年）的进士，也是清朝翰林出身。那一代知识分子面对的时代难题都是类似的：怎么在中华文明的内部，消化西方舶来的现代技术元素？

张元济做的是出版业。拿到现代印刷机的人，表面看起来有两种选择：一是印各种街头小报、流行小说，也就是那个时候的“流量内容”；二是进行大规模的文化建设，出版教科书，整理传统典籍，引进西方学术著作。

这两个选择，看起来前者更有商业价值，后者好像只是种情怀。

但结果恰恰相反：张元济领导的商务印书馆不仅走了后一条路，而且在商业上获得了巨大的成功。1902 年，商务印书馆的资本是 5 万元，到了 1922 年，就已经达到 500 万元了。[1] 这个数字是什么概念呢？它不仅是中国出版行业的第一名，也是中国所有民营企业的第一名。到了 1932 年，商务印书馆被日本炸毁的时候，它的资本积累已经到了 2000 万元左右。[2]

凭什么挣到这么多钱？就是“文化建设”。从编写大、中、小学的教科书，到编纂《辞源》这样的大型工具书；从译介《天演论》《国富论》等西方学术名著，到出版鲁迅、巴金、冰心、老舍等中国现当代著名作家的文学作品；从整理《四部丛刊》等重要古籍，到编辑“万有文库”“大学丛书”等大型系列图书；从出版《东方杂志》《小说月报》《自然界》等十多种各科杂志，到创办东方图书馆、尚公小学校等，进而发展公益事业，商务印书馆几乎主导了那个年代所有基础文化的建设工作。[3]

叶圣陶先生曾回忆说：“我幼年初学英语，读的是商务的《华英初阶》，后来开始接触外国文学，读的是商务的《说部丛书》；至于接触逻辑、进化论和西方的民主思想，也由于读了商务出版

> 的严复的各种译本。我的情况绝非个别的，本世纪初的青年学生大抵如此。可以说，凡是在解放前进过学校的人没有不曾受到商务的影响，没有不曾读过商务的书刊的。”（叶圣陶：《我和商务印书馆》，《商务印书馆九十年》）叶先生说了饮水思源的意思，历史诚然如是。
>
> ——吴方：《回响的世纪风铃》

今天，我们用“张元济”来命名会议室，就是让自己每时每刻都能看到这样的道路：不用天天追逐流量，做经典文化的知识服务，不仅能创造社会价值，也能创造巨大的商业价值。

如果有犹豫的时候，就想一想：假设张元济先生在世，他会建议我们怎么做？他会怎么解释这个建议？顺着这个建议的方向，他又希望我们看到什么样的远景？

通过阅读，进而调用我们头脑中的“人格储备”，这些问题的答案都不难想象出来。

他在，故他思

笛卡尔有句名言：“我思，故我在。”其实我们也可以倒过来用这层意思。

当一个人的人格存在于我们的世界，他就在帮助我们思考。很多时候，他不必真的发言。他在，故他思。

诺贝尔奖获得者司马贺（Herbert A. Simon）分享过一个故事。

> 卡内基理工学院的前院长鲍勃·多尔蒂（Bob Doherty）毕业于耶鲁大学，曾在通用电气工作；他曾经是通用电气著名工程师斯蒂格利茨（Stiglitz）麾下最聪明的年轻工程师之一。多尔蒂在遇到那些极难突破的工程问题时，就会敲开斯蒂格利茨办公室的门与他交谈；用不着多久，问题就迎刃而解了。
>
> 某天早上，多尔蒂在去斯蒂格利茨办公室的途中问自己：我这次找斯蒂格利茨，到底要和他聊什么？他回想到之前两人谈话时，斯蒂格利茨只是向他提问而已，答案就自然浮出水面了。
>
> 想到这里，多尔蒂转而向最近的洗手间走去，在那里坐了会儿，问自己：斯蒂格利茨这次会问我什么？
>
> 十分钟后，他找到了解决方案。
>
> ——〔美〕司马贺：《关于学习，我们了解什么》，
> 载《工程教育杂志》

仅仅在一个人办公室附近的洗手间里坐一会儿，就能知道他要说什么，这个效应是不是很神奇？

传记类作品读多了，我们自然就会知道，人的反应模式其实就那几种。决定选择的，更多的是所处的位置。所以，调用大脑中的人格模型，也是在做一个思想实验——强行把当下的自己切换到一个别人的位置上，然后想象自己该怎么做。

这意味着，请到我们“大脑会议室”里来的人格样本，不需要是“榜样”，只需要是我们用得着的思维方式，所以多多益善。

比如，我们绝大多数人这辈子都不会去当政治家，但是政治家在复杂环境中汇聚共识的本事，我们又都会用得着。要知道，政治

家最大的本事，就是把各怀心思的人统一到同一个阵营。而他们最大的恐惧则是，坚持了一件正确的事，但是没有人跟随。就像美国前总统小罗斯福说的："你想领个头，但回头一看，身后一个人也没有，这种情况多么可怕啊！"[4]

所以，读几本政治家的传记，看看他们是怎么干的，需要的时候，我们就可以把他们"请出来"问一问。

在这些书中，我印象最深的段落，是关于美国前总统林登·约翰逊（Lyndon Johnson）的。

林登·约翰逊出身低微，早年甚至干过垃圾清理员，也没有什么个人魅力，是从底层一步步走入政界的。这么一个人，是怎么让那么多人追随，后来当上总统的呢？一本叫《硬球》的书里记载了这么一个小故事。当时，约翰逊刚刚成为一位国会议员的秘书，住在华盛顿的道奇饭店。

在这群地下房客中，有一位 22 岁的青年，他体格魁梧而笨拙，长了两只大象一样的耳朵。他刚成为得克萨斯州民主党众议员理查德·克莱博格的秘书，两周之前他还是休斯敦一所中学的教书匠。

这位青年在道奇饭店度过第一夜的时候，就有一些奇怪的举动。那些举动，直到临终之前的几个月，他才告诉了他的好友兼传记作家多里斯·基恩斯。

那天晚上，林登·约翰逊一共冲了四次澡。他四次披着浴巾，沿着大厅走到公用浴室，四次打开水龙头，涂上肥皂。第二天凌晨，他又早早起床，五次跑去刷牙，中间间隔只有五分钟。

> 这位得克萨斯州的青年人，这样做有他自己的目的。饭店里还有 75 个和他一样的国会秘书。他要以最快的速度认识他们，认识得越多越好。
>
> 他的这一招成功了。在华盛顿还不过三个月，这位新来乍到的人就成了“小国会”的议长，那是一个由众议院全体助手组成的团体。
>
> 这是约翰逊在华盛顿的首场“演出”，他展示了自己基本的政治手段。他向我们证明，向上爬就意味着结交人，两者事实上是一回事。
>
> ——〔美〕克里斯 · 马修斯：《硬球》

不想当政治家没关系，读了这个段落，我们会知道：第一，认识更多的人本身就是竞争力；第二，我们可以把别人忽视的平凡场合当成自己的战场。

如果你初入职场，刚加入一家陌生的公司，而林登 · 约翰逊就在你身边，你猜他会建议你怎么做？

其实，寻求“人格”的帮助，甚至都用不上他人，用自己就够了。更准确地说，是用想象中不同情况下的自己。

假设你是一名家长，正在骂孩子，骂得特别生气。这时候有一个锥心之问：你真的很生气吗？你可能会说，我被孩子气糊涂了，就是很生气。那我们再假设一种情况：孩子的班主任突然一个电话打过来，你接起电话，是不是马上就能摁住怒意，口气平和起来？

面对老师能摁住脾气，是因为你很自然地切换了自己的情绪状态。而在孩子面前摁不住，无非是因为你觉得自己手中握有权力。

每当这种时候，把一个“理性状态的自己”请到“大脑会议室”，一定会大有帮助。

有一个很有趣的思维方式，叫“10 加 10 加 10 思维模型”。意思是，当我们要做一个决定时，我们需要想象另外三个自己：10 分钟之后的自己、10 个月后的自己和 10 年后的自己。想象一下，他们会如何看待当前的这件事？如果我要和朋友发一次飙，大概率 10 分钟后我就后悔了。那个 10 分钟之后的自己会出面劝解：算了算了，何必逞口舌之快？如果我发愿要学一门外语，10 个月后的自己会觉得非常难受，而 10 年后的自己会觉得自己当年真是好样的。

在同一个躯壳里，居然住着这么多不一样的自己。

还有一种更神的操作：想象一个压根儿不存在的人。

最典型的案例发生在英特尔公司的两个创始人之间。

20 世纪 80 年代之前，英特尔是一家生产存储器的公司。但是到了 1984 年秋天，存储器市场被日本厂商摧毁得七零八落。假如英特尔还死守着这个市场不放，前景非常堪忧。何去何从，公司上下举棋不定。

1985 年的一天，在英特尔的两位创始人安迪 · 格鲁夫（Andy Grove）和戈登 · 摩尔（Gordon Moore）之间，发生了一段非常有趣的对话。

> 我还记得 1985 年的一天，那时我们已经在漫无目的的徘徊中度过了一年。这一天，我正在办公室里，意志消沉地与英特尔公司的董事长兼首席执行官戈登 · 摩尔谈论我们的困境。
>
> 我朝窗外望去，远处，大美利坚游乐园的“费里斯摩天轮”正在旋转。
>
> 我回过头问戈登：“如果我们被踢出董事会，他们找个新的首席执行官，你认为他会采取什么行动？”戈登犹豫了一下，答道：“他会放弃存储器的生意。”
>
> 我死死地盯着他说道：“你我为什么不走出这扇门，然后回来自己做这件事呢？”
>
> ——〔美〕安迪 · 格鲁夫：《只有偏执狂才能生存》

我个人认为，这可能是商业史上最睿智的一段对话。它在反复提醒我们：如果我们觉得一件事情很难，不过是因为我们身上有过多的、毫无必要的负担。这时，如果换一个陌生人的视角，就可以轻装前进。

我们在阅读中了解到，我们自己就可以是那个陌生人。

一个文明的最终成果是什么

我们这代人，生活在一个强大的技术文明中。人类每天通过各种“技术外脑”存储的信息总量是一个天文数字，并且还在持续增加。

那么问题来了：读书人作为文明的传承者，传承的到底是什么？

肯定不是信息。信息的记诵可以由机器代劳。那么，是习俗、艺术、观念、生活方式吗？那些东西也每天都在变。我在余秋雨的《君子之道》里看到了一个有趣的答案。

> 文化有很多台阶，每一级都安顿着不同的项目。那么，最后一级是什么呢？
>
> 当然，最后一级不是名校，不是博士，不是教授，不是学派，不是大奖，不是国粹，不是唐诗，不是罗浮宫，不是好莱坞……
>
> 很多很多“不是”。但是，它们每一项，都有资格找到自己的文化台阶，拂衣整冠，自成气象。它们很可能把自己看成是最后目标、最高等级，但实际上都不是。而且，它们之间，也互不承认。
>
> 世界各国的学者们，常常也在这么多文化项目间比轻重，说是非。意见总是吵吵嚷嚷，直到听到了一种声音，情况才发生一点儿变化。
>
> 这种声音说，文化的终极成果，是人格。
>
> 例如，中华文化的终极成果，是中国人的集体人格。复兴中华文化，也就是寻找和优化中国人的集体人格。
>
> 这也可以看作是文化的最后一级台阶。
>
> ——余秋雨：《君子之道》

一个文明能让后人继承的东西，其实只有一样——“理想人格”。也就是关于“如何体面度过这一生”这个问题的答案。

每个文明的答案都不同。西方人有“圣徒人格”“绅士人格”“骑士人格”“牛仔人格”“灵修人格”，日本人有“武士人格”“浪人人格”，中华文明有“君子人格”。

经过 2000 多年的塑造，“君子”这两个字，不仅内涵极其丰富，而且深入到了每一个中国人的心中。

“君子”必须有德行，还须用自己的德行影响世界；他必须有洞察力，但也须中庸；他必须能成人之美，但也须不参与朋党；他必须遵守礼节，同时还要“君子不器”，有自己独立的价值判断……这张清单我们还可以拉得更长。

但奇怪的是，一个普通的中国人，仅凭朴素的道德直觉，就可以在日常生活中精准辨别出什么人是“君子”。一个人成功、富有、知名、学识渊博，甚至善良，都不足以让一个中国人真心实意地称他为“君子”。而当真正的“君子之行”出现时，我们每一个旁观者都认得出来，都会觉得此刻的他当得起“君子”这一名号。

这就是文明传承的强大力量。它能够借用一个“人格”，把文明的核心主张传递下去，在日常生活的每一个岔路口，都能帮我们指引理想的方向。

世界上有“君子”吗？准确地说，没有任何一个人是君子。这个词，仅仅是中华文明的先辈对后世的一份遗嘱，“是一种永不止息的人格动员，使多数社会成员经常发觉自己与君子的差距，然后产生‘见贤思齐’、‘景行行止’的向往”[5]。

我读的书越多，就越喜欢读传记、回忆录之类的书，也许有这个因素在内。

知识不够用了，随时可以去查、去问，但是在人生两难的时刻，如果自己的世界里没有丰富的“人格储备”，我们就难免彷徨。

读这类书的目的，不是看别人怎么做，而是要不断地反躬自问：他如果是我，此时会怎么做？

书单 BOOKLIST

你可以把这些书中记录的角色邀请到头脑中来：

《爱因斯坦传》

〔美〕沃尔特·艾萨克森，张卜天译，湖南科学技术出版社 2019 年版

《拿破仑传》

〔德〕埃米尔·路德维希，梁锡江等译，译林出版社 2020 年版

《孔子大历史：初民、贵族与寡头们的早期华夏》

李硕，上海人民出版社 2019 年版

《杜甫叙论》

朱东润，华中科技大学出版社 2019 年版

《曾国藩的正面与侧面》

张宏杰，岳麓书社 2020 年版

[文 心 CONCENTRATION]

就是这个感觉

文能造境

文有第一

文如乡邻

读书可使人充实，讨论可使人敏锐，笔记则可使人严谨。

——〔英〕弗朗西斯 · 培根

文能造境

到最后一章了。我们聊聊文字世界本身吧。

关于写作技术，我们最早知道的词可能就是“描写”。这是一个强大的暗示：写作，无非就是对现实世界一一对应的描摹。眼前景、心中事，如实表达出来就好。

真的是这样吗？

有一次，朋友和我聊到王维的那首诗：《鸟鸣涧》。

鸟鸣涧

人闲桂花落，夜静春山空。

月出惊山鸟，时鸣春涧中。

——〔唐〕王维：《王维诗集》

诗很美。但如果非要挑毛病，有一点还是挺令人费解的："春山"空，这不明明是春天吗？可"桂花"落，只有秋天才有桂花啊？秋天的桂花怎么会落在春天的山涧中呢？

自古以来，那些给王维的诗作注释的人也备受困扰，找来找去，终于有了一个答案：确实有一种花叫"春桂"，春天开花的桂花，学名"山矾花"，"春桂"是它的俗名之一。

那这个问题解决了吗？没有。而且这种解释对诗的伤害更大。

这首《鸟鸣涧》，每一句都在强调极度安静的春山和鸟鸣之间的对比，每一个字都在拉伸这种张力。那种静，到了月亮出来都能把山鸟惊到的程度。

为什么要说桂花？因为桂花是常见花中花形最小的。说"桂花落"，就是因为它的花瓣极细极小，落在地上的声音极微极弱。这是在衬托那种静。

而春桂的花形至少比桂花大 4 倍以上。如果非要把这里的桂花解释为春桂，这首诗在事实上的破绽确实补上了，但是其言"桂花之小、落地之静"的诗意就被破坏了。

原来，在这首诗中，秋天的桂花真的就开放在春天的山谷里。

这不是什么时空倒错的失误。这就是文字世界的自由之境。如王国维所说："大诗人所造之境，必合乎自然，所写之境，亦必邻于理想。"[1] 一个爱阅读的人，就生活在自然和理想之间的一块混沌天地之中。

更有意思的是，作家"造境"，并不会仅仅停留在纸面上，它会幻化出现实世界的实景。

王维的《鸟鸣涧》写于南方的吴越山中，但他还有很多佳作就写于长安郊区。那个地方叫“辋川”。辋川位于终南山脚，距离长安不足一百里。王维一生不过六十余年，在辋川就住了十六年。

> 谈王维不可不说“辋川”，“辋川别业”几乎与诗人齐名。这个地方不仅产生了王维与挚友裴迪唱和的诗集《辋川集》，而且对诗人一生及其诗歌创作都具有重要意义。
>
> “辋川”之于王维，首先是作为一个物质实体存在的，其次是精神与艺术的滋生地和投影地，具有极大的象征意义。它既是诗人内在精神与理想的外化，同时又进一步支持和强化了诗人的精神。
>
> 诗人准备在此好好安顿自己。好像过去的一切经历，都在为走向辋川做着准备，而后来的道路也要由此出发。他因为辋川而赋诗，缘此所成就的诗章数量居首。
>
> 纵观古今中外的文学人物，他们常常拥有个人的生活基地，可是要从中找出一个比“辋川别业”更大的徘徊流连之所，却不太容易。
>
> ——张炜：《唐代五诗人》

辋川的面积很大，大约有七十平方公里。在王维的《辋川集》里出现的地方有：“孟城坳、华子冈、文杏馆、斤竹岭、鹿柴、木兰柴、茱萸沜、宫槐陌、临湖亭、南垞、欹湖、柳浪、栾家濑、金屑泉、白石滩、北垞、竹里馆、辛夷坞、漆园、椒园等”[2]。

如果今天再去寻访，你能看到的只是一个普通的中国北方山区村镇。王维当年用笔创制的那部立体长卷，已经找不到了。

但是没关系，我们有——

“空山新雨后，天气晚来秋。明月松间照，清泉石上流。”

“独坐幽篁里，弹琴复长啸。深林人不知，明月来相照。”

“空山不见人，但闻人语响。返景入深林，复照青苔上。”

这些文字在，辋川就始终在。时机成熟的时候，一个度假村工程就能像魔法一样把这些盛景召唤出来。你说，文字和现实，哪个才是更坚实的存在？

多年前，我在杭州游览岳王庙，正满脑子秦桧、岳飞、忠奸善恶，出门没走几步，突然撞见了苏小小墓。苏小小是南齐名妓。我的时间感不得不瞬间从南宋切换到南齐，七八百年的时光一下子就倒转了回去。苏小小很有名，但是历史上几乎没有关于她身世的记载，除了那首诗：“妾乘油壁车 ，郎骑青骢马。何处结同心？西陵松柏下 。”[3]我的思绪无从停留，只好又往后匆匆飘了三百年，想起唐朝李贺有一首诗是《苏小小墓》，这才有了点安顿感。

从苏小小墓一抬眼，我看到了苏堤，想起了苏东坡，这才重回了宋朝。往苏堤走去的时候，我脑子里却莫名其妙地冒出了曾在此地双栖的许仙和白娘子，算是短暂地在“二次元”世界飘荡了一下。但是就在路上，你猜我遇到了什么？赫然是武松的墓！他的墓怎么会在这里？凑近一看才知道，《水浒传》上有记载，武松晚年在杭州六和寺出家，活了八十岁呢。

就这短短的十几分钟，你说，我是在杭州城里行走，还是在文字的世界里游荡？哪个才是更真实的经历？

在陈春成的小说《夜晚的潜水艇》里，我看到了这样的奇幻段落。

> 1966年一个寒夜，博尔赫斯站在轮船甲板上，往海中丢了一枚硬币。硬币带着他手指的一点余温，跌进黑色的涛声里。博尔赫斯后来为它写了首诗，诗中说，他丢硬币这一举动，在这星球的历史中添加了两条平行的、连续的系列：他的命运及硬币的命运。此后他在陆地上每一瞬间的喜怒哀惧，都将对应着硬币在海底每一瞬间的无知无觉。
>
> 1985年，博尔赫斯去世前一年，一位澳洲富商在航海旅途中无聊，借了同伴的书来看。对文学从无兴趣的他，被一首题为《致一枚硬币》的诗猝然击中。1997年，在十余年成功的商业生涯后，这位商人成了财产不可估量的巨富和博尔赫斯的头号崇拜者。他收藏了各种珍贵版本的博尔赫斯作品，博尔赫斯用过的烟斗、墨镜、吸墨纸，甚至连博尔赫斯的中文译者王永年在翻译时用的钢笔他都收集了两支（此时王还在世）。但这些仍无法平息他的狂热。同年春天，一个念头在黎明时分掉进他梦中，促使他资助了一场史上最荒诞的壮举。他要找到博尔赫斯扔进海里的那枚硬币。
>
> ——陈春成：《夜晚的潜水艇》

我至今也没去求证，这段文字里“澳洲富商”的故事是真是假。

不过，那不重要了。

我只知道，从此，我若再有机会站在轮船的甲板上，就一定会想起沉睡在某处海底、代表平行命运的那枚硬币。

敬重每一段文字。它会让我们的一生从此不同。

文有第一

著名科幻小说《2001：太空漫游》里有这样一个情节：2001 年，人类在月球的地表之下挖出了一块纯黑色的石板。

> **这块石板高十一英尺，横切面长五英尺、宽一又四分之一英尺。更仔细地检查这些尺寸之后，发现三者正好是 1∶4∶9——头三个整数的平方。**
>
> **没有人能就此提出合理的解释，但这恐怕不可能是巧合，因为这个比例已达到可测精准之极限。**
>
> **想到穷全地球的科技之力，也没法用任何材料造出比例如此精准的一块板子，更别说是会活动的，实在令人感到自己的渺小。**
>
> **——〔英〕阿瑟·克拉克：《2001：太空漫游》**

一块石板，无论人类用多么精确的方式测量，它三个边的比例永远是 1∶4∶9，没有丝毫的误差。这是外星文明在以一种既低调又狂妄的方式炫耀自己的力量。

这个情节提醒我们：文明发展的标志，不仅是更高更快更强，而且是更精更准更细，是对精微尺度的控制力。

这个逻辑，不仅适用于人之外的星辰大海，还适用于人的内在精神世界。

很多人觉得，作家的能力就是天马行空的想象力。这是一个天大的误解。很多作家都说过同一个观点：他们一生都在追求“写得准确”。美国诗人埃兹拉·庞德（Ezra Pound）甚至把话说到了这个份儿上：“不折不扣地准确陈述，是对写作唯一的道德要求。”[4]

> 沈先生对我们说过语言的唯一标准是准确（契诃夫也说过类似的意思）。所谓“准确”，就是要去找，去选择，去比较。也许你相信这是“妙手偶得之”，但是我更相信这是“众里寻他千百度，蓦然回首，那人正在灯火阑珊处”。
>
> ——汪曾祺：《生活，是很好玩的》

只不过，这种准确没有客观标准。作家没有写的时候，一切都在虚空之中。而当它果真在纸上浮现出来的时候，所有看到的人都会惊呼：“就是这个感觉！”

意大利作家卡尔维诺对这种感觉的诉说，简直像是在描述一场蹑足潜踪的收网式围猎。

> 我想，我们总是在寻找某些隐藏的事物，或仅仅是潜在或假想的事物，一旦它们浮出表面，我们就追踪它们。我想，我们的基本精神步骤，是每一个历史阶段遗传给我们的，可追溯至我们的旧石器时代的祖先，他们是狩猎者和采集者。文字把可见的痕迹与那不可见的事物，那不在场的事物，那被渴望或被害怕的事物联系起来，像一座用于紧急事故的摇摇欲坠的搭桥，架在深渊上。
>
> 恰如其分地使用语言，可使我们小心翼翼、集中精神、谨小

> 慎微地接近在场或不在场的事物，敬重在场或不在场的事物所无言传达的东西。
>
> ——〔意〕卡尔维诺：《新千年文学备忘录》

有一次，我去一个野生大熊猫自然保护基地参观。陪同我的，是当地一个保护站的站长。我一边兴奋地赶着山路，一边期待能偶遇野生大熊猫。

老站长说："你别着急，肯定看不到的。"我说："万一我运气好呢？"老站长停下来笑："我在这里 20 年了，都没有见过野生大熊猫。"

"怎么可能？20 年都没看到过，那你怎么知道自己在保护大熊猫？"

老站长说："我看得到它们的粪便，看得到它们吃剩的竹子，看得到它们的行踪，看得到它们打架的痕迹。天冷的时候，我知道它们下过山。这里的风里都有它们的气息。我天天都和它们在一起。"

现在回想起这段对话，我惊觉，老站长生命中的大熊猫，也许就是卡尔维诺所讲的那些"不在场的事物所无言传达的东西"吧。

> 香菱笑道："据我看来，诗的好处，有口里说不出来的意思，想去却是逼真的。有似乎无理的，想去竟是有理有情的。"
>
> 黛玉笑道："这话有了些意思，但不知你从何处见得？"
>
> 香菱笑道："我看他《塞上》一首，那一联云：'大漠孤烟直，长河落日圆。'想来烟如何直？日自然是圆的。这'直'字

似无理，‘圆’字似太俗。合上书一想，倒像是见了这景的。若说再找两个字换这两个，竟再找不出两个字来。再还有‘日落江湖白，潮来天地青’，这‘白’‘青’两个字也似无理。想来，必得这两个字才形容得尽，念在嘴里倒像有几千斤重的一个橄榄。还有‘渡头馀落日，墟里上孤烟’，这‘馀’字和‘上’字，难为他怎么想来！我们那年上京来，那日下晚便湾住船，岸上又没有人，只有几棵树，远远的几家人家作晚饭，那个烟竟是碧青，连云直上。谁知我昨日晚上读了这两句，倒像我又到了那个地方去了。”

——〔清〕曹雪芹：《红楼梦》

我原来一直相信“文无第一，武无第二”的说法。

上大学的时候，在武汉第一次登黄鹤楼，想起李白说的“眼前有景道不得，崔颢题诗在上头”，心说，这文人真是会夸张啊，哪至于崔颢的一首诗写在这里，你就真不会写了？你诗仙李白的能力，不就是可以像驱使奴仆一样驱使语言吗？

后来我自己开始写东西，才渐渐明白了那种感觉。当有人把难以言明的抽象之物，凝聚为文字的具象表达时，无论是自己还是读者，都心知肚明他写到了几分成色，看到高出一筹的写法，心里真的会有一声废然的叹息：“服了！”

有一位做文学评论的老师跟我讲过好几次，关于饥饿时期的人怎么吃饭，阿城的一段文字已经写绝了。他说，自己这辈子怕是看不见比这更准确的表达了。

拿到饭后，马上就开始吃，吃得很快，喉结一缩一缩的，脸上绷满了筋。常常突然停下来，很小心地将嘴边或下巴上的饭粒儿和汤水油花儿用整个儿食指抹进嘴里。若饭粒儿落在衣服上，就马上一按，拈进嘴里。若一个没按住，饭粒儿由衣服上掉下地，他也立刻双脚不再移动，转了上身找。这时候他若碰上我的目光，就放慢速度。吃完以后，他把两只筷子舔了，拿水把饭盒冲满，先将上面一层油花吸净，然后就带着安全抵岸的神色小口小口地呷。

有一次，他在下棋，左手轻轻地叩茶几。一粒干缩了的饭粒儿也轻轻跳着。他一下注意到了，就迅速将那个干饭粒儿放进嘴里，腮上立刻显出筋络。我知道这种干饭粒儿很容易嵌到槽牙里，巴在那儿，舌头是赶它不出的。果然，待了一会儿，他就伸手到嘴里去抠。终于嚼完，和着一大股口水，“咕”的一声儿咽下去，喉结慢慢移下来，眼睛里有了泪花。

他对吃是虔诚的，而且很精细。有时你会可怜那些饭被他吃得一个渣儿都不剩，真有点儿惨无人道。

——阿城：《棋王》

文如乡邻

我在电视台工作的时候，隔壁部门有一位老编辑，他能背诵全本的《文心雕龙》。我们一帮年轻人佩服得五体投地，午休的时候经常围过去，“老师，来一段”。

有一天，他闭目吟诵了一段。

文之思也，其神远矣。
故寂然凝虑，思接千载；悄焉动容，视通万里；
吟咏之间，吐纳珠玉之声；眉睫之前，卷舒风云之色。

登山则情满于山，观海则意溢于海，
我才之多少，将与风云而并驱矣。
——〔南朝梁〕刘勰：《文心雕龙·神思第二十六》

我将永远记得那天中午听到这段文字时的感受。那是一个灵魂出窍的时刻。

在那一刻之前，书籍和文字要么是我消遣的工具，要么是我上进的台阶。我躺在它们身上神游，或者披挂着它们上阵。总之，是身外之物。

在那一刻之后，我有了一个全新的视角：书籍和文字本来就是我的一部分，而我正是仰赖它们从脆弱的躯壳中脱身而出，在更寥廓的世界里呼吸、聆听和眺望。

书籍是我们的“增强现实技术”。别人在登山，而我们是“情满于山”；别人在观海，而我们是“意溢于海”。看在别人眼里的荒原，在我们眼里则是“土地平旷，屋舍俨然，有良田美池桑竹之属”。

有一个故事是这么说的——有人问上帝：“假如你碰到两头恶魔，其中一头一箭就可以射死，另一头则需要两箭才能射死。它们同时向你扑来，而你只有两支箭，你怎么办？”看起来这是一个无解之局，上帝不管怎么选，都会面对其中一个麻烦。

上帝说：“那头两箭才能射死的，先射它一箭。然后告诉两头恶魔，我还有一支箭，谁不听话，我就招呼谁。这样，我就有两个奴隶可以用了。”

面对外来之物，我们的本能是利用或者征服。但还有一种更高明的办法：驯化它们，和它们共存，让它们成为自己的一部分。

无尽的时空自由，就是这么来的。

F. 佩索阿说，他更愿意“游历第八大洲”，即蜗居斗室里的个人想象。我没有他那样自闭，只是相信空间还有另一种展开方式，相信人们完全可以投入另一种远行，比方以前面的荒坡一角为目的地，订一张免费船票或免费机票，于是在手中的石片上俯瞰黄山，在杂草里发现大兴安岭，在身旁的石涧清潭中触摸太平洋。

只要人们愿意，他们还可以自立宪法，发动革命，在细胞、分子、原子的世界里任意创建共和国。只要人们愿意，他们还可以捏一捏火星，搓一搓金星，摘一颗冥王星放入口袋，在细胞、分子、原子的世界里举步跨进另一条银河——这一切只需要我随便找个什么地方蹲下来，坐下来，趴下来，保持足够的时间，借助凝视再加一点想象，就可以投入另一片灿烂太空。

我终于在一片落叶前流连忘返。

——韩少功：《山南水北》

文字和书籍，不管本身是厚是薄，他人是褒是贬，都仅仅是我村庄中的邻家，彼此鸡犬相闻，巷陌可通。

我一生的时间有限，照看不了多大一个村庄。我每天早出晚归，和每一个遇到的乡邻打招呼。有他们在，新人就会络绎而来。有他们在，我就可以“贫而无谄，富而无骄”。有他们在，我就得保持住起码的体面。有他们在，我的村庄就不会萧疏。

> 我不知道这个村庄，真正多大，我住在它的一个角上。我也不知道这个村里，到底住着多少人。天麻麻亮人就出村劳动了，人是一个一个走掉的，谁也不知道谁去了哪里，谁也不清楚谁在为哪件事消磨着一生中的一日。村庄四周是无垠的荒野和地，地和荒野尽头是另外的村庄和荒野。人的去处大都在人一生里，人咋走也还没走出这一辈子。
>
> ——刘亮程：《一个人的村庄》

据说，有一位投资人想搞乡村扶贫，但不愿意直接给钱。于是，他买了几十万株金丝楠木的树苗，免费送给深山里的农民，让他们种在房前屋后、山上路边。

金丝楠木是中国的原生树种，也是极珍贵的木材，过去只能用于修建皇家宫殿，所以只砍伐不种植，如今已经非常罕见了。

这位投资人把树苗送给村民，只附带了一个条件：五年之内不准卖。这些树苗虽然生长速度不快，但是只要悉心照料、耐心等待，它们就会长成四十厘米粗的木材。一户村民在房前屋后种上一百棵，大概价值三十万元。这就是他家的“绿色银行”了。

我第一次听到这个故事的时候，有点震撼。

我们这代人非常熟悉一句话：“唯一不变的就是变化。”但是在这个故事里，我突然看到了另一种可能性——在这个世界上，有些东西会确定地成长、向好、不退行、不逆转。

金丝楠木会给深山的农民一笔确定的回报，这是由古老的物种基因来保证的，坚若磐石。任何银行、任何理财高手、任何资产管理机构都不敢承诺的收益，世界上居然真有。

转念一想，读书不也是这样的事吗？

每一本书，“那是五千年的象形文字，那是未来人们凝视的眼睛”[5]，那是古老的文明基因赐予我们确定的福泽。

> 从远古天地的洪流，到未来宇宙的神秘。从热烈的赤道，到旷寒的极地。从最小的物质单位夸克，到最大的生命个体鲸鱼。从人的情感，到神的法则。从零点一秒，到一千零一夜，再到亿万斯年。
>
> 每本书都是一道打开的幻门，我们的身体无法栖居其间，但心思畅游。这才是立即兑现的穿越，我们可以英雄驰骋疆场，可以神仙逍遥江湖，甚至可以体验花的一生、兽的一生、矿物质的一生。
>
> 何需羡慕孙悟空七十二变？我们可以七百二十变、七千二百变、七万二千变……通过阅读，我们得以进入万花筒的魔法世界。身体像最缓慢的植物一样安静，头脑像最狂野的动物一样奔行。
>
> 我们就这样，以文字抵达理想意义的远方。
>
> ——周晓枫：《悦读》，载《散文海外版》2020 年第 11 期

农民们春种一粒粟，秋收万颗子；牧民们蓄养牛羊，逐水草而居；我们工作读书，敦睦亲友。

没有人是孤独的。

我们都在物种或文明的基因库藏中穿行，各自生长，彼此滋养，并沐浴在时光的恩宠之中。

书单 BOOKLIST

你可以在这些书中探索文字世界的准确性：

《风格感觉：21 世纪写作指南》

〔美〕史蒂芬·平克，王烁、王佩译，机械工业出版社 2018 年版

《老舍全集》

老舍，人民文学出版社 2013 年版

“阿城作品典藏”（共四册）

阿城，上海三联书店出版社 2019 年版

《幻兽之吻》

周晓枫，中信出版集团 2021 年版

《唐诗鉴赏辞典》

上海辞书出版社文学鉴赏辞典编纂中心，上海辞书出版社 2013 年版

后记 AFTERWORD

作为一名文科生，我偶然知道了一个“理工科”色彩很强的词：“矢量图”。

简单说，它就是一种构造图形的方式，由软件生成，对其任意缩小和放大，清晰度都不会下降。

我很快就对这个词着了迷，因为它暗合我对这个世界的理解：无限丰富，且受有限规则的约束。用中国古人的话说就是：“致广大而尽精微。”

在构思这本书的时候，我就想让它尽量符合“矢量图”的精神——

即使只看其中任意一章，你也能感受到全书整体的风格。

四个部分，构成一个结构完整、逻辑自洽的框架。

二十四章，既可以缩微成十二章，未来也可以扩展成四十八章，乃至更多（二十四，是一个神奇的数字，比如“二十四史”“二十四节气”“二十四诗品”。所以，本书第一版，就干脆只有二十四章，踏准这个古老且美好的节律）。

意义：Something Bigger than Yourself

[1]〔汉〕班固：《汉书》，中华书局 2007 年版。

[2] 转引自〔宋〕李公焕笺：《笺注陶渊明集》卷五，册三。

行动：原来还能这么干

[1]〔汉〕司马迁：《史记：孔子世家》。

[2]〔明〕王阳明：《传习录》，江苏凤凰文艺出版社 2015 年版。

第三部分：奇妙的创新

结网：千门万户次第开

[1] 梁启超：《国学入门书要目及其读法 要籍解题及其读法》，中州古籍出版社 2016 年版。

[2] 唐德刚：《李宗仁回忆录》，广西师范大学出版社 2016 年版。

[3] 何帆：《何帆读书法 | 第三招：顺藤摸瓜》，参见得到 App 课程《何帆大局观》。

[4] Z-Jian：《与余华对话（三）——灼见独家》，https://zhuanlan.zhihu.com/p/48639514，2021 年 10 月 9 日访问。

建构：一本好书就是一次展览

[1] 转引自王烁：《在耶鲁精进》，民主与建设出版社 2018 年版。

[2]〔清〕赵翼：《廿二史劄记》，曹元甫注解，凤凰出版社 2008 年版。

[3] 徐玲：《为什么说奥运会是一次“策展”？》，参见得到 App 专栏《得到头条》。

[4]〔印〕泰戈尔：《流萤集》，王钦刚译，四川文艺出版社 2019 年版。

[5]〔唐〕房玄龄等：《晋书》卷六十，中华书局 1974 年版。

[6] 马伯庸：《文化不苦旅》，四川人民出版社 2015 年版。

[7]《趣味生活简史》（第 2 版）内容简介，https://baike.baidu.com/item/ 趣味生活简史（第 2 版）/50914465，2022 年 1 月 20 日访问。

[8] 同上。

[9] 鲍鹏山：《鲍鹏山说孔子》，浙江古籍出版社 2012 年版。

怪谈：意料之外，都在情理之中

[1] 万维钢：《特别放送：2018最值得一读的8本好书》，参见得到App专栏《万维钢·精英日课3》。

[2] 余华：《温暖和百感交集的旅程》，作家出版社2012年版。

[3] 贾行家：《妖魔鬼怪的周一：〈山海经〉里有哪些密码》，参见得到App课程《贾行家·文化参考》。

[4]〔汉〕刘歆：《上〈山海经〉表》。转引自叶舒宪、萧兵：《山海经的文化寻踪》，湖北人民出版社2004年版。

[5] 贾行家：《妖魔鬼怪的周一：〈山海经〉里有哪些密码》，参见得到App课程《贾行家·文化参考》。

[6] 同上。

[7]〔英〕毛姆：《小说要有故事》，刘文荣译，人民文学出版社2022年版。

[8] 荆晶：《英国人爱"装"有文化》，http://news.sina.com.cn/w/2012-05-11/070024400101.shtml，2022年2月3日访问。

设定：我们来假设一下

[1] 刘慈欣：《流浪地球》，长江文艺出版社2017年版。

[2] 刘慈欣：《用科幻的眼睛看世界》，https://open.163.com/newview/movie/free?pid=AFTNBBHIO&mid=TFTNBIMQC，2022年1月25日访问。

[3] 张笑宇：《技术与文明》，广西师范大学出版社2021年版。

[4] 刘瑜：《观念的水位》，江苏文艺出版社2012年版。

[5] 冯学荣：《不忍面对的真相：近代史的30个疑问》，九州出版社2015年版。

迁移：我找到了！Eureka！

[1]〔美〕阿图·葛文德：《清单革命》，王佳艺译，浙江人民出版社2012年版。

[2] 同上。

[3] 刘晗：《人类法律史 一部甩锅史》，https://zt.igetget.com/visual/gOMZzqR7D9fWLXX8 wljw.html#/，2021年9月1日访问。

[4] 同上。

[5] 同上。
[6] 同上。
[7] 王潇：《五种时间：重建人生秩序》，中信出版集团 2020 年版。

追光：闪电划过夜空

[1]〔奥〕斯蒂芬·茨威格：《人类群星闪耀时》（增补本），高中甫、潘子立译，译林出版社 2017 年版。
[2] 同上。
[3]〔美〕菲茨杰拉德：《了不起的盖茨比》，巫宁坤等译，上海译文出版社 2018 年版。
[4]〔美〕乔恩·威特：《社会学的邀请》，北京大学出版社 2014 年版。

第四部分：极致的体验

情感：今晚月色真美

[1] 乔纳森·海特：《象与骑象人》，李静瑶译，浙江人民出版社 2012 年版。
[2] 贾行家：《汪曾祺：海内文章谁是我，顺水来的随水去》，参见得到 App 课程《贾行家·文化参考 2》。
[3] 同上。
[4] 同上。
[5] Frank A. Brown, Jr.(1954). Persistent Activity Rhythms in the Oyster. In Michael Caplan (Ed.), *The American Journal of Physiology* (pp.510-514).

趣味：兴致勃勃，严肃认真

[1]〔美〕米哈里·契克森米哈赖：《心流》，张定绮译，中信出版集团 2017 年版。
[2] 同上。
[3] 贾行家：《〈锦灰堆：王世襄自选集〉｜贾行家〈解读〉》，参见得到 App 听书栏目。
[4] 同上。

快意：仰天大笑出门去

[1] 毛泽东：《七律 · 和郭沫若同志》。

[2]〔美〕马克 · 吐温：《马克 · 吐温短篇小说选》，董衡巽等译，外语教学与研究出版社 2013 年版。

[3] 虞云国：《从中州到钱塘：虞云国说宋朝》，中华书局 2021 年版。

苦痛：总有人为我们负重前行

[1]《刘慈欣 装在格子衬衫里的人》，载《人物》2015 年第 10 期。

[2]《郧阳志 · 祠记》，转引自冯广宏：《张献忠多面性人格》，载《文史杂志》2010 年第 2 期。

[3]〔美〕维克多 · 弗兰克尔：《活出生命的意义》，吕娜译，华夏出版社 2014 年版。

[4]〔意〕普里莫 · 莱维：《被淹没与被拯救的》，杨晨光译，中信出版集团 2018 年版。

[5] 张立宪：《读库十八条》，https://d.dedao.cn/DwI7K0TVhL3dils8，2021 年 10 月 20 日访问。

[6] 关于犹太人大屠杀纪念馆的内容，参见江山：《每个名字都是一段历史》，载《中国青年报》2017 年 10 月 18 日 09 版。

角色：我的头脑特工队

[1] 吴方：《回响的世纪风铃》，生活 · 读书 · 新知三联书店 2018 年版。

[2] 谷舟主编：《文明之光：中国印刷史话》，九州出版社 2018 年版。

[3] 商务印书馆：出版社简介，https://www.youfabiao.com/swysg/，2021 年 12 月 10 日访问。

[4] 肖石忠主编：《二战风云人物》，华夏出版社 2014 年版。

[5] 余秋雨：《君子之道》，北京联合出版公司 2016 年版。

文心：就是这个感觉

[1] 王国维：《人间词话》，上海古籍出版社 2019 年版。

[2] 王维：《辋川集并序》，转引自张炜：《唐代五诗人》，人民文学出版社 2022 年版。

[3] 无名氏：《苏小小歌》，转引自《汉魏六朝诗鉴赏辞典》，上海辞书出版社 2016 年版。

[4] Carver, Raymond, *Conversations with Raymond Carver*, University Press of Mississippi, 1990.

[5] 北岛：《回答》，转引自《朦胧诗选》（新编），春风文艺出版社 2020 年版。

图书在版编目（CIP）数据
阅读的方法 / 罗振宇著 . -- 北京：新星出版社，2022.4
ISBN 978-7-5133-4886-7
Ⅰ. ①阅… Ⅱ. ①罗… Ⅲ. ①读书方法 Ⅳ. ① G792

中国版本图书馆 CIP 数据核字（2022）第 049214 号

阅读的方法

罗振宇　著

责任编辑： 白华召
策划编辑： 翁慕涵　白丽丽
王青青　张慧哲
营销编辑： 龙立恒 longliheng@luojilab.com
邱　晨 qiuchen@luojilab.com
封面设计： 别境 lab
插画绘制： lost7
内文制作： 吴　九
责任印刷： 李珊珊

出版发行： 新星出版社
出 版 人： 马汝军
社　　址： 北京市西城区车公庄大街丙 3 号楼　100044
网　　址： www.newstarpress.com
电　　话： 010-88310888
传　　真： 010-65270449
法律顾问： 北京市岳成律师事务所

读者服务： 400-0526000　service@luojilab.com
邮购地址： 北京市朝阳区华贸商务楼 20 号楼　100025

印　　刷： 北京盛通印刷股份有限公司
开　　本： 635mm × 965mm　1/16
印　　张： 26
字　　数： 263 千字
版　　次： 2022 年 4 月第一版　2022 年 4 月第一次印刷
书　　号： ISBN 978-7-5133-4886-7
定　　价： 69.00 元
